SO BRITISH

PLUS DE 130 RECETTES QUI VOUS FERONT AIMER LA CUISINE ANGLAISE

hachette
CUISINE

Du même auteur chez Hachette Pratique

Photographies 'Lord' David Loftus
Direction artistique Interstate Associates

Michael Joseph

ÉDITION ORIGINALE

Publiée au Royaume-Uni par Penguin Books Ltd, 2011.

Titre original : *Jamie's Great Britain,
over 130 reasons to love our food*

Copyright © Jamie Oliver, 2011

Photographies © David Loftus, 2011

Illustrations © Sroop Sunar, 2011

www.penguin.com
www.jamieoliver.com

ÉDITION FRANÇAISE
Traduction : Frédérique Corre, Céline Petit,
Agnès Letourneur

Correction : Céline de Quéral, Clémentine Bougrat

Adaptation et réalisation : Nord Compo

© 2012 HACHETTE LIVRE (Hachette Pratique)
pour la traduction française
Dépôt légal : mai 2012
23.09.8396.01.6
ISBN : 978.2.01.238396.8

Imprimé en Italie par Graphicom

Je dédie ce livre à Rose Gray, mon ancienne patronne

Grande passionnée de cuisine, Rose a incontestablement été l'un des chefs et l'une des restauratrices les plus influents du XXᵉ siècle. Sa cuisine, sa philosophie, son intuition, son style, sa simplicité et son incessante quête de perfection sont à l'origine de nombreuses innovations actuelles. Bien qu'elle ait eu de multiples cordes à son arc, sa plus belle réussite fut d'inspirer quantité de nouveaux chefs qui ont eu la chance de travailler avec elle. C'est sous son impulsion que Ruth Rogers, du River Café à Londres, a continué à faire des choses incroyables et a imprimé sa marque de fabrique en Grande-Bretagne et ailleurs. Je suis l'un des nombreux chefs qui ont eu le privilège de passer dans sa cuisine au cours des vingt années où elle y a officié. Et comme mes confrères, je vais continuer à cuisiner en l'entendant râler dans un coin de ma tête et me dire que je devrais m'appliquer davantage, être plus exigeant et faire l'impossible pour trouver et utiliser les meilleurs ingrédients.

À Rose pour toujours, avec toute mon amitié, mon respect et plein de tendres souvenirs.
28 janvier 1939 - 28 février 2010

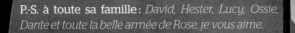

P.-S. à toute sa famille : *David, Hester, Lucy, Ossie, Dante et toute la belle armée de Rose, je vous aime.*

BOB'S YOUR UNCLE HAGGIS
BLIGHTY
CHIPS FISH WI AYE HAPPINESS
& PIE DIG FOR
VICTORY
GUINNESS
BACON SARNIE
BUBBLE & HRH
SCRUMPY SQUEAK YORKSHIRE PUD
NEEPS & TATTIES BEVVY CUPPA
PINT BUTTY
OCH AYE & BANGERS
CHEERS ! MASH
PUB GRUB
RAIN RAIN MAKE DO & MEND
GO AWAY COMFORT

En 2012, la Grande-Bretagne accueillera les Jeux olympiques pour la première fois depuis 1948. Tous les regards seront alors tournés vers nous. C'est le moment idéal, car la cuisine …

... anglaise n'a jamais été aussi intéressante et simple à réaliser.

JAMIE'S

À MA SORTIE DU WESTMINSTER KINGSWAY COLLEGE DE LONDRES, J'AI FAIT MES PREMIERS PAS DANS LA RESTAURATION À L'UN DES PIRES MOMENTS DE L'HISTOIRE DE LA CUISINE ANGLAISE. EN EFFET, BIEN QUE L'ANGLETERRE PUISSE SE TARGUER D'UNE LONGUE ET SAVOUREUSE TRADITION CULINAIRE, CELLE-CI AVAIT ÉTÉ ANÉANTIE PAR LA RÉVOLUTION INDUSTRIELLE, PAR DEUX GUERRES MONDIALES AUXQUELLES SUCCÉDÈRENT PLUSIEURS ANNÉES DE RESTRICTIONS, PUIS PAR L'ESSOR DE LA MÉCANISATION DE LA PRODUCTION ALIMENTAIRE. ALORS QU'AUPARAVANT, À L'ÉTRANGER, ON LA VANTAIT, LA CUISINE ANGLAISE A FINI PAR DÉCEVOIR SES AMATEURS. POURTANT, NOUS COMPTIONS TOUJOURS DE TRÈS GRANDS RESTAURANTS, MALHEUREUSEMENT TROP SOUVENT RÉSERVÉS AUX PLUS RICHES. LA BONNE CUISINE A MIS DU TEMPS À SE DÉMOCRATISER. MAIS LE CHANGEMENT ÉTAIT EN MARCHE…

GREAT BRITAIN

PARTOUT EN ANGLETERRE, DES CHEFS, DES PRO-
DUCTEURS, DES ARTISANS SE SONT LANCÉS À
LA RECHERCHE DE RECETTES OUBLIÉES, REDÉ-
COUVRANT À L'OCCASION DES INGRÉDIENTS NOBLES ET LE PLAI-
SIR DE FAIRE UNE CUISINE SIMPLE ET DE QUALITÉ. ILS ONT AINSI
SORTI L'ANGLETERRE DE SA TORPEUR ET ONT FAIT REDÉCOUVRIR
SA GASTRONOMIE PASSÉE. LE RENOUVEAU CULINAIRE ANGLAIS
AVAIT COMMENCÉ ; DES ANNÉES PLUS TARD, IL EST TOUJOURS D'AC-
TUALITÉ. EN PASSANT POUR LA DERNIÈRE
FOIS LA PORTE DE MON LYCÉE HÔTELIER,
J'ÉTAIS DÉTERMINÉ À EXPLORER LE MONDE
POUR APPRENDRE LE PLUS DE CHOSES POS-
SIBLE. JE N'AI, DEPUIS, JAMAIS CESSÉ CETTE
QUÊTE, ET ALORS QUE JE METS LE POINT
FINAL À CE LIVRE (MON TREIZIÈME, EN ESPÉ-
RANT QUE CELA ME PORTE CHANCE…), JE
NE SUIS PLUS UN ADOLESCENT MAIS LE PÈRE
DE QUATRE ENFANTS. ET J'AI SURTOUT UNE
AUTRE VISION DU ROYAUME-UNI, UNE VISION
QUE JE SUIS FIER DE PARTAGER AVEC VOUS.
J'AI VRAIMENT L'IMPRESSION D'AVOIR GRAN-
DEMENT ÉLARGI MON HORIZON, D'OÙ CE PLAISIR DE ME CONCEN-
TRER SUR LA CUISINE DE MON PAYS NATAL. IL S'EST PASSÉ TANT DE
CHOSES CHEZ MOI QUE C'EST LE MOMENT IDÉAL POUR ÉCRIRE UN
LIVRE À CE SUJET. EN 2012, LA GRANDE-BRETAGNE ACCUEILLERA LES
JEUX OLYMPIQUES POUR LA PREMIÈRE FOIS DEPUIS 1948. TOUS LES
REGARDS SERONT ALORS TOURNÉS VERS NOUS. C'EST LE MOMENT
IDÉAL, CAR LA CUISINE ANGLAISE N'A JAMAIS ÉTÉ AUSSI INTÉRES-
SANTE ET SIMPLE À RÉALISER. NOUS SOMMES PRÊTS À IMPRESSION-
NER LES GOURMETS ! ALORS OUI, LE DRAPEAU ANGLAIS SE DÉPLOIE
EN COUVERTURE ! UN PEU DE PATRIOTISME N'A JAMAIS FAIT DE MAL
À PERSONNE, MÊME SI PARFOIS, À FORCE
D'ÊTRE TROP CHAUVIN, ON OUBLIE CE
QUI SE PASSE À LA PÉRIPHÉRIE. C'EST
POURQUOI J'AI DÉCIDÉ DE SUIVRE
MON INSTINCT. JE GOÛTE À TOUT, QUE

 CE SOIT ANGLAIS, ESPAGNOL, ITALIEN, FRANÇAIS OU YÉMÉNITE… ET JE LAISSE MON PALAIS ME DIRE CE QU'IL EN PENSE. **LA BONNE CUISINE EST UNE HISTOIRE DE SENSATIONS, PAS D'ORIGINES. JE N'AI PAS ÉCRIT CE LIVRE POUR DIRE « NOUS SOMMES LES MEILLEURS », MAIS POUR VOUS LIVRER MES RECETTES ANGLAISES PRÉ-FÉRÉES, VOUS RACONTER QUELQUES HISTOIRES DE MON PAYS ET FAIRE L'ÉLOGE DE NOTRE GASTRONOMIE.** CHEZ NOUS, LE TEMPS EST PEUT-ÊTRE CAPRICIEUX, MAIS AU MOINS, CELA NOUS GARANTIT DES VERGERS REMPLIS DE BEAUX FRUITS, DES SOLS RICHES OÙ POUSSENT À FOISON DES LÉGUMES ET DE L'HERBE TENDRE, METS DE CHOIX POUR NOS ANIMAUX QUI, À LEUR TOUR, NOUS DONNENT DES VIANDES, DU LAIT ET DES FROMAGES INCROYABLES. IL Y A TANT DE BELLES CHOSES À DIRE SUR LE SUJET ! EN ÉCRIVANT CE LIVRE, JE ME SUIS SOUVENT DEMANDÉ CE QUE L'EX-PRESSION « CUISINE ANGLAISE » SIGNIFIE : IL SUFFIT DE SE PROMENER DANS LE CENTRE DE N'IMPORTE QUELLE VILLE BRITANNIQUE POUR COMPRENDRE QU'ELLE ÉVOQUE BIEN PLUS QUE QUELQUES VIEILLES RECETTES LOCALES. L'HISTOIRE ANGLAISE EST FAITE D'INVASIONS, D'EXPLORATIONS, DE COLO-NISATION, D'IMMIGRATION, ET L'ON EN VOIT DES TRACES PARTOUT : DANS NOS ASSIETTES, DANS NOS SUPERMARCHÉS, DANS NOS PLACARDS DE CUISINE. **CER-TAINS PRODUITS QUE NOUS PENSONS ANGLAIS ONT EN RÉALITÉ ÉTÉ APPORTÉS IL Y A LONGTEMPS PAR DES ÉTRANGERS VENUS REFAIRE LEUR VIE CHEZ NOUS.** LE FAMEUX *FISH AND CHIPS* EN EST UN TRÈS BON EXEMPLE CAR, BIEN QU'IL REPRÉSENTE CE QUI SE FAIT DE PLUS « ANGLAIS » DANS LE MONDE ENTIER, IL FUT INTRODUIT PAR LES IMMIGRANTS JUIFS QUI S'INSTALLÈRENT À LONDRES AU XVIIe SIÈCLE.

JE COMPARE SOUVENT LES ANGLAIS À DES PIES VOLEUSES PARCE QUE, TOUT AU LONG DE LEUR HISTOIRE, ILS ONT RAMENÉ CHEZ EUX DES SAVEURS SUBLIMES QU'ILS ONT ADAPTÉES AU GOÛT DE LEUR PAYS. CERTAINS CONDIMENTS BRITANNIQUES CÉLÈBRES COMME LE PICCALILLI ET LA SAUCE WORCESTERSHIRE OU HP SONT D'INSPIRATION INDIENNE. QUANT À NOTRE CÉLÈBRE TOURTE À LA VIANDE, SES ORIGINES REMONTENT À L'INVASION ROMAINE (ET MÊME À L'ÉGYPTE ANCIENNE). LA PRINCIPALE QUALITÉ DES ANGLAIS EST, À MON HUMBLE AVIS, LEUR OUVERTURE D'ESPRIT ET LEUR APTITUDE À ADOPTER TOUT CE QU'IL Y A DE BON, ET CE QUELLE QU'EN SOIT LA PROVENANCE. J'AI REMARQUÉ CELA AVEC LES ENFANTS BRITANNIQUES, QU'ILS SOIENT D'ORIGINE ANTILLAISE, EUROPÉENNE, JAMAÏCAINE OU INDIENNE : ILS RESPECTENT LA NOURRITURE DES UNS COMME CELLE DES AUTRES ET S'ENTHOUSIASMENT AUTANT POUR UN POULET JAMAÏCAIN OU DU RIZ AUX PETITS POIS QUE POUR UN SIMPLE RÔTI OU UN CURRY PARFUMÉ. CE LIVRE CONTIENT DONC DES RECETTES QUI M'ONT ÉTÉ INSPIRÉES PAR DES COMMUNAUTÉS D'IMMIGRÉS ANCIENNES OU RÉCENTES, INTERCALÉES ENTRE LES RECETTES DE MON ENFANCE, DE L'ENFANCE DE MES PARENTS, DE MES GRANDS-PARENTS, ET MÊME AU-DELÀ. C'EST, À MON SENS, LE VÉRITABLE VISAGE DE L'ANGLETERRE CONTEMPORAINE : UN PATCHWORK REGROUPANT LE MEILLEUR DE NOS TRADITIONS, PONCTUÉ DE TROUVAILLES RÉCENTES CARACTÉRISÉES PAR LEUR GAIETÉ, LEUR COULEUR ET LEUR INVENTIVITÉ. JE DOIS VOUS AVOUER QUE, CHAQUE FOIS QUE J'ÉCRIVAIS UNE RECETTE POUR CE LIVRE, J'AVAIS ENVIE DE COMMENCER PAR UNE PHRASE DU STYLE : « VOUS ALLEZ ADORER CE PLAT. » C'EST LA CUISINE DU CŒUR PAR EXCELLENCE : SIMPLE, MODESTE, MAIS INCROYABLEMENT VIVANTE. ON NE PEUT PAS LA MODELER À SA GUISE, C'EST POURQUOI JE VOUS CONSEILLE DE BIEN SUIVRE MES INSTRUCTIONS ; VOUS VERREZ, VOUS PASSEREZ DE MERVEILLEUX MOMENTS À TABLE, POUR MON PLUS GRAND PLAISIR !

C'est la cuisine du cœur par excellence : simple, modeste, mais incroyablement vivante.

PET

La Grande-Bretagne est le royaume du petit déjeuner complet : composé d'œufs, de toasts grillés, de bacon croustillant, de boudin noir, de saucisses et de haricots blancs, le *full monty* (littéralement : «la totale») - on le surnomme ainsi - est copié aux quatre coins du monde. L'Écosse, le pays de Galles, l'Irlande du Nord ont tous leur propre version du petit déjeuner anglais, toujours délicieuse. Cette tradition culinaire date de l'époque où les travailleurs avaient besoin d'un repas bien consistant, à base de viande, pour tenir jusqu'à midi – ce qui n'aurait pas été possible avec une simple viennoiserie et un expresso. Force est de reconnaître qu'au cours des cinquante dernières années, des cafés de seconde zone peu regardants sur la qualité des plats qu'ils servent ont sérieusement terni la réputation de nos petits déjeuners. Heureusement, il y a encore pas mal d'endroits où l'on en sert d'excellents. Alors, que vous soyez plutôt tranche croustillante de bon bacon dans un petit pain blanc *(bacon butty)*, petit déjeuner complet, omelette, *kedgeree* ou toute autre merveille présentée dans ce chapitre, l'essentiel est de cuisiner avec amour des ingrédients de qualité pour démarrer la journée du bon pied.

PETIT DÉJEUNER DANS LA POÊLE
LE RETOUR DU PETIT DÉJEUNER DE MINUIT !

J'ai écrit une recette similaire dans mon deuxième livre, et bizarrement, c'est celle qui a fait réagir le plus grand nombre de lecteurs. Les gens en parlent encore, et certains restaurants l'ont même mise à leur menu : c'est la preuve que tout le monde adore les petits déjeuners complets. Je l'ai élaborée il y a très longtemps, quand je rentrais tard après le travail (et un ou deux verres, je l'admets...) et que je mourais d'envie d'engloutir un énorme petit déjeuner. Comme je ne voulais pas salir trop de casseroles et de plats, histoire de ne pas subir les remontrances de ma mère le lendemain matin, je mettais tout dans une seule poêle. **Certes, ce n'est pas le plat le plus diététique du monde, c'est pourquoi je vous conseille de le partager avec quelqu'un, histoire de vous déculpabiliser ! Si vous êtes d'humeur généreuse, préparez-le pour le plus de personnes possible ! Faites rôtir ou griller des saucisses, du bacon et du boudin noir au four ; mettez-les ensuite dans un grand plat. Cassez 12 œufs par-dessus et glissez le tout sous le gril, pour un résultat exceptionnel !** Préchauffez le gril de votre four à température élevée et faites chauffer une poêle d'environ 26 cm de diamètre sur feu vif. Versez-y un filet d'**huile d'olive**. Coupez une **saucisse de porc** dans le sens de la longueur et ouvrez-la comme un livre pour qu'elle puisse cuire vite et bien, et qu'elle croustille sous la dent. Placez-la dans la poêle, ajoutez 1 tranche de **bon boudin noir** de 2 cm d'épaisseur et 2 fines tranches de **bacon de qualité**. Surveillez en essayant de ne pas remuer pendant environ 2 min, pour que tous les ingrédients puissent dorer à souhait. Retournez-les afin de les faire cuire sur l'autre face. Si vous jugez que le bacon et le boudin noir sont bien cuits, ôtez-les de la poêle et réservez-les sur une assiette le temps de couper en quatre un **rosé-des-prés** (ou quelques petits **champignons de Paris**) et de le faire cuire dans la poêle. N'hésitez pas à laisser la saucisse brûler très légèrement, c'est le secret pour qu'elle soit croustillante et juteuse. Poursuivez la cuisson encore 2 min environ, puis ajoutez 3 ou 4 demi-**tomates cerise** (percez la peau avec la pointe d'un couteau pour qu'elles s'affaissent). Si nécessaire, éliminez un peu de gras avant de remettre le bacon et le boudin noir dans la poêle. Étalez bien tous les ingrédients en les ramenant vers le centre, de manière à dégager les bords de l'ustensile. Cassez 2 gros **œufs bio** tout autour. Remuez doucement la poêle pour que les blancs se glissent entre les aliments et les entourent bien - la préparation doit entièrement tapisser le fond. Laissez cuire 1 min, puis glissez la poêle au milieu du four, sous le gril chaud, pour 2 min - ou jusqu'à ce que les œufs soient cuits à votre convenance. Servez avec une pile de toasts chauds et une bouteille de sauce HP.

BUBBLE & SQUEAK

Cette galette de restes aux légumes et à la viande hachée est devenue un classique de la cuisine anglaise. La première recette manuscrite de *bubble & squeak* date du début du XIXᵉ siècle, quand le moindre reste de viande grillée ou de légumes dominicaux était frit à la poêle le lundi pour confectionner cette grande et belle galette. Ce plat est d'ailleurs si délicieux que je vous conseille de ne pas attendre d'avoir des restes pour le faire, d'où cette recette pour vous y aider! Tant que vous utiliserez 60% de pommes de terre, vous pourrez ajouter à peu près n'importe quoi: des légumes, des miettes de châtaigne, des herbes, du bacon croustillant ou des restes de viande.

Dans les cafés populaires, on appelle ce plat le *bubble* et on le sert avec des œufs au petit déjeuner. Comme il reste souvent un long moment dans la poêle à cuire et à rissoler, il prend parfois une drôle de couleur vert sombre, mais bizarrement, c'est ainsi qu'il est vraiment excellent.

POUR 8 PERSONNES

- 1 kg de pommes de terre à chair farineuse, de type bintje
- 600 g de légumes mélangés : carottes, rutabagas, navets, panais, chou frisé, choux de Bruxelles...
- Huile d'olive
- Beurre
- Quelques brins d'herbes fraîches – romarin, sauge, thym, ou tout ce que vous pouvez trouver dans votre réfrigérateur, en détachant et en hachant les feuilles
- Sel et poivre blanc

Pelez et émincez tous les légumes, en coupant les légumes-racines en cubes de 2,5 cm de côté. Portez une casserole d'eau salée à ébullition, faites-y cuire les légumes environ 10 min ou jusqu'à ce qu'ils soient tous tendres. Si vous incorporez du rutabaga ou des navets, mettez-les 5 min avant les autres car ils sont plus longs à cuire. Si vous mettez du chou frisé, blanchissez-le 1 à 2 min, juste à la fin. Égouttez les légumes cuits et laissez-les reposer quelques instants, le temps qu'ils ne dégagent plus de vapeur.

Placez une poêle moyenne (environ 26 à 28 cm) antiadhésive sur feu moyen et versez-y un filet d'huile d'olive et quelques noix de beurre. Quand la matière grasse est bien chaude, ajoutez les herbes fraîches et les légumes cuits. Salez, poivrez puis écrasez tous les ingrédients dans la poêle. Tapotez pour former une galette; faites-la cuire 3 à 4 min, jusqu'à ce qu'une belle croûte dorée commence à se former sur le dessous. Cassez cette dernière et incorporez les petits morceaux croustillants au cœur de la préparation, puis tapotez-la de nouveau et répétez l'opération pendant 15 à 20 min – le but étant d'obtenir une galette parfumée, dense et uniformément croustillante.

En cours de cuisson, retournez la galette avec une spatule ou, si vous avez le goût du risque, comme une crêpe. Si elle se casse, ce n'est pas grave: remettez-la en forme. Laissez-la dorer sur l'autre face puis prélevez-en un petit morceau pour la goûter. Rectifiez l'assaisonnement. Quand vous serez satisfait du résultat, servez-la avec un peu de sauce HP.

P.-S.: que faire des restes de *bubble & squeak*? *A priori*, vous aurez sans doute rarement l'occasion de vous poser la question... Mais si nécessaire, remettez-les dans la poêle, râpez un peu de fromage dessus et réchauffez-les sous le gril. Sinon, utilisez-les comme garniture pour une *shepherd's pie*.

BREAKFAST BUTTY

Ce sandwich tout simple était autrefois servi au petit déjeuner. Alors pourquoi ce drôle de besoin de vous parler d'un plat si ordinaire? Parce que je parie que l'immense majorité des sandwichs que vous mangez sont de pauvres petites choses anémiques, grasses et détrempées... bref, infectes. Il est temps de prendre des mesures radicales pour qu'un jour, vous compreniez que vous revenez de loin! Quand on sait transformer les choses simples et quotidiennes en petites œuvres d'art et que, par-dessus le marché, on s'est habitué à ces purs moments de délice, le matin ou, avouons-le, à tout moment de la journée (même tard le soir, en rentrant du pub), il est normal qu'on en devienne complètement accro. Avant tout, il faut des sauces. J'ai eu beau parcourir le monde, le ketchup et la sauce HP restent, à mes yeux, un must. Choisissez l'un ou l'autre, ou combinez-les en ajoutant quelques gouttes de sauce Worcestershire, et étalez sur du pain. À propos de ce dernier, souvenez-vous que si le beurre, les saucisses, le bacon et les sauces se conservent très bien au réfrigérateur, un pain de plus d'un jour perdra vite son moelleux... cette texture qui rend les sandwichs agréables à manger. Si vous n'avez que du vieux pain sous la main, quand votre garniture sera croustillante et dorée, posez 2 tranches l'une sur l'autre et mettez-les - comme une seule et unique grosse tranche - dans le grille-pain, pour que votre sandwich soit toasté à l'extérieur et moelleux à l'intérieur. Tartinez l'intérieur d'une fine couche de beurre, remplissez de garniture et recouvrez de sauce. Puis pressez les deux tranches de pain l'une contre l'autre et mangez votre sandwich avant qu'il sèche comme un vieux pruneau! On peut utiliser toutes sortes de pains pour confectionner un sandwich, et même en faire spécialement pour l'occasion, mais au fond, rien ne vaut un bon pain frais. En ce qui concerne le beurre, il faut en mettre, mais pas trop. N'utilisez surtout pas de margarine. Si vous faites attention à votre santé, je vous conseille plutôt de ne rien ajouter du tout et de laisser le jus de la garniture donner un peu de souplesse à l'ensemble. Quand vous voulez y ajouter une saucisse de Cumberland ou une chipolata, faites simple, choisissez un produit de grande qualité, contenant beaucoup de viande (minimum 70%). Faites-la rôtir ou griller au four très chaud (mais sans la laisser noircir), jusqu'à ce qu'elle soit bien dorée (*idem* pour le bacon et le boudin noir). Bien cuites, ces viandes accrocheront mieux au pain et en accentueront la saveur. Si vous êtes fan de croustillant, ouvrez la saucisse en deux pour augmenter la surface de cuisson et la rendre encore plus craquante sous la dent. Le bacon ou le lard fumé doit être d'une qualité irréprochable : je ne vois vraiment pas l'intérêt du bacon bon marché qui, à peine en contact avec la poêle, se racornit et s'assèche en 2 secondes - il n'a, en outre, aucune saveur. Le boudin noir constitue également une merveilleuse garniture. Coupez une tranche de boudin de 1 cm d'épaisseur; faites-le cuire au four ou dans une poêle, sans matières grasses, jusqu'à ce qu'il soit croustillant à l'extérieur, en sachant qu'avec ce centimètre d'épaisseur, il restera moelleux à l'intérieur. Autre délicieux *butty*: le sandwich aux œufs - durs, écalés et écrasés avec une fourchette, pochés, frits ou brouillés, peu importe, du moment qu'ils sont correctement cuits. Si vous êtes végétarien ou si vous avez envie de quelque chose de plus léger, versez un filet d'huile d'olive et une pincée de sel et de poivre sur une tomate rôtie ou grillée ou sur un gros champignon de Paris. Agrémentez le tout d'une minuscule noix de beurre en fin de cuisson. Vous verrez, c'est tout simplement magique! Mais revenons à notre belle histoire : vous avez le pain parfait (ou, j'y pense à l'instant, un joli petit pain avec une croûte croquante et une mie fondante), du beurre (ou pas), de la garniture et des sauces. Il n'y a pas grand-chose d'autre à dire, si ce n'est que je vous encourage à redonner leurs lettres de noblesse à ces merveilleux petits repas pris sur le pouce.

LE YAOURT MAISON LE PLUS FACILE DU MONDE
ET DE MERVEILLEUSES COMPOTES AUX FRUITS D'ÉTÉ

Pourquoi faire ses propres yaourts, vous demandez-vous? Parce que c'est super de transformer un reste de lait ordinaire en un yaourt délicieux et onctueux. Pour y parvenir, il suffit de quelques cuillerées à soupe de yaourt nature. Cela fonctionne parfois mieux avec certaines marques, donc si cette recette rate avec celle que vous avez utilisée, changez-en. Cela vaut vraiment la peine d'essayer. Je vous livre également quelques recettes simples de délicieuses compotes de fruits qui accompagnent le yaourt à merveille.

POUR 4 À 6 PERSONNES (COMPOTE ET YAOURT)

Pour le yaourt
- 1 l de lait demi-écrémé
- 4 cuil. à soupe bombées de yaourt nature

Pour la compote
- 400 g de fruits variés
- 2 ou 3 cuil. à soupe bombées de sucre roux à saupoudrer au moment de servir

Préparez le yaourt : versez le lait dans une grande casserole. Couvrez et portez lentement à ébullition, sur feu doux. Éteignez le feu et laissez refroidir jusqu'à ce que le lait soit tiède (prévoyez environ 30 min). À ce moment-là, ajoutez le yaourt nature et fouettez pour bien mélanger. Posez le couvercle sur la casserole et laissez reposer 1 nuit dans un coin de la cuisine, le temps que les ferments lactiques agissent. Lorsqu'ils ont bien pris, couvrez de film étirable et mettez au réfrigérateur. Mangez le yaourt dans la semaine, en pensant à en garder un peu pour faire la prochaine tournée. Top et bluffant!

Préparez la compote : placez vos fruits dans une casserole sur feu moyen à vif (pensez, bien sûr, à dénoyauter les cerises ou les prunes). Ajoutez 2 ou 3 cuil. à café de sucre ainsi que quelques ingrédients au choix pour parfumer la compote (voir ci-dessous). Couvrez et laissez mijoter environ 5 min, ou jusqu'à ce que les fruits soient légèrement cuits mais encore entiers. Ôtez du feu et laissez refroidir, puis servez avec 1 ou 2 grosses cuillerées de yaourt maison.

CERISES OU PRUNES
UN DÉ À COUDRE DE WHISKY
1 CUIL. À CAFÉ D'EXTRAIT DE VANILLE

FRAMBOISES OU FRAISES
LE JUS DE 1 CITRON
1 BRIN DE MENTHE

MÛRES OU MYRTILLES
2 CM DE GINGEMBRE FRAIS FINEMENT RÂPÉ
LE JUS DE 1 ORANGE

CRÊPES YÉMÉNITES

Je parie que ces crêpes fabuleuses vont révolutionner vos dimanches matin. Tendres et délicieuses, elles sont constellées de petits cratères qui vont se remplir du beurre ou du miel que vous étalerez... Leur texture est très étonnante. Ce sont les femmes d'une communauté yéménite qui me les ont fait découvrir. J'ai adapté leur recette pour la rendre un peu plus facile à réaliser au quotidien, sans toutefois gâcher le résultat final. Les Yéménites les servent avec des plats savoureux et les utilisent pour saucer leurs délicieux ragoûts – mais elles sont aussi délicieuses nature.

POUR 12 CRÊPES

- 1 sachet de 7 g de levure déshydratée
- 1 cuil. à café de miel liquide
- 2 gros œufs de poule élevée en plein air
- 40 cl de lait
- 175 g de farine avec levure incorporée
- 175 g de farine de maïs ou de semoule fine
- Sel
- Huile d'olive
- *Facultatif* : framboises fraîches, beurre et miel liquide, en accompagnement

Dans un bol, mélangez la levure avec 2 cuil. à soupe d'eau chaude et le miel liquide ; laissez reposer environ 20 min dans un endroit chaud. Battez les œufs avec le lait. Incorporez délicatement le mélange à base de levure, puis ajoutez les deux farines et 1 pincée de sel. Fouettez pendant environ 1 min, jusqu'à ce que le mélange soit suffisamment épais pour napper le dos d'une cuillère. S'il vous semble trop compact et pas assez liquide, rajoutez un tout petit peu de lait. Couvrez le récipient avec un torchon propre et laissez reposer environ 1 h.

Au moment de faire les crêpes, frottez le fond d'une grande poêle antiadhésive avec du papier absorbant imbibé d'huile d'olive. Placez-la sur feu moyen ; quand elle est chaude, versez-y 1 louchée de pâte à crêpes et répartissez-la sur toute la surface. Vous allez commencer à voir de petites bulles apparaître. Faites cuire 2 min, pour laisser le temps aux cratères de se former, puis baissez le feu et couvrez. Poursuivez la cuisson pendant 2 min, ou jusqu'à ce que la crêpe soit suffisamment cuite. Après avoir cuit la première, vérifiez la température de la poêle et ajustez-la pour que chaque crêpe soit bien tendre et bien molle après la cuisson. Servez, cratères sur le dessus, avec des framboises, une noix de beurre et un filet de miel liquide.

SCONES AUX POMMES DE TERRE

LES MEILLEURS ŒUFS BROUILLÉS DU MONDE • SAUMON FUMÉ

Lors d'un séjour à Glasgow, j'ai pu goûter ces incroyables scones aux pommes de terre. Je les trouve délicieux et, de plus, très faciles à faire. Un peu comme le *bubble* sans le *squeak*. Voici ma première tentative pour en réaliser, qui a donné ce délicieux petit déjeuner concocté dans un joli appartement du West End de Glasgow – le quartier chic de la ville, plein d'endroits sympas et de belles boutiques. Visitez-le, il vaut vraiment le détour. Ce plat constitue, selon moi, le meilleur brunch du monde – excepté, peut-être, le *kedgeree*. Je n'aurais jamais pensé mettre autant de farine dans des pommes de terre, mais le résultat est sensationnel. Goûtez ces scones avec des saucisses, du ragoût ou même nature... Je vous assure que c'est l'une des plus agréables façons de démarrer la journée.

POUR 4 PERSONNES

- 500 g de pommes de terre à chair farineuse, de type bintje, avec la peau
- 100 g de farine
- 1 petit bouquet de ciboulette
- 2 noix de beurre

- ½ cuil. à café rase de levure chimique
- Sel et poivre moulu
- Huile d'olive
- 5 gros œufs de poule élevée en plein air

- 200 g de saumon fumé de très bonne qualité
- Quelques pincées de cresson bien lavé
- Huile d'olive vierge extra
- 1 citron coupé en quartiers

Coupez les pommes de terre en morceaux de 2,5 cm d'épaisseur et faites-les bouillir dans de l'eau salée pendant 7 min ou jusqu'à ce qu'elles soient tendres. Égouttez-les et laissez-les refroidir. Remettez-les dans la casserole vide et ajoutez la farine. Écrasez légèrement pour mélanger – mais sans trop remuer. Coupez finement la ciboulette et incorporez-la aux pommes de terre, avec une noix de beurre et la levure chimique. Mélangez en écrasant. (Vous pouvez râper un peu de fromage dessus.) Assaisonnez. Lavez-vous les mains pour manipuler la pâte. Goûtez-en un tout petit morceau, afin de rectifier l'assaisonnement si nécessaire, puis divisez-la en 4 boules et saupoudrez-les de farine.

Mettez une grande poêle (environ 32 cm de diamètre) sur feu moyen et versez-y un filet d'huile d'olive. Placez-y les boules de pâte (vous allez peut-être devoir le faire en deux fois) et écrasez-les avec une cuillère, jusqu'à ce qu'elles soient presque plates et mesurent environ 2 cm d'épaisseur. Faites-les cuire environ 10 min en les retournant toutes les 2 min : elles doivent être dorées des deux côtés.

Battez les œufs grossièrement - il ne faut pas que le mélange soit parfaitement lisse. Assaisonnez et réservez. Quand vos scones sont cuits, disposez-les sur 4 assiettes, puis retirez la poêle du feu et ajoutez une noix de beurre. Lorsqu'il commence à mousser, versez les œufs et baissez le feu au minimum. Ayez la main légère : au lieu de mélanger vigoureusement les œufs, utilisez une spatule pour décoller la préparation de la poêle à mesure qu'elle colle, afin que la partie crue passe dessous et cuise à son tour. C'est le plus sûr moyen d'obtenir une belle texture. Le secret des œufs brouillés est la bonne proportion d'œufs relativement bien cuits et d'œufs plus coulants. Pour y arriver, il faut retirer la poêle du feu quand les œufs ont l'air presque cuits. Ils vont continuer à cuire et, le temps que vous les retourniez et que vous les serviez, ils seront parfaits.

Placez une tranche de saumon fumé dessus et une pincée de cresson. Arrosez d'huile d'olive vierge extra et servez avec des quartiers de citron que vous presserez dessus.

Des scones de pommes de terre, des œufs onctueux, un merveilleux saumon fumé et quelques gouttes de citron

Ce café sympa est une véritable institution cockney. On y sert des petits déjeuners et des goûters depuis plus de quatre-vingts ans.

L'OMELETTE DU VIEUX GARÇON

MORCEAUX DE PAIN FRITS • TRANCHES DE CHAMPIGNON

J'adore faire frire des morceaux de pain avec du bacon avant de les incorporer dans une omelette. Cette petite entorse à un classique vaut vraiment la peine d'être tentée et est absolument parfaite pour le dimanche matin. À servir avec de la sauce HP, du ketchup… et votre journal préféré.

POUR 1 PERSONNE

- Huile d'olive
- 1 tranche de pain au levain écroûtée
- 1 rosé-des-prés bien brossé

- 1 tranche de bacon fumé de qualité coupée en morceaux de 2 cm

- 2 ou 3 gros œufs de poule élevée en plein air
- Sel et poivre moulu
- Cheddar à râper

Préchauffez une petite poêle (environ 20 cm de diamètre) sur feu moyen à vif et ajoutez un filet d'huile d'olive. Coupez le pain en cubes de 2 cm de côté, le champignon en tranches de 1 cm d'épaisseur et mettez-les dans la poêle, avec les morceaux de bacon. Faites revenir quelques minutes, en remuant de temps en temps, jusqu'à obtention d'une belle couleur. Surveillez bien chaque ingrédient, tous ne cuisant pas à la même vitesse. Glissez les aliments qui vous semblent à point sur une petite assiette en attendant que les autres finissent de cuire.

Battez les œufs dans un grand bol et assaisonnez-les. Remettez tous les ingrédients réservés dans la poêle et répartissez-les de façon uniforme. Ajoutez les œufs et secouez légèrement la poêle pour qu'ils en recouvrent complètement le fond. Quand ils commencent à cuire, poussez-les doucement avec une cuillère en bois afin qu'ils se froissent, un peu comme un tissu de soie. Éteignez le feu et continuez à remuer et à plier les œufs jusqu'à ce que les parties crues se figent. Râpez alors rapidement un peu de fromage dessus. Il faut que l'omelette soit légèrement coulante car quand on l'enlève du feu, elle continue de cuire : c'est le plus sûr moyen d'obtenir une texture parfaite. Si vous la faites cuire à point dans la poêle, elle sera trop cuite dans votre assiette – j'ai l'air obsédé par la cuisson des œufs… eh bien oui, je le suis ! Mais personne n'aime déguster une omelette semblable à celles que l'on propose dans les avions. C'est dans sa propre cuisine qu'on fait des œufs parfaits : onctueux, veloutés et délicieux. Rien de plus facile !

CRUMPIES

Ces *crumpies* sont une invention personnelle récente, à mi-chemin entre le *crumpet* et le *Yorkshire pudding*. Il suffit de mélanger tous les ingrédients, de les verser dans un moule à muffins et de les faire cuire au four jusqu'à obtention d'une belle croûte en surface et d'une mie élastique et aérée à l'intérieur. Ils sont délicieux avec du beurre. Ma femme adore y étaler de la confiture de fraises, Daisy de la sauce Marmite, Poppy un filet de miel et moi, un petit œuf brouillé avec une larme de ketchup ou de sauce HP (voire les deux) sur l'assiette et, selon mon humeur, un peu de Tabasco.

POUR 12 PERSONNES

- Huile végétale
- 500 g de farine
- 1 cuil. à café de sucre en poudre

- 1 sachet de 7 g de levure chimique
- 1 bonne pincée de bicarbonate de soude

- 2 cuil. à café de sel

Préchauffez le four à 170 °C (th. 5-6). Graissez un moule à muffins comportant 12 alvéoles avec un peu d'huile végétale. Placez tous les ingrédients dans un grand saladier et ajoutez 60 cl d'eau tiède – elle doit être suffisamment chaude pour activer la levure, mais pas trop, sous peine d'obtenir l'effet inverse.

Fouettez jusqu'à obtention d'une pâte souple et homogène – cela ne devrait prendre que quelques secondes. Laissez reposer 10 min, le temps que la levure agisse. Quand la pâte a une consistance collante – mais encore liquide –, versez-la dans le moule. Remplissez chaque alvéole presque à ras bord et faites cuire environ 35 min, ou jusqu'à ce que les *crumpies* soient montés et bien dorés. Laissez-les refroidir sur une grille pendant quelques minutes et servez-les encore chauds, avec l'accompagnement de votre choix.

QUELQUES IDÉES POUR COMMENCER :

CREAM CHEESE DE TYPE PHILADELPHIA

CONFITURE ET BANANE

QUELQUES TRANCHES DE JAMBON BLANC

QUELQUES BELLES TRANCHES DE FROMAGE

SAUMON FUMÉ ET UN QUARTIER DE CITRON

FRAISES TRANCHÉES AVEC DE LA CRÈME OU DU YAOURT

QUELQUES MORCEAUX DE BACON GRILLÉ

UNE CUILLERÉE À SOUPE DE BONNE CONFITURE

BANANE TRANCHÉE ET MIEL LIQUIDE

UNE CUILLERÉE À CAFÉ DE NUTELLA

JAMBON ET MOUTARDE

UN ŒUF POCHÉ

… À VOUS DE CHOISIR !

L'un des plus délicieux poissons que j'aie jamais mangés. Pour, c'est un véritable régal.

Les *Arbroath smokies*

Autrefois, il fallait fumer le poisson pour le conserver; aujourd'hui, si cette pratique s'est perpétuée, c'est parce que ce procédé lui donne un goût délicieux. Iain Spink fait des *Arbroath smokies* (des haddocks fumés au bois) à l'ancienne. Il se déplace et est capable de débarquer n'importe où avec ses tonneaux de chêne et ses sacs en toile de jute. Vous trouverez les *Arbroath smokies* dans les bons supermarchés... britanniques uniquement!

www.arbroathsmokies.net

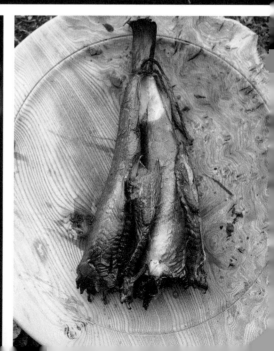

TOASTS AU HADDOCK FUMÉ
ŒUFS POCHÉS • ÉPINARDS

Voici, pour moi, l'équivalent océanique de la recette des œufs bénédictine. Les gens en raffolent, et c'est un plaisir de les voir se régaler. Cette recette se cuisine traditionnellement avec du haddock fumé. Mais si vous n'arrivez pas à trouver un poisson de qualité, vous pouvez la réaliser à l'identique avec de la truite ou du hareng salé et fumé. Quel que soit le poisson choisi, veillez surtout à ce qu'il soit d'excellente qualité.

Le challenge est le suivant : réussir à cuire tous les ingrédients au même moment – le toast, les œufs, le poisson et les épinards. Si vous y arrivez, bravo! Vous allez vous régaler! Pour une première tentative, mieux vaut essayer de faire cette recette pour deux personnes au lieu de quatre – voire plus –, au moins jusqu'au jour où vous la maîtriserez parfaitement.

POUR 2 PERSONNES

- 4 feuilles de laurier fraîches
- 10 grains de poivre noir
- 1 citron
- 250 g de filet de haddock fumé
- 2 gros œufs de poule élevée en plein air

- Une noix de beurre doux
- 1 cuil. à café de *Gentleman's Relish* (ou d'anchoïade)
- 1 cuil. à café rase de moutarde en poudre
- 1 noix muscade entière

- 200 g de pousses d'épinard
- 2 grosses tranches de pain croustillant avec une mie dense
- Sel et poivre moulu

Faites chauffer une grande casserole d'eau à feu vif, ajoutez les feuilles de laurier, les grains de poivre et la moitié du jus du citron. Portez à ébullition. Baissez le feu, puis incorporez le poisson et laissez mijoter 4 min avant de casser les œufs par-dessus pour les faire pocher et les cuire comme vous les aimez – environ 3 min sont nécessaires pour un œuf poché tendre, et 4 min pour un œuf poché plus ferme. Le poisson cuit en 8 min ; donc quand les œufs seront prêts, il sera parfait.

Mettez une poêle sur le gaz, à feu vif, et ajoutez le beurre, le *Gentleman's Relish*, la moutarde en poudre et la muscade râpée (l'équivalent de 10 coups de râpe). Quand le beurre commence à mousser, écrasez un peu le *Gentleman's Relish* et versez le jus de citron restant. Incorporez les épinards et, à l'aide de pinces, tournez-les doucement et déplacez-les dans la poêle pendant quelques minutes ou jusqu'à ce qu'ils réduisent. Poussez-les dans un coin de la poêle et penchez-la de l'autre côté pour y faire venir toute l'eau de cuisson ; laissez celle-ci s'évaporer jusqu'à ce que les épinards soient assez secs et aient une belle teinte intense et sombre.

Faites griller les tranches de pain en gardant un œil sur les œufs et le haddock, pendant que les épinards continuent de cuire. Posez une tranche de pain sur chaque assiette et répartissez les épinards et leur jus dessus. À l'aide d'une écumoire, récupérez délicatement les œufs et déposez-les sur les toasts. Saupoudrez d'un peu de sel et de poivre, puis émiettez le poisson par-dessus tout en enlevant la peau. Pour finir, le meilleur... Ouvrez l'œuf et étalez le jaune sur tout le toast. Succulent!

KEDGEREE LÉGER ET ÉPICÉ

Le *kedgeree* est sans doute l'un de mes plats préférés mais, bizarrement, je n'en fais que quelquefois par an : généralement pour le premier petit déjeuner de l'année, quand je ne suis pas très frais et que j'ai besoin de me requinquer ! Sachez que ce plat se marie très bien avec une pinte de Guinness (et une larme de porto) ou un bloody mary. Mais il est aussi délicieux avec une tasse d'earl grey, pour un petit déjeuner raffiné, ou avec du vin, à midi ou au dîner. Au fil des années, j'ai découvert que c'est l'un des plats qu'il faut servir aux gens qui viennent visiter notre beau pays. Quand on pose la poêle sur la table, ils se disent que l'on est fou de leur servir un curry au saut du lit ; mais à la première bouchée, ils se pâment !

POUR 6 PERSONNES

- 300 g de riz basmati
- 6 gros œufs de poule élevée en plein air
- 2 oignons pelés et finement hachés
- 3 gousses d'ail pelées et hachées
- 50 g de beurre
- 1 cuil. à café bombée de garam masala

- 1 cuil. à café rase de graines de cumin
- 2 cuil. à café rases de graines de moutarde noire
- 2 cuil. à café bombées de gingembre frais râpé
- 2 piments doux rouges frais, sans les graines et émincés

- Sel et poivre moulu
- 1 petit bouquet de coriandre fraîche
- 600 g de haddock fumé
- 6 feuilles de laurier fraîches
- 6 grains de poivre noir
- 3 citrons
- 1 cuil. à café rase de curcuma
- Yaourt nature (facultatif)

Faites cuire le riz dans de l'eau bouillante salée, selon les instructions portées sur l'emballage. Ajoutez les œufs pour les 6 premières minutes de cuisson du riz puis, à l'aide d'une écumoire, enlevez-les et plongez-les dans l'eau froide. Quand ils ont suffisamment refroidi pour être manipulés, écalez-les et coupez-les en quatre. Égouttez le riz ; passez-le sous l'eau froide et égouttez-le de nouveau.

Dans une grande poêle (environ 30 cm de diamètre), faites doucement revenir les oignons et l'ail avec le beurre, à feu moyen. Ajoutez le garam masala, le cumin, la moutarde, le gingembre, les piments et 1 bonne pincée de sel et de poivre. Ciselez toutes les tiges de coriandre et mettez-les dans la poêle, en réservant les feuilles. Faites revenir pendant 10 min en remuant de temps en temps – ou jusqu'à ce que les oignons soient tendres.

Pendant ce temps, faites pocher le haddock avec les feuilles de laurier et les grains de poivre dans environ 1 l d'eau – le liquide doit couvrir le poisson. Portez à ébullition, baissez le feu et laissez mijoter 5 min, puis ôtez du feu. Lorsque le poisson est tiède, retirez la peau et émiettez-le sur une assiette, en enlevant les arêtes au fur et à mesure.

Incorporez le riz égoutté dans les oignons épicés et mélangez bien. Rectifiez l'assaisonnement. Ajoutez le jus d'un citron et demi. Mélangez et faites cuire à feu moyen pendant environ 4 min ; goûtez et, si nécessaire, assaisonnez de nouveau. Saupoudrez le curcuma sur le riz, puis la moitié des miettes de poisson, la moitié des œufs et la moitié des feuilles de coriandre. Mélangez doucement – le curcuma va colorer le riz. Répartissez le reste du poisson, des œufs et de la coriandre sur le *kedgeree* et couvrez (avec un couvercle ou du papier d'aluminium) pour que la vapeur se diffuse dans chaque ingrédient et que tous les goûts se mêlent. Servez avec le reste des citrons coupé en quartiers et le yaourt versé dans un petit bol. Criez « à table ! » et observez vos convives... Vous verrez, ils se resserviront !

MUESLI AUX PRUNES AU SIROP
YAOURT ONCTUEUX • SAUCE AUX FRUITS SUCRÉE

Le goût de ce petit déjeuner très rapide à réaliser me rappelle les moments passés avec mes grands-parents. Ce plat, qui se fait sans efforts, est aussi agréable à regarder qu'à déguster. Si vous le préparez pour des enfants qui n'ont pas l'habitude de manger des prunes, écrasez-les un peu et mélangez-les au yaourt. Comme ça, promis, il n'en restera pas une miette. On le sait, il est préférable de manger un vrai petit déjeuner le matin, mais on n'est pas toujours très inspiré et on a besoin d'idées nouvelles pour que ce moment devienne une fête. Les prunes ont un petit goût d'enfance; quand on les sert bien chaudes et sirupeuses avec un yaourt onctueux froid et des flocons d'avoine grillés, c'est simplement magique. Cette recette peut également être servie au dessert; remplacez alors le yaourt par quelques cuillerées de glace à la vanille.

POUR 4 PERSONNES

- Une noix de beurre
- 200 g de gros flocons d'avoine
- 3 cuil. à soupe d'amandes effilées
- 1 cuil. à soupe bombée de noix de coco séchée
- 1 cuil. à soupe de miel liquide
- 1 bocal de 410 g de prunes (ou de pruneaux) au sirop
- 500 g de yaourt à la grecque nature, en accompagnement

Placez une grande poêle antiadhésive sur feu moyen, versez-y le beurre et laissez-le mousser. Ajoutez les flocons d'avoine et les amandes. Faites-les griller pendant environ 5 min (ou jusqu'à ce qu'ils soient bien dorés), en remuant de temps en temps. Ajoutez la noix de coco et le miel, mélangez et laissez dorer encore 2 min. Transvasez la préparation dans un plat.

Versez le jus des prunes dans une casserole chaude et portez à ébullition sur feu vif. Faites-le réduire jusqu'à ce qu'il soit bien sirupeux, puis baissez le feu et ajoutez les prunes. Remuez-les délicatement jusqu'à ce qu'elles soient brillantes et enrobées d'une belle couche de caramel naturel.

Au moment de servir, j'aime répartir les flocons d'avoine et les amandes dans des bols et verser un peu de yaourt nature dessus avant de couronner le tout de prunes. C'est simple et délicieux. On peut utiliser des prunes avec ou sans noyau – l'important étant de prévenir vos convives s'il y en a!

SOUPES

J'adore ce chapitre. Les soupes occupent une grande place dans notre culture culinaire – elles sont très faciles à réaliser car il suffit, en gros, de tout mettre dans une casserole. Elles apportent chaleur et réconfort quand il fait froid ou quand il pleut, et sont rafraîchissantes lorsqu'il fait chaud. Voici quelques recettes classiques, toutes légèrement remaniées ou améliorées, à servir avec des mouillettes au fromage ou de délicieuses boulettes. Bon marché, les soupes sont, d'un point de vue nutritionnel, très intéressantes. De nos jours, on peut facilement les acheter en briques, très pratiques; pourtant, rien ne vaut une bonne soupe maison, au goût inimitable. Une soupe industrielle, même si elle est d'excellente qualité, aura une tout autre saveur qu'un potage préparé avec des produits frais. Alors tentez votre chance, le résultat ne vous décevra pas.

SOUPE À LA TOMATE FRAÎCHE
CRÈME • MOUILLETTES AU FROMAGE • BASILIC

Dans cette recette simple de velouté, les tomates de fin de saison sont mises à l'honneur. Il s'agit d'un clin d'œil à la célèbre soupe Heinz, que tous les Britanniques ont mangée dans leur jeunesse – mais la mienne est un peu plus relevée. Pour qu'elle soit encore meilleure, trempez des mouillettes de fromage dedans. Un pur délice !

Il faut impérativement préparer cette soupe avec des tomates bien mûres. Celles qui sont bradées en fin de marché sont absolument parfaites pour ça. Je sais par expérience que les vrais cuisiniers débarquent 15 minutes avant que les vendeurs remballent leur marchandise pour récupérer tous les fruits et les légumes invendus. Sur un stand où j'ai travaillé, il y avait un vieux bonhomme qui pointait toujours le bout de son nez au moment où je rangeais mes cageots, pour acheter tous les fruits et les légumes qui commençaient à s'abîmer. Et aujourd'hui, je suis sûr qu'une fois rentré chez lui, il en faisait quelque chose d'extraordinaire.

POUR 4 PERSONNES

Pour la soupe
- 1 grosse carotte pelée et coupée en quatre
- 3 gousses d'ail pelées
- 2 kg de grosses tomates mûres (gardez les petites feuilles vertes s'il y en a)

- Quelques brins de basilic frais
- Sel et poivre moulu
- Vinaigre de vin blanc
- 5 ou 6 cuil. à soupe de crème liquide
- Huile d'olive vierge extra

Pour les mouillettes au fromage
- 1 pain croustillant
- Quelques brins de thym frais
- 30 g de cheddar fraîchement râpé
- Sauce Worcestershire
- Huile d'olive

Préchauffez le four à 180 °C (th. 6). Mettez la carotte, l'ail, les tomates et la quasi-totalité du basilic (gardez quelques petites feuilles pour la décoration) dans un blender et mixez jusqu'à ce que le mélange soit bien homogène – il faudra peut-être procéder en deux fois. Versez dans une grande casserole, salez, poivrez et mettez sur feu moyen pour environ 20 min, afin que la préparation épaississe doucement. Remuez de temps à autre.

Pendant ce temps, coupez le pain en mouillettes d'environ 10 cm de long et 1,5 cm d'épaisseur. Disposez-les sur une grande plaque allant au four et parsemez-les de feuilles de thym. Répartissez le fromage par-dessus, puis arrosez de sauce Worcestershire et d'un filet d'huile d'olive. Enfournez pour 10 à 15 min environ, ou jusqu'à ce que le pain soit croustillant et doré et que le fromage ait fondu.

Pendant ce temps, portez la soupe à ébullition, goûtez-la et rectifiez l'assaisonnement avec 1 pincée de sel et de poivre ainsi que 1 petite goutte de vinaigre de vin blanc. Ajoutez la moitié de la crème liquide, mélangez et servez tel quel, ou mixez une dernière fois pour obtenir une texture bien lisse. Servez la soupe directement dans la casserole entourée de mouillettes, comme sur la photo. Versez la crème restante à la surface, en faisant des ronds, décorez avec les feuilles de basilic réservées, ajoutez un filet d'huile d'olive vierge extra... et appelez tout le monde à table !

VELOUTÉ DE CHAMPIGNONS
CHAMPIGNONS SAUVAGES • PAIN GRILLÉ

Mets de choix, les champignons sauvages poussent en abondance en Grande-Bretagne. Quand j'ai élaboré cette recette, j'avais mangé du bœuf Stroganoff la veille et j'avais vraiment aimé sa saveur. J'ai donc décidé de partir sur cette base, avec de merveilleux champignons sauvages, en changeant légèrement de direction, ce qui a donné cette soupe parfumée. La puissance du goût des champignons, surtout sur de délicieuses tartines grillées, rend ce plat d'automne vraiment unique.

POUR 6 PERSONNES

- 1 cuil. à soupe de beurre
- Huile d'olive
- 3 gousses d'ail (2 pelées et émincées, 1 coupée en deux)
- 600 g de champignons sauvages variés et bien brossés
- 250 g de rosés-des-prés bien brossés
- Sel et poivre moulu

- 1 oignon rouge pelé et coupé en dés
- 2 branches de céleri nettoyées et émincées
- 2 feuilles de laurier fraîches
- 2,5 cl de brandy
- 100 g de riz blanc rincé
- 2 l de bouillon de poulet ou de légumes bio
- 6 cuil. à café de crème fraîche

- 2 citrons
- 6 tranches de pain de campagne
- Cheddar à râper
- 1 petit bouquet de persil plat frais finement haché
- Noix muscade fraîchement râpée
- Huile d'olive vierge extra

Faites fondre le beurre avec un filet d'huile d'olive dans une grande casserole antiadhésive très profonde. Ajoutez les 2 gousses d'ail émincées et tous les champignons. Laissez revenir sur feu vif pendant 3 à 4 min, jusqu'à ce que les champignons commencent à dorer et que le liquide se soit évaporé.

Goûtez les champignons et ajoutez 1 pincée de sel et de poivre si nécessaire. Lorsque l'assaisonnement vous convient, réservez le tiers des champignons dans une petite poêle (de préférence antiadhésive) pour les réchauffer plus tard, avec les tartines grillées. Mélangez l'oignon coupé en dés, le céleri et les feuilles de laurier dans la casserole, avec les deux tiers des champignons, et faites revenir environ 5 min sur feu moyen. Versez le brandy et mélangez rapidement jusqu'à ce que presque tout l'alcool se soit évaporé. Incorporez le riz et le bouillon, et portez à ébullition. Baissez le feu et laissez mijoter doucement pendant environ 20 min.

Pendant que la soupe cuit, mélangez la crème fraîche et le zeste de ½ citron. Ajoutez le jus de 1 citron, salez, poivrez, mélangez et réservez. Au bout de 20 min, retirez les feuilles de laurier de la casserole et mixez soit dans un blender, soit avec un mixeur plongeant. Goûtez et rectifiez l'assaisonnement une dernière fois, en ajoutant un peu de jus de citron pour parfumer. À ce moment-là, si vous le désirez, vous pouvez délayer la soupe avec un peu de bouillon chaud. Couvrez et maintenez au chaud le temps de faire griller le pain.

Mettez les tranches de pain dans le grille-pain pendant que vous réchauffez les champignons réservés sur feu moyen, avec un fond d'eau, un peu de jus de citron et environ 1 cuil. à soupe de cheddar râpé. Quand les champignons sont saisis et bien chauds, frottez les demi-gousses d'ail sur le pain grillé ; couvrez les tranches de champignons. Répartissez la soupe dans des bols, incorporez la crème citronnée. Parsemez le potage et les tartines d'un peu de persil haché ainsi que de 1 pincée de muscade, et arrosez avec un filet d'huile d'olive vierge extra.

SOUPE PRINTANIÈRE GLACÉE
MENTHE • FROMAGE DE CHÈVRE • CITRON

Le printemps et l'été anglais sont si beaux qu'ils valent vraiment la peine qu'on les célèbre… et c'est exactement ce que fait cette petite soupe! Elle est excellente en mai, juin et juillet, quand on trouve des fèves et des petits pois frais en abondance. Les Espagnols ont le gaspacho, simple et frais, et les Français, la vichyssoise, une merveilleuse soupe froide aux pommes de terre et aux poireaux. Voici notre soupe glacée à nous, et je l'adore. Réalisez-la quand les légumes de printemps sont encore petits, tendres et savoureux à souhait. Elle ne nécessite aucune cuisson, et vous la relèverez d'un soupçon de gin pour lui donner un «je-ne-sais-quoi» d'impertinent.

POUR 4 PERSONNES

- ½ concombre
- 1 branche de céleri nettoyée
- 2 poignées (environ 75 g) de petits pois frais
- 1 poignée (environ 50 g) de fèves fraîches ou surgelées (décongelées)
- 4 pointes d'asperge
- 1 grosse poignée de cresson ou de jeunes pousses d'épinard
- 1 petit bouquet de ciboulette fraîche
- Les feuilles de 1 petit bouquet de menthe fraîche
- 100 g de fromage de chèvre
- Huile d'olive vierge extra
- 3 citrons
- Vinaigre de cidre
- 1 grosse tranche de pain écroûtée et coupée en dés
- 2,5 cl de gin
- Sel et poivre moulu
- Glaçons (facultatif)
- Tabasco (facultatif)

Pelez le concombre et coupez-le avec la branche de céleri. Placez-les dans un blender (pas un robot de cuisine), avec les petits pois, les fèves, les asperges, le cresson, la ciboulette, les feuilles de menthe et le fromage de chèvre – réservez une petite portion de chacun de ces ingrédients (excepté le fromage) dans une tasse d'eau froide. Ajoutez un filet d'huile d'olive, le jus de 1 citron, un trait de vinaigre de cidre, le pain, le gin et 1 grosse pincée de sel et de poivre. Mixez le tout jusqu'à obtention d'un mélange bien homogène.

Si vous voulez servir la soupe tout de suite, ajoutez 1 poignée de glaçons et environ 5 cl d'eau dans le blender pour qu'elle soit très fraîche. Mixez de nouveau. En revanche, si vous la préparez à l'avance comme moi, mixez-la avec environ 15 cl d'eau froide et placez-la au réfrigérateur, avec les ingrédients réservés, en attendant de passer à table.

Tous les ingrédients de cette recette varient en douceur et en acidité, c'est pourquoi, une fois que vous aurez une soupe épaisse et bien homogène, vous devrez la goûter et réfléchir à ce que vous pouvez faire pour équilibrer les saveurs. Voulez-vous accentuer sa saveur printanière? Sa fraîcheur? Son goût citronné? Assaisonnez, mixez, goûtez; modifiez et mixez une nouvelle fois, jusqu'à ce que le goût vous plaise. N'hésitez pas à rajouter un peu d'eau si vous préférez les soupes moins épaisses. Quand vous serez satisfait du résultat, mettez un peu de glace dans une serviette propre, écrasez-la avec un rouleau à pâtisserie et étalez-la sur un plateau. Versez la soupe dans des verres ou dans des bols et posez-les sur la glace pilée. Arrosez chaque portion d'un filet d'huile d'olive et décorez avec les ingrédients réservés. Posez du sel, du poivre, des quartiers de citron et du Tabasco sur la table pour que chacun puisse assaisonner. Délicieux.

WEEKLY SPECIAL BREAD

MONDAY	TUESDAY	WEDNESDAY	THURSDAY	FRIDAY	SATURDAY
Walnut	Spelt	Sundried Tomato & Chile	Sesame & Semolina	Green Olive	Caraway & Raisin

06-00
11-09

H. STOKES & SONS LTD

BREAD Pud
FIG AND BLACK
PEPPER
£1.00
£2.20

Mark's Bread

Dans cette petite boulangerie de Bristol, on fait un pain exquis. Mark a une passion pour son métier, qu'il partage avec ses apprenties. Après avoir suivi un cours sur la fabrication du pain pour ses 50 ans, Mark a quitté l'informatique pour ouvrir une boulangerie. C'est un homme courageux qui a réussi malgré la crise, chapeau bas.

www.marksbread.co.uk

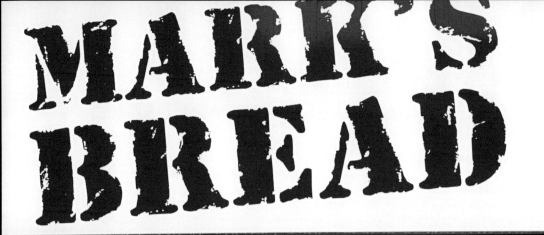

MARK'S BREAD

Hand
Spec
Br
Tel. 0791
www.mark

Mark's Bread est la preuve que, quand on est passionné, on peut changer de métier à tout moment.

MON BOUILLON ÉCOSSAIS
... AVEC DE L'AGNEAU SUR DU PAIN GRILLÉ

Grand fan du bouillon écossais, j'ai voulu lui apporter ma touche personnelle en utilisant des souris d'agneau, afin de lui donner une délicieuse saveur. Ensuite, je récupère les tendres morceaux de viande pour les mettre sur des petites tranches de pain grillées en accompagnement. Je suis sûr que vous allez aimer ce classique revisité. Personnellement, je l'adore. On peut le cuisiner toute l'année : en plein hiver mais aussi au printemps – à cette saison, quand vous sortirez les souris d'agneau de la casserole pour en récupérer la chair, vous pourrez ajouter quelques poignées de petits pois frais, de fèves, d'asperges et de jeunes légumes trouvés au marché, ce qui donnera au plat une note de fraîcheur.

POUR 8 PERSONNES

- Huile d'olive
- Une noix de beurre
- 2 fines tranches de bacon fumé de qualité
- Les feuilles ciselées de 2 brins de romarin frais
- 3 branches de céleri lavées
- 3 grandes carottes pelées
- 3 oignons pelés
- 3 poireaux lavés
- 1 gros rutabaga pelé
- 4 jeunes navets pelés
- 2 souris d'agneau (d'environ 350 g chacune)
- 2,5 l de bouillon de poulet bio
- 100 g d'orge perlé
- ½ petit chou de Milan (sans les parties dures)
- 8 petites tranches de pain de campagne d'environ 1 cm d'épaisseur
- 1 cuil. à café bombée de moutarde à l'ancienne
- 2 cuil. à café de miel liquide
- 1 cuil. à soupe de sauce à la menthe
- Les feuilles de 1 tout petit bouquet de persil plat frais
- Sel et poivre blanc

Faites chauffer un peu d'huile d'olive, le beurre, le bacon coupé en lanières et les feuilles de romarin dans une très grande casserole (environ 25 cm de diamètre et 20 cm de profondeur), sur feu moyen. Coupez tous les légumes (sauf le chou) en morceaux d'environ 1 cm de côté, en commençant par le céleri, les carottes et les oignons. Cela vous prendra sans doute 5 bonnes minutes. Jetez-les au fur et à mesure dans la casserole, pour qu'ils commencent à cuire. Ajoutez ensuite les souris d'agneau, arrosez avec 1,5 l de bouillon, couvrez et laissez mijoter 3 h 30 à feu doux (ajoutez un peu d'eau si nécessaire).

Au bout de 3 h de cuisson, mettez l'orge perlé dans la casserole et poursuivez la cuisson 30 min. Coupez alors le chou en morceaux de 1 cm de côté et mettez-les dans la casserole, avec le bouillon restant. Laissez cuire à découvert. Faites griller les tranches de pain jusqu'à ce qu'elles soient légèrement dorées. Placez l'agneau sur une assiette et, à l'aide de 2 fourchettes, détachez-le de l'os ; enlevez tous les morceaux d'os, de gras et de cartilage. Mélangez la moutarde, le miel, la sauce à la menthe et le persil grossièrement haché avec la viande et ajoutez, si nécessaire, un peu de sel et de beurre. Disposez cette préparation sur les tranches de pain et glissez-les sous le gril du four pour 2 ou 3 min, jusqu'à ce que l'agneau soit croustillant. Maintenant - c'est très important -, vérifiez une dernière fois l'assaisonnement du bouillon. J'aime le poser au milieu de la table et présenter les tartines d'agneau dans un joli plat, pour que tout le monde puisse se servir.

SOUPE AUX PETITS POIS ET AU JAMBON
... ET UNE DOUZAINE DE BOULETTES MOELLEUSES

Même si cette soupe est assez rapide à faire, son goût est tout à fait unique : le jambon fumé lui donne une réelle personnalité. Les autres ingrédients étant relativement ordinaires, j'aime ajouter des petits pois au dernier moment, avec les boulettes, pour lui donner de l'originalité et du contraste. Autrefois, je faisais cette soupe presque à l'identique, en incorporant juste un peu de crème et quelques poignées de clams et de maïs à la fin (au lieu des petits pois et des boulettes), pour obtenir une soupe de fruits de mer très «Nouvelle-Angleterre», épaisse et parfumée. Cette recette ne représente pas forcément ce qu'il y a de plus emblématique de la cuisine anglaise, mais elle est tellement bonne que j'avais à cœur de la mentionner.

POUR 10 PERSONNES (AVEC DES RESTES)

Pour la soupe
- 600 g de jambon fumé
- 3 oignons pelés
- 3 branches de céleri nettoyées, feuilles jaunes réservées
- 3 grosses carottes pelées

- 3 feuilles de laurier fraîches
- Poivre moulu
- 500 g de petits pois surgelés
- Les feuilles hachées de 3 brins de romarin frais
- Le zeste de ½ citron

Pour 12 boulettes
- 200 g de farine avec levure incorporée + un peu pour le plat
- Sel
- 100 g de beurre doux très froid
- 1 noix muscade

Coupez le jambon en longues tranches d'environ 2 cm d'épaisseur, en enlevant le gras et la peau. Jetez-les dans une casserole très grande (au moins 25 cm de diamètre) et très profonde. Ajoutez les oignons et le céleri émincés, les carottes grossièrement coupées et les feuilles de laurier. Couvrez avec 3 l d'eau, ajoutez 1 grosse pincée de poivre et faites chauffer sur feu vif. Dès que la préparation commence à bouillir, couvrez, baissez le feu et laissez mijoter 1 h 30, en écumant régulièrement.

Pendant ce temps, mettez la farine pour les boulettes dans un bol, avec 1 pincée de sel ; râpez le beurre très froid par-dessus et ajoutez l'équivalent de 1 bonne pincée de noix muscade râpée. Incorporez environ 6 cl d'eau froide, puis pétrissez l'ensemble jusqu'à obtention d'une belle boule de pâte (elle doit être assez ferme et malléable). Divisez-la en 12 parts égales et façonnez des boulettes. Posez-les sur un plat fariné, couvrez avec du film alimentaire et réservez au réfrigérateur.

Quand le bouillon est cuit, goûtez-le - le jambon fumé l'aura sans doute suffisamment parfumé, mais c'est le moment de rectifier l'assaisonnement si nécessaire. Placez la viande sur une planche, puis déchiquetez-la en morceaux irréguliers avant de la remettre dans le bouillon. Portez à ébullition, ajoutez les petits pois, les feuilles de romarin hachées, le zeste de citron puis les boulettes. Baissez à feu moyen et laissez mijoter 15 à 20 min de plus, jusqu'à ce que les boulettes aient gonflé et soient tendres. Décorez la soupe avec des petits morceaux de feuille de céleri et servez aussitôt.

Rien de tel qu'une bonne soupe chaude lorsque le froid se fait sentir.

SOUPE DE COURGE MUSQUÉE AUX POMMES RÔTIES

Lors d'un de mes voyages à Bristol, j'ai passé un après-midi avec Leona, qui gère le Boiling Wells Café, dans l'une des parcelles de la ferme de St Werburghs, une sorte de jardin ouvrier en plein centre-ville. Cette charmante jeune femme, fervente adepte du «bien-manger», est une grande cuisinière – je préférerai toujours manger un plat concocté par un grand cuisinier que par un grand chef. Les ingrédients de qualité exceptionnelle qu'elle trouve dans les jardins qui entourent son café lui inspirent les plats qu'elle prépare. Voici sa soupe, faite exprès pour moi et légèrement modifiée par mes soins. Et franchement, je l'adore.

POUR 4 À 6 PERSONNES

- 1 courge musquée (environ 1 kg)
- 3 pommes (elstar ou jonagold)
- 1 gros oignon
- 1 ou 2 piments rouges frais
- 4 gousses d'ail écrasées avec leur peau
- Huile d'olive
- Sel et poivre moulu
- 1 pincée de graines de coriandre
- Les feuilles ciselées de quelques brins de romarin frais
- 3 cuil. à soupe bombées de graines de courge ou de graines mélangées
- 1 pincée de piment de Cayenne
- 80 cl de bouillon de légumes ou de poulet bio
- 15 cl de crème liquide
- Des fleurs comestibles, en accompagnement

Préchauffez le four à 200 °C (th. 6-7). Coupez la courge dans le sens de la longueur (inutile de l'éplucher), en faisant très attention de ne pas vous blesser, et ôtez les graines. Taillez des morceaux de 2,5 cm de côté et mettez-les dans le plus grand plat à rôtir que vous pourrez trouver. Pour voir comment couper la courge en toute sécurité, rendez-vous sur *www.jamieoliver.com/how-to*.

Pelez les pommes, coupez-les en quartiers et enlevez le cœur. Épluchez et coupez grossièrement l'oignon. Mettez les pommes et l'oignon dans le plat. Coupez les piments en deux, épépinez-les et placez-les également dans le plat, avec les gousses d'ail. Arrosez d'un bon filet d'huile d'olive, salez, poivrez – j'aime aussi mettre 1 pincée de graines de coriandre et un peu de feuilles de romarin hachées, pour un plat encore plus parfumé. Mélangez tous les ingrédients afin de bien les enrober d'huile et enfournez pour 45 min environ, jusqu'à ce qu'ils soient bien cuits et fondants, avec une belle couleur dorée.

Mélangez les graines de courge avec du sel, du poivre, de l'huile d'olive et le piment de Cayenne. Disposez-les sur une plaque et faites-les griller au four 10 à 15 min, jusqu'à ce qu'elles soient bien dorées. Réservez.

Mettez une partie des légumes rôtis dans un blender, en ayant pris soin d'ôter la peau des gousses d'ail. Ajoutez 1 petit verre de bouillon et mixez jusqu'à obtention d'une belle soupe homogène. Versez dans une grande casserole, le temps de mixer le reste. Incorporez ensuite la quasi-totalité de la crème et laissez mijoter sur feu moyen à doux. Goûtez, rectifiez l'assaisonnement et rajoutez 1 verre de bouillon.

À obtention de la consistance souhaitée, versez la soupe dans des bols chauds. Décorez-la en dessinant un 8 avec de la crème, en la parsemant de graines de courge grillées et, si vous êtes créatif, en y déposant 1 ou 2 fleurs comestibles. Servez chaud, avec du pain croustillant.

Ajoutez quelques fleurs comestibles pour agrémenter cette excellente soupe.

SOUPE DE COURGETTES À LA MENTHE

À première vue, ça n'a pas l'air d'être la plus extraordinaire des soupes... Pourtant, elle est absolument délicieuse, fraîche et très simple à réaliser. Si possible, essayez de vous procurer des courgettes de différentes couleurs, et veillez à ce qu'elles soient bien fermes et pas trop grandes (pas plus de 12 à 15 cm de long) – molles, elles sont nettement moins bonnes.

POUR 4 À 6 PERSONNES

- 6 ciboules lavées
- 1 kg de courgettes vertes (ou jaunes si vous en trouvez) lavées
- Huile d'olive
- Une noix de beurre
- Sel et poivre moulu
- 1 citron
- 8 brins de menthe fraîche
- 1,4 l de bouillon de poulet ou de légumes bio
- 5 cuil. à soupes bombées de crème fraîche
- 150 g de cheddar de bonne qualité fraîchement râpé
- Huile d'olive vierge extra

Tranchez finement les ciboules et les courgettes non épluchées, à la main ou au robot en utilisant le disque à émincer. Mettez-les dans une grande casserole, sur feu doux, avec un filet d'huile, le beurre et 1 bonne pincée de sel et de poivre. Ajoutez le zeste de ½ citron et détachez les feuilles de 2 ou 3 brins de menthe. Mélangez bien et faites cuire 40 min, en remuant environ toutes les 5 min. Surveillez bien, ne laissez pas les courgettes attacher. C'est sa cuisson, longue et à feu doux, qui donne à cette soupe son goût fabuleux.

Au bout de 40 min, vous obtiendrez une purée. Augmentez le feu, ajoutez le bouillon et amenez à ébullition. Hors du feu, incorporez 3 cuil. à soupe de crème fraîche, le fromage râpé, le jus de ½ citron et les feuilles de menthe restantes – réservez-en quelques petites dans une tasse d'eau froide, pour décorer le plat. Versez délicatement la soupe dans un robot ou un blender (vous allez sans doute devoir le faire en plusieurs fois) et mixez-la jusqu'à ce qu'elle soit bien homogène – vous pouvez également utiliser un mixeur plongeant. Goûtez et rectifiez l'assaisonnement avec du sel, du poivre, de la menthe ou du jus de citron si nécessaire, et ajoutez un peu d'eau si la préparation vous paraît trop épaisse.

N'hésitez pas à réchauffer cette soupe doucement, mais ne la laissez jamais bouillir, car cela dénature le fromage et nuit à l'onctuosité de la préparation. Si vous la servez froide, il faudra probablement ajouter un peu d'eau pour la diluer car le fromage va l'épaissir quand elle refroidira. Répartissez-la dans des bols. Mélangez la crème fraîche restante avec un peu d'eau jusqu'à ce qu'elle soit bien liquide et versez-la sur la soupe. Décorez avec les petites feuilles de menthe réservées et arrosez d'un peu d'huile d'olive vierge extra.

P.-S. : vers la fin de l'été, quand il commence à faire un peu plus frais et que c'est bientôt la fin de la saison des courgettes, ajoutez 1 poignée de pois chiches ou de riz cuit dans la soupe et réchauffez doucement.

P.-P.-S. : j'oubliais de préciser que si vous avez la chance de faire pousser vos propres courgettes ou d'avoir des courgettes avec des fleurs, pensez à prélever celles-ci avant cuisson et à les ajouter quelques secondes avant de servir. C'est absolument délicieux.

SOUPE AU CHOU-FLEUR ET AU FROMAGE
STILTON CRÉMEUX • MORCEAUX DE BACON • PAIN AU LEVAIN

Le goût du chou-fleur est à la fois fort et subtil : en faisant cuire les tiges dans une cocotte et en ajoutant les fleurettes dans un second temps, pour qu'elles restent craquantes et délicieuses – en d'autres termes, en faisant cuire la première partie doucement et la deuxième plus rapidement –, on obtient le meilleur de ce légume souvent mal-aimé. J'ai utilisé du stilton en petite quantité, mais si vous ne l'appréciez pas plus que ça, choisissez une autre sorte de bleu ou du fromage fondant. Vous allez voir, l'essayer, c'est l'adopter !

POUR 8 PERSONNES

- Une noix de beurre
- Huile d'olive
- 6 tranches de bacon fumé de qualité
- 2 gros oignons
- 1 cuil. à café de *Gentleman's Relish* (ou, à défaut, d'anchoïade)

- Les feuilles de 1 petit bouquet de thym frais
- Les feuilles émincées de quelques brins de sauge fraîche
- 1 gros chou-fleur
- Sel et poivre blanc
- 2 l de bouillon de poulet bio

- 9 grosses tranches de pain au levain de 1 cm d'épaisseur
- 1 petit bouquet de romarin frais
- 100 g de stilton ou de roquefort

Dans une grande casserole, sur feu moyen, faites chauffer le beurre et un filet d'huile d'olive. Ajoutez le bacon coupé en tranches fines. Pelez et hachez finement les oignons. Le bacon doit avoir pris une belle couleur : vous pouvez incorporer les oignons, le *Gentleman's Relish*, les feuilles de thym et de sauge. Mélangez bien.

Coupez le chou-fleur en deux, détachez les fleurettes et réservez-les. Émincez la tige et les belles feuilles (s'il y en a). Mettez-les dans la casserole, avec 1 grand verre d'eau et 1 grosse pincée de sel et de poivre. Couvrez et faites cuire 40 min sur feu doux à moyen, en remuant de temps en temps, jusqu'à ce que le chou-fleur soit tendre. Incorporez ensuite les fleurettes coupées en petits bouquets ainsi que le bouillon. Portez à ébullition sur feu vif, couvrez, baissez le feu et laissez mijoter 10 à 15 min, jusqu'à ce que les fleurettes soient suffisamment cuites. Goûtez le bouillon, salez, poivrez si nécessaire. Préchauffez le four à 180 °C (th. 6).

Pendant ce temps, faites griller le pain. Quand il est chaud et bien doré, frottez chaque face avec le romarin. Prenez une jolie cocotte ou un joli poêlon bien profond (ou encore une soupière en terre cuite ronde ou rectangulaire, d'environ 25 × 20 cm ou de la taille d'une feuille de papier A4). Il va vous falloir disposer des couches successives : soupe, pain et fromage. Versez un tiers de la soupe, puis posez ou cassez grossièrement 3 tranches de pain par-dessus et couvrez le tout de fromage. Répétez l'opération deux fois, en terminant avec une couche de 3 tranches de pain. Versez du bouillon et enfoncez doucement la couche de pain du dessus, pour qu'elle s'en imprègne bien. Parsemez de fromage et de romarin, arrosez d'un peu d'huile. Enfournez pour 25 min environ, jusqu'à ce que la préparation soit dorée et bouillonnante. Vous obtiendrez ainsi une soupe couverte d'une belle croûte laissant apparaître, quand on la coupe, de tendres morceaux de pain et de chou-fleur – et c'est le paradis...

MERVEILLEUX MULLIGATAWNY

Le *mulligatawny* est une soupe formidable, un peu mythique. À l'origine, c'était un mélange de ragoût et de curry typique de la cuisine tamoule. Au temps de l'empire colonial, les soldats stationnés en Inde tombèrent amoureux de ce plat et l'adaptèrent à leur palais. Quand ils rentrèrent chez eux, ils ramenèrent cette recette dans leurs bagages. Cent cinquante ans plus tard, on trouve le *mulligatawny* en boîte dans les rayons des épiceries britanniques. J'adore la façon dont les recettes évoluent et voyagent d'un bout du monde à l'autre... Voici ma version de cette belle soupe – encore une fois revisitée.

POUR 6 PERSONNES

- Huile d'olive
- 250 g de steak haché de qualité
- 1 oignon rouge pelé et finement haché
- 2 carottes pelées et finement hachées
- 4 gousses d'ail pelées et émincées
- 1 poivron rouge égrainé et finement haché
- 3 cm de gingembre frais, pelé et finement haché

- 1 ou 2 piments rouges égrainés et finement hachés
- 1 petit bouquet de coriandre fraîche
- 1 cuil. à soupe bombée de pâte de curry
- 1 cuil. à soupe de concentré de tomate
- Sel et poivre moulu
- 1 cuil. à soupe bombée de sauce HP
- 1,5 l de bouillon de bœuf bio

- ½ courge musquée (environ 350 g)
- Les feuilles de 2 brins de thym frais
- Quelques pincées de garam masala
- 1 tasse de riz basmati
- Yaourt nature en accompagnement

Placez une grande casserole sur feu vif, ajoutez un filet d'huile d'olive et le steak haché. Faites cuire environ 7 min, en remuant de temps en temps pour émietter la viande, jusqu'à ce qu'elle soit dorée. Incorporez l'oignon, les carottes, l'ail, le poivron, le gingembre et presque tout le piment, en rajoutant un peu d'huile si nécessaire. Coupez la partie haute de la coriandre (celle qui comporte des feuilles) et réservez-la dans une tasse d'eau froide. Émincez les tiges et mettez-les dans la casserole. Faites cuire environ 10 min sur feu moyen, sans cesse de remuer, jusqu'à ce que les légumes soient tendres.

Incorporez la pâte de curry, le concentré de tomate, 1 bonne pincée de sel et de poivre et la sauce HP. Au bout de quelques minutes, quand ça commence à sentir très bon, versez le bouillon. Couvrez et laissez cuire 40 min sur feu moyen, en remuant de temps en temps.

Pendant ce temps, coupez la courge en morceaux de 1 cm de côté, en enlevant les graines et les parties abîmées (inutile de la peler). Placez une petite casserole sur feu vif. Versez-y un filet d'huile d'olive et la courge. Ajoutez les feuilles de thym et le garam masala puis mélangez. Couvrez et faites cuire environ 10 min sur feu moyen, en remuant toutes les 2 min, jusqu'à ce que la courge soit tendre et dorée. Ajoutez le riz, 2 tasses d'eau (utilisez la même tasse que pour mesurer le riz) et 1 bonne pincée de sel et de poivre. Faites cuire environ 8 min sur feu moyen, toujours à couvert. Éteignez le feu et laissez reposer 8 min, sans ôter le couvercle.

Égrainez le riz avec une fourchette et versez tout le contenu de la petite casserole dans la soupe. Goûtez et rectifiez l'assaisonnement si nécessaire. Mélangez doucement les ingrédients puis versez la soupe dans des bols, avec 1 cuillerée bombée de yaourt nature. Décorez avec des feuilles de coriandre et ajoutez quelques petits morceaux de piment si vous le désirez.

SOUPE AUX MARRONS ET À LA COURGE
CÈPES SÉCHÉS • PAIN CHAUD À LA SAUGE

Un bol de cette délicieuse soupe vous ramènera directement en enfance, dans les bras de votre grand-mère, tant sa douceur et son goût ont quelque chose de réconfortant et de rassurant. Les marrons frais sont très faciles à entailler, rôtir et peler, et donnent à ce plat un arôme particulièrement alléchant. Vous pouvez également acheter des marrons sous vide et déjà pelés, pour vous simplifier la vie : ils donneront davantage d'onctuosité à ce potage d'automne. J'aime beaucoup les deux. À vous de choisir.

POUR 6 À 8 PERSONNES

- 2 tranches de bacon fumé de qualité
- 2 oignons rouges pelés
- 1 courge musquée (environ 1 kg)
- Les feuilles de quelques brins de romarin frais

- 50 g de cèpes séchés ou d'un mélange de champignons sauvages séchés
- Huile d'olive
- 400 g de marrons frais rôtis et pelés ou de marrons en boîte
- 1 piment séché

- 1 poignée d'orge perlé ou de riz
- 1,2 l de bouillon de poulet bio
- 1 pain de campagne
- 1 bouquet de sauge fraîche
- Sel et poivre moulu

Taillez grossièrement le bacon et les oignons en morceaux de 1 cm de côté, ainsi que la courge musquée préalablement coupée en deux dans la longueur et égrainée (faites très attention : je vous montre une façon rapide et sûre de le faire sur *www.jamieoliver.com/how-to*). Ciselez les feuilles de romarin. Faites tremper les champignons dans 1 tasse d'eau bouillante et, au bout de 5 min, remuez-les avec une fourchette pour les débarrasser d'éventuelles impuretés.

Faites revenir le bacon sur feu vif dans une grande cocotte, avec un peu d'huile d'olive. Au bout de 1 min, quand il commence à dorer, ajoutez le romarin, les marrons, que vous écraserez, et la moitié du piment séché. Laissez cuire 3 ou 4 min. Pendant ce temps, sortez les champignons de l'eau (ne jetez pas le liquide) et mettez-les dans la cocotte, avec les oignons, la courge et l'orge perlé (si vous utilisez des champignons sauvages, déchiquetez-les préalablement). Poursuivez la cuisson 10 min en remuant de temps en temps, puis ajoutez environ les trois quarts de l'eau des champignons – jetez le quart contenant les impuretés. Couvrez avec le bouillon chaud. Portez à ébullition, baissez le feu et laissez mijoter 40 min environ. Préchauffez le four à 180 °C (th. 6).

Avec un couteau à dents, faites 8 grandes entailles grossières dans le pain, en vous arrêtant avant d'atteindre la base pour que la miche reste entière. Enlevez les tiges du bouquet de sauge puis écrasez les feuilles pour en extraire l'huile. Parsemez la sauge et 1 bonne pincée de sel sur le pain, et badigeonnez les tranches d'huile d'olive ; glissez les tiges dans les entailles et réservez. Environ 15 min avant la fin de la cuisson de la soupe, faites griller votre pain au four, sans oublier d'y jeter un coup d'œil régulièrement.

Lorsque la soupe est prête, vérifiez que la courge est bien cuite, puis goûtez pour rectifier l'assaisonnement. Si vous l'aimez un peu plus épicée, rajoutez un petit peu de piment séché. Maintenant, vous pouvez déguster la soupe telle quelle (personnellement, c'est ce que je fais) ou en mixer un quart dans un blender et le remettre dans la cocotte afin d'obtenir une texture plus lisse avec des morceaux – voire tout mixer pour qu'elle soit bien homogène et veloutée. Servez avec des gros morceaux de pain croustillant à la sauge.

LES SALADES

Les salades sont une de mes passions. J'adore les concevoir, les réaliser et les manger. Autrefois, elles étaient réservées aux nantis, car ceux qui passaient la journée à l'usine ou aux champs avaient besoin de repas plus nourrissants pour tenir jusqu'au soir. Mais aujourd'hui, bien sûr, les choses ont changé : tout le monde en mange... et leur diversité incroyable permet de répondre aux goûts de chacun. Dans ce chapitre, vous trouverez des salades d'accompagnement originales, des salades rapides à préparer – pour le déjeuner ou pour garnir des sandwichs – et des salades consistantes, comme celle au poulet rôti et au pain, qui est à elle seule un vrai plat complet. Toutes sont faites à partir d'ingrédients de saison, certaines allient morceaux de viande chauds et croustillants et bons légumes froids. Pour l'assaisonnement, allez page 388 voir mes délicieuses recettes de vinaigres parfumés. Régalez-vous !

SALADE AUX POMMES ET AU CRESSON
SAUCE AU BLEU • MORCEAUX DE NOIX

Tous les ingrédients de cette salade sont typiquement britanniques. Meilleure quand on la prépare à la dernière minute, elle est idéale en entrée, pour un pique-nique ou lors d'un dîner improvisé. Elle se mariera parfaitement avec un morceau de porc croustillant. L'association du cresson, des pommes croquantes et du fromage bleu est un classique dont on ne se lasse pas. Le secret de ce plat tout simple, ce sont... ses pommes parfaitement tranchées! Donc si vous n'avez pas de mandoline, procurez-vous-en une (on en trouve à partir de 25 euros), elle vous simplifiera considérablement la vie.

Pour la vinaigrette
- 1 ciboule épluchée
- 50 g de bleu doux + un peu pour la décoration
- 3 cuil. à soupe de yaourt nature
- 3 cuil. à soupe de vinaigre de cidre
- 1 pincée de sel et de poivre

- Huile d'olive vierge extra

Pour la salade
- 2 jolies pommes, rouge et verte si vous en trouvez
- 1 poignée de noix décortiquées
- 2 sachets de 100 g de cresson lavé et prêt à consommer

Mixez les ingrédients de la vinaigrette dans un blender avec un filet d'huile d'olive vierge extra. Goûtez pour vérifier qu'elle n'est vraiment ni trop salée ni trop acide. Quand vous êtes satisfait du résultat, réservez.

Lavez les pommes, équeutez-les et tranchez-les entières avec le cœur (c'est le meilleur) à l'aide d'une mandoline avec un protège-doigts. Si vous ne possédez pas de mandoline, découpez-les le plus finement possible avec un couteau (ou utilisez le disque émanceur le plus fin de votre robot de cuisine). Hachez ou écrasez les noix. Mettez quelques bonnes pincées de cresson sur un plat et disposez les fines tranches de pomme dessus. (Certaines pommes ne brunissent pas car elles ont un taux d'acidité élevé – contrairement à d'autres. Si les vôtres s'oxydent, arrosez-les d'un peu de jus de citron pour ralentir le processus.) Parsemez de noix puis arrosez de vinaigrette. Agrémentez de miettes de bleu et servez avec une pinte de bière.

La fromagerie de Westcombe

J'ai eu le plaisir de participer à la fabrication du célèbre cheddar Westcombe avec le jeune et enthousiaste propriétaire de la société, Tom Calver. Son cheddar est fantastique, et c'est rassurant de voir de jeunes Britanniques fabriquer des fromages de qualité en mêlant idées nouvelles et traditions. Beau travail, Tom.
www.westcombedairy.com

Le cheddar Westcombe, déjà délicieux, semble devenir de plus en plus savoureux.

SALADE DE JEUNES FÈVES
ALLUMETTES DE POMME • MIETTES DE FROMAGE

Je le sais, ce n'est pas banal de vous demander de manger des fèves crues, dans leur gousse. Elles sont particulièrement bonnes quand on les cueille juste avant qu'elles grossissent, lorsque leurs graines mesurent 1 cm de long (entre mai et juin en Grande-Bretagne, avril et mai en France). Avant qu'elle arrive à maturité, la gousse n'est pas encore dure et fibreuse, elle a la saveur fraîche du concombre et de la pastèque; quant à la graine, elle est alors d'une douceur incroyable. Cette période ne durant pas longtemps, je vous conseille de mettre une petite note dans votre agenda pour vous en souvenir, et de sortir ce livre de son étagère quand le printemps commence à pointer son nez.

Cela dit, si vous ratez le bon moment et si les fèves ont un peu grossi, vous pouvez sortir les graines des gousses et les utiliser telles quelles, avec un peu de roquette – ou choisir des jeunes pousses d'épinard et des petits pois frais à la place. Au début de la saison, prenez une fève et croquez dedans, avec la gousse : votre palais vous dira tout de suite ce qu'il en est...

POUR 2 PERSONNES EN PLAT PRINCIPAL, OU 4 PERSONNES EN ACCOMPAGNEMENT

- 1 à 2 grosses poignées de jeunes fèves non écossées
- 1 pomme rouge croquante
- 4 brins de menthe fraîche
- 1 citron
- Huile d'olive vierge extra
- Sel et poivre moulu
- 1 piment frais coupé en deux et épépiné (facultatif)
- 1 tranche de 50 g de fromage friable comme du lancashire ou un bon cheddar

Lavez les fèves entières, coupez les extrémités et taillez-les soigneusement dans la longueur, en morceaux d'environ 1 cm de large, pour obtenir de belles lamelles vertes, fermes à l'extérieur et tendres à l'intérieur. Mettez-les dans un joli saladier. Coupez la pomme en tranches fines d'environ 0,25 cm d'épaisseur, puis en allumettes aussi fines que possible. Ajoutez-les dans le saladier. Ce n'est pas compliqué de détailler les légumes et les fruits en allumettes, mais si vous souhaitez voir une vidéo pour apprendre à bien le faire, rendez-vous sur *www.jamieoliver.com/how-to : How to cut fruit and veg into matchsticks*.

Détachez les feuilles de menthe, roulez-les, coupez-les finement et mettez-les dans le saladier. Ajoutez le jus du citron et une bonne quantité d'huile d'olive vierge extra; salez, poivrez et mélangez soigneusement. Goûtez – ça doit être suffisamment assaisonné et légèrement trop citronné, mais quand vous émietterez le fromage par-dessus, l'équilibre du goût sera parfait. Parfois, à ce stade, j'incorpore un peu de piment éminçé – à vous de voir. Présentez la salade assaisonnée dans un grand plat ou répartissez-la sur 2 assiettes, et couvrez-la de fromage coupé en petits dés. C'est délicieux – surtout avec des côtes de porc ou du poulet rôti.

GRANDE SALADE DE TOMATES CŒUR-DE-BŒUF

Cette salade donne aux tomates un goût encore plus sucré et les sublime grâce à un assaisonnement délicat. Quand on fait pousser ses propres tomates, on constate à quel point leur saveur n'a rien à voir avec celles que l'on achète au supermarché. Elles ont des formes parfois bizarres, ne sont pas calibrées, mais dans ce genre de salades, elles font l'unanimité. Alors je vous conseille vraiment d'aller faire un tour sur les sites indiqués ci-dessous pour vous procurer des variétés intéressantes.

Vous n'avez pas besoin d'un grand terrain pour planter vos propres tomates, car elles sont robustes et s'épanouissent à peu près n'importe où avec du soleil, du terreau et de l'eau. J'en ai fait pousser dans des jardinières, dans des seaux, sur des toits, et un copain en a même cultivé au trente-sixième étage d'une tour. Donc c'est faisable.

POUR 4 À 6 PERSONNES, EN ACCOMPAGNEMENT

- 750 g de grosses tomates ou de tomates cœur-de-bœuf mûres (de différentes couleurs, si vous en trouvez)
- Sel et poivre moulu
- 1 cuil. à café bombée d'aneth séché
- 5 cuil. à soupe d'huile d'olive vierge extra
- 2 cuil. à soupe de vinaigre de vin rouge
- 1 cuil. à café rase de sucre en poudre
- ½ gousse d'ail pelée
- 1 cuil. à café de raifort frais ou en pot (facultatif)

Coupez les tomates en gros morceaux pas trop réguliers d'environ 2,5 cm de côté et mettez-les dans un grand saladier. Salez, poivrez. Ajoutez l'aneth, l'huile d'olive vierge extra, le vinaigre de vin rouge et le sucre, puis râpez finement l'ail par-dessus (à ce stade, quelques pincées de raifort frais râpé ou un petit peu de raifort en pot peuvent également donner un goût incroyable à la salade (voir p. 383).

Mélangez sans écraser les tomates et laissez reposer 5 min pour que les saveurs aient le temps de se mêler. Disposez la salade sur un grand plat de service et laissez les gens se servir. S'il y a des restes, placez-les au réfrigérateur puis mixez-les avec 1 concombre, du cresson et quelques feuilles de menthe, pour faire un gaspacho anglais.

SI VOUS VOULEZ ESSAYER DE CULTIVER
VOS PROPRES TOMATES, COMMANDEZ
DES VARIÉTÉS RARES OU ANCIENNES
SUR DES SITES INTERNET COMME :
www.kokopelli.asso.fr
www.fermedesaintemarthe.com
www.biaugerme.com
www.thekitchengarden.be
www.semaille.com

Le nombre de fleurs comestibles qui poussent dans notre environnement pourrait vraiment vous surprendre.

La ferme de St Werburghs

Leona est une charmante jeune femme qui s'occupe du Boiling Wells Café, à Bristol. Passionnée de gastronomie, elle cuisine toujours à partir d'ingrédients trouvés dans les jardins ouvriers de la ferme. Les jardins de ce type font partie intégrante de la culture britannique, et les autorités sont tenues de mettre régulièrement de nouveaux espaces à disposition car il y en a de moins en moins.

SALADE CROQUANTE DE ST WERBURGHS

J'adore cette recette. Elle transforme des légumes tout bêtes en quelque chose d'excitant, de croquant et de stylé. Elle peut se servir avec à peu près tout, que ce soit un poulet rôti ou un hamburger, ou se glisser entre deux tranches de pain croustillant avec du bon fromage. Pour la réaliser, pas de règles – en gros, tous les légumes colorés et croquants feront l'affaire. Alors mélangez des betteraves, des carottes, des radis, des radis blancs, du céleri-rave, du chou-rave, du fenouil, de jeunes courgettes, du concombre... avec une poignée de fruits comme des pommes ou des poires, pour donner un petit coup de fouet à tout ça, et hop, c'est dans la poche !

POUR 4 PERSONNES

- 1 betterave
- 1 carotte
- 1 bulbe de fenouil
- ¼ de concombre
- 1 petite poignée de radis (ou tout autre légume croquant)
- Sel et poivre moulu
- 4 cuil. à soupe de vinaigre de cidre
- Les feuilles de 1 poignée d'herbes fraîches douces comme de la menthe, de l'estragon, du persil plat et du basilic
- Huile d'olive vierge extra

Épluchez et nettoyez les légumes puis tranchez-les finement, ou faites comme moi : mettez-les dans un robot avec un disque éminceur fin (c'est si facile, pourquoi s'en priver ?). Il n'y a pas de bonnes ou de mauvaises façons de faire, l'important, c'est d'obtenir des tranches très fines. Si les feuilles des radis sont belles, n'hésitez pas à les laisser.

Mettez tous les légumes préparés dans un saladier, incorporez 1 bonne pincée de sel et de poivre, le vinaigre de cidre, et mélangez le tout délicatement à plusieurs reprises, régulièrement, pendant une dizaine de minutes. Cet assaisonnement léger et vinaigré va amplifier les parfums naturels des légumes. Vous pouvez servir la salade directement ou la placer au réfrigérateur en attendant de la servir.

Avant de la présenter, ciselez les feuilles des herbes fraîches et mettez-les dans le saladier avec un peu d'huile d'olive vierge extra. Mélangez la salade une dernière fois, puis goûtez-la pour rectifier l'assaisonnement. Servez-vous de vos mains pour la prendre et la poser sur un plat, en laissant le surplus de vinaigrette dans le saladier. Rajoutez un filet d'huile d'olive vierge extra et servez.

SALADE ARC-EN-CIEL

C'est probablement l'une des salades les plus sympas et les plus faciles à faire. Je crois que mon record personnel pour la préparer est d'environ 40 secondes grâce à la magie des robots de cuisine. Ils transforment les légumes qui dorment parfois dans le bas du réfrigérateur en quelque chose de léger, de joli et de savoureux. Cette salade est parfaite avec de la viande, du poisson mais aussi toutes sortes de plats. On ne le sait pas forcément, mais il existe quantité de variétés de betteraves et de carottes : des blanches, des jaunes, des roses, des rouges… Plus vous utiliserez de légumes de différentes couleurs, plus la salade sera jolie. Si vous en préparez une grosse quantité comme moi, sachez qu'elle peut se conserver 1 journée au réfrigérateur en gardant tout son croquant et sa fraîcheur. Un gros robot de cuisine est nécessaire pour la réaliser. Si le vôtre est petit, procédez en deux fois.

POUR 8 PERSONNES, EN ACCOMPAGNEMENT

- 2 betteraves crues (de différentes couleurs si possible), brossées, les extrémités coupées et taillées en quatre
- ¼ de chou rouge coupé en quatre
- 2 grosses carottes (si vous en trouvez de différentes couleurs, c'est génial), brossées, les extrémités coupées

- ¼ de chou blanc coupé en quatre
- 2 poires équeutées coupées en quatre
- 2 poignées de persil frisé ou de menthe fraîche
- 2 grosses poignées de noix décortiquées

En accompagnement
- Mayonnaise
- Moutarde forte
- Vinaigre de cidre
- Huile d'olive vierge extra
- Sauce Worcestershire
- Tabasco
- Sel et poivre moulu

Placez un disque à gros trous dans votre robot et râpez tous les ingrédients dans l'ordre suivant, pour que le jus du chou rouge et des betteraves ne tache pas tout le reste : betteraves, chou rouge, carottes, chou blanc et poires. Disposez le contenu du robot sur un plat sans rien mélanger, pour obtenir des couches colorées.

Émincez le persil et parsemez-le sur les légumes. Pilez grossièrement les noix dans un mortier.

J'aime poser ce plat au milieu de la table, pour que tout le monde l'assaisonne à sa façon. Environ 1 cuil. à soupe de mayonnaise, quelques cuil. à café de moutarde, 2 ou 3 cuil. à soupe de vinaigre et le double d'huile d'olive vierge extra devraient faire l'affaire pour bien le relever. Ajoutez quelques gouttes de sauce Worcestershire et 1 mini-goutte de Tabasco si cela vous tente. Parsemez le plat de noix concassées. Prenez une grosse portion de salade et placez-la sur votre assiette. Ajoutez votre assaisonnement perso, mélangez bien et croquez-moi tout ça !

Les jardins ouvriers luxuriants de Bristol.

SALADE CHAUDE AU CANARD CROUSTILLANT
TARTINES GRILLÉES GÉANTES • SAUCE À LA CLÉMENTINE

L'idée de cette recette, c'est le mariage d'une salade chaude et de tartines gourmandes. Posez-la au milieu de la table et laissez les gens se servir – il n'en restera pas une miette.

POUR 6 PERSONNES

- I canard
- Huile d'olive
- Sel et poivre moulu
- I cuil. à soupe de cinq-épices ou ½ cuil. à café de chacune des épices suivantes : noix muscade, cannelle, clou de girofle et gingembre
- 50 g de cerises séchées (en vente dans les magasins bio)
- I baguette ou I pain au levain
- Vinaigre de vin rouge
- 2 gousses d'ail pressées
- 2 brins de romarin frais
- 6 clémentines ou 4 oranges sanguines
- Miel liquide
- 4 cuil. à soupe d'huile d'olive vierge extra
- 2 endives rouges
- 2 endives blanches
- 4 poignées de cresson lavé
- 4 brins de menthe fraîche

Préchauffez le four à 180 °C (th. 6). Posez le canard dans un plat à rôtir et frottez-le avec de l'huile d'olive, 1 pincée de sel et de poivre, et les épices. Enfournez pour 2 h, jusqu'à ce que la peau soit croustillante. Mettez les cerises dans un bol et couvrez-les d'eau bouillante.

Sortez le canard du four et posez-le sur une planche. Coupez le pain en tranches de 2 cm d'épaisseur dans le sens de la longueur. Versez très délicatement la graisse du canard dans un pot à confiture propre (gardez-en l'équivalent de 4 cuil. à soupe dans le fond du plat). Cette graisse se conservera très bien au réfrigérateur pendant des mois et sera parfaite pour faire cuire des légumes. Versez un trait de vinaigre dans le plat afin de déglacer les sucs de cuisson et de détacher les petits morceaux collés. Ajoutez les gousses d'ail, parsemez de romarin et utilisez le pain pour éponger le tout. Posez les tartines dans le plat, face imbibée vers l'extérieur, couvrez de cerises et enfournez pour 10 min.

Préparez la sauce : mettez le zeste de 2 des clémentines dans un petit bol, avec le jus de 3 clémentines. (Si vous utilisez des oranges sanguines, prélevez le zeste de 1 orange et pressez-en 2.) Incorporez 4 cuil. à soupe de vinaigre de vin rouge, 1 bonne pincée de sel et de poivre, un filet de miel et l'huile d'olive vierge extra. Goûtez – cette sauce doit être un peu plus acide et plus salée qu'une sauce normalement équilibrée.

Coupez les endives en deux, ôtez la base et séparez les feuilles. Placez-les dans un grand saladier, avec le cresson. Épluchez les clémentines restantes et coupez-les en rondelles. Détachez les feuilles de menthe de leur tige.

Enlevez toute la peau du canard. Sortez le plat de tartines du four (à ce stade, elles devraient être dorées mais toujours un peu tendres au milieu). Déchirez rapidement la peau du canard en morceaux et posez-les sur les tartines. Enfournez de nouveau pour 4 à 5 min. Pendant ce temps, à l'aide de 2 fourchettes, détachez toute la chair du canard, en jetant les os et le cartilage. Versez quelques cuil. à soupe de sauce à la clémentine sur les morceaux de viande pour les empêcher de se dessécher.

Quand vos tartines sont bien croustillantes, posez-les sur un grand plat. Mettez les morceaux de viande et le reste de la sauce dans le saladier avec les feuilles d'endive ; mélangez rapidement tous les ingrédients. Disposez la salade sur les tartines grillées, avec les rondelles de clémentines et les feuilles de menthe. Dégustez sans attendre.

Les salades chaudes sont extra ; l'important, c'est de les manger rapidement avant que la viande chaude cuise la salade.

POUR 4 PERSONNES

Salade de pomme et de betteraves râpées

Lavez 2 grosses **betteraves** et 1 jolie **pomme rouge**, puis râpez-les les unes après les autres avec la face à gros trous d'une râpe multifonction, directement au-dessus d'un plat. Assaisonnez avec 2 cuil. à soupe de **vinaigre de cidre** et la même quantité d'**huile de colza** ou d'**huile d'olive vierge extra**. Ajoutez du **sel** et du **poivre moulu**, puis parsemez de **ciboulette** ciselée et de **petites feuilles de betterave** si vous en avez. Mélangez délicatement juste avant de servir, en rectifiant l'assaisonnement si nécessaire.

Salade de concombre et d'oignon rouge avec beaucoup d'aneth

Entaillez légèrement toutes les faces de 1 **concombre** en le grattant sur toute sa longueur avec une fourchette. Coupez-le en biais, en rondelles d'environ 1 cm. Mettez les tranches dans un saladier. Râpez la moitié de 1 **oignon rouge** pelé par-dessus, en utilisant la face à gros trous d'une râpe multifonction. Ajoutez un généreux filet de **vinaigre de vin blanc** et 1 ou 2 pincées de **sel**. Hachez grossièrement les feuilles d'un petit bouquet d'**aneth frais** et parsemez-les sur la salade. Laissez mariner environ 30 min, si possible, avant de servir avec un filet d'**huile de colza** ou d'**huile d'olive vierge extra**.

Salade de fèves et de bacon à la menthe et au citron

Faites frire 4 tranches de **bacon fumé de bonne qualité** jusqu'à ce qu'elles soient bien croustillantes et laissez-les refroidir. Prenez 4 grosses poignées de **jeunes fèves** (si vous en utilisez des grosses, sortez les graines de leur gousse et de leur peau) et mettez-les dans un saladier. Ajoutez 1 minuscule pincée de **sel** et de **poivre moulu**, puis le bacon croustillant et quelques petites **feuilles de menthe** ciselées, un trait d'**huile de colza** ou d'**huile d'olive vierge extra** et le jus d'environ 1 **citron**. Goûtez, rectifiez l'assaisonnement si nécessaire et servez.

Salade croquante de radis à l'estragon

Lavez 1 botte de **radis** avec une petite brosse puis, en fonction de leur taille, coupez-les en deux, en quatre, ou tranchez-les en laissant quelques feuilles tendres dessus et mettez dans un saladier. Hachez grossièrement 1 poignée de **feuilles d'estragon** et ajoutez-les aux radis. Assaisonnez avec un bon trait de **vinaigre de vin rouge**, une quantité égale d'**huile de colza** ou d'**huile d'olive vierge extra**, 1 pincée de **sel** et de **poivre moulu**, et servez. Si ça vous tente, incorporez quelques **grains de raisin** coupés en deux et de la **feta** émiettée, c'est trop bon !

SALADE DE FENOUIL EN LANIÈRES
ANCHOIS • CŒUR DE CÉLERI • CITRON

Cette salade est à se damner. Elle accompagne à merveille du fromage, de la viande ou du poisson grillé, et est succulente hiver comme été... en gros, chaque fois que l'on arrive à trouver un beau gros bulbe de fenouil avec de la barbe dessus. Le jour où j'ai fait cette salade, j'ai créé une assiette glacée très originale pour la présenter (ne me demandez pas pourquoi...). J'ai simplement versé de l'eau sur un plateau rond, j'ai ajouté quelques fleurs et brins de lavande pour faire joli et j'ai tout mis au congélateur. Quelques heures plus tard, c'était pris, et j'ai pu m'en servir comme assiette. Tout le monde a adoré et, plus important encore, cela a donné davantage de fraîcheur et de croquant au fenouil.

POUR 4 PERSONNES, EN (GROS) ACCOMPAGNEMENT

- 8 à 10 filets d'anchois à l'huile
- 1 citron
- 1 gros bulbe de fenouil ou 2 petits, avec de la barbe dessus
- 1 céleri branche, avec les feuilles
- Huile d'olive vierge extra
- Sel et poivre moulu

Tranchez finement les anchois dans le sens de la longueur (en gardant l'huile dans un pot ou dans une boîte au congélateur, afin de l'utiliser pour garnir des pâtes, des légumes verts ou des ragoûts). Mettez les anchois dans une tasse, versez le jus du citron dessus et laissez mariner 10 min pour les adoucir. Si vous n'êtes pas fan des anchois, vous devez me croire quand je vous dis que vous ne sentirez pas leur goût dans cette salade : ils n'y jouent qu'un rôle de condiment.

Prenez le bulbe de fenouil et ôtez les belles feuilles du dessus. Nettoyez et coupez les extrémités, puis tranchez-le finement avec votre meilleur couteau, une mandoline, un économe, ou mieux encore, le disque émincceur le plus fin de votre robot. Posez les lanières de fenouil dans un grand saladier, avec ses feuilles délicates.

Vous n'aurez besoin que de la base du céleri (le cœur), alors coupez-le à la moitié et réservez le reste dans le haut du réfrigérateur. Épluchez et nettoyez ce cœur. Lavez-le bien puis tranchez-le très finement, à l'aide d'un couteau ou d'un économe, et mettez-le dans le saladier, avec le fenouil.

Maintenant, les anchois devraient être prêts : ajoutez un généreux filet d'huile d'olive vierge extra afin d'atténuer le goût du citron. Goûtez et rectifiez l'assaisonnement pour qu'il soit un peu plus acide et plus salé qu'une sauce normalement équilibrée. Mélangez rapidement la salade et la sauce, et servez immédiatement, sur un joli plat. Personnellement, je trouve que cette salade est parfaite quand on aime jouer sur les contrastes et qu'on la sert froide et croquante avec des aliments chauds, des tartines ou du poisson grillé, par exemple.

Je suis toujours étonné de voir comme une pincée de sel, un filet d'huile d'olive vierge extra et un filet de citron peuvent transformer un plat.

SUBLIME SALADE DE SAUMON

POMMES DE TERRE NOUVELLES • SAUCE AU CONCOMBRE ET À L'ANETH

Le saumon et les pommes de terre nouvelles sont une association qui marche à tous les coups, à condition de ne pas trop faire cuire le saumon. Cette salade, fine et légère, est la simplicité même. En la dégustant, vous aurez sans doute une impression de fraîcheur vivifiante. Bien sûr, on peut la préparer à tout moment de l'année, mais elle ne sera jamais aussi bonne qu'en été, quand c'est la saison des pommes de terre nouvelles et que l'on a un verre de vin blanc frais à portée de main...

POUR 4 PERSONNES

Pour la salade
- 700 g de filet de saumon écaillé et sans arêtes (mais avec la peau)
- Sel et poivre moulu
- Une noix de beurre
- Huile d'olive

- 1 citron
- 600 g de pommes de terre nouvelles brossées
- 1 petit bouquet de menthe fraîche
- 1 petit bouquet d'aneth frais + un peu pour servir

Pour la sauce au concombre
- Huile d'olive vierge extra
- 1 concombre
- 2 citrons
- 4 cuil. à soupe bombées de yaourt à la grecque

Préchauffez le four à 180 °C (th. 6). Découpez un grand carré de papier d'aluminium et placez le saumon au centre, peau contre la feuille. Frottez-le avec le sel, le poivre, la noix de beurre, un filet d'huile d'olive et un peu de jus de citron. Refermez le carré d'aluminium comme une papillote, en scellant bien les côtés. Posez-le sur une plaque et enfournez pour 12 min exactement. Sortez du four et laissez le saumon refroidir dans sa papillote.

Pendant ce temps, placez les pommes de terre nouvelles dans une grande casserole d'eau bouillante bien salée. Tenez les bouquets de menthe et d'aneth dans une main, arrachez les 5 cm de feuilles du haut et réservez-les. Liez les tiges et jetez-les dans l'eau de cuisson.

La vitesse à laquelle vos pommes de terre vont cuire dépendra de leur «jeunesse». Plus elles seront nouvelles, plus elles cuiront rapidement. Donc au bout de 8 à 10 min, goûtez-en une. Si elle est tendre, c'est qu'elle est cuite. Égouttez-les puis remettez-les dans la casserole, après avoir retiré et jeté les bouquets d'herbes. Si elles sont petites, laissez-les entières; si elles sont grosses, écrasez-les ou coupez-les en deux ou en quatre avec les doigts, puis placez-les sur un joli plat. Assaisonnez-les bien avec 1 pincée de sel et de poivre, et un bon trait de jus de citron.

Préparez la sauce : dans un grand bol, versez un filet d'huile d'olive vierge extra avec 1 pincée de sel et de poivre. Ciselez les feuilles de menthe et d'aneth réservées, et râpez le concombre. Personnellement, j'aime bien l'entailler dans la longueur, sans aller jusqu'au bout, et glisser les herbes émincées à l'intérieur avant de le râper avec la lame à gros trous de ma râpe multifonction. Cette technique japonaise permet de bien écraser les herbes et d'en libérer tous les parfums. Râpez le concombre au-dessus d'une planche, puis disposez-le dans le bol. Prélevez le zeste de 1 citron (gardez-en un peu pour la garniture) puis pressez ce dernier pour en récupérer tout le jus. Mettez-le dans le bol, incorporez le yaourt et assaisonnez généreusement.

Quand le saumon a refroidi, séparez la chair en morceaux et posez-les sur les pommes de terre nouvelles après avoir retiré la peau et les arêtes. Versez la sauce au concombre sur le tout. Assaisonnez avec 1 pincée de sel et de poivre, un peu de zeste de citron finement râpé et un peu de jus de citron. Parsemez d'aneth et servez. Joie et bonheur...

SALADE DE RIZ AU PORC ET AUX GRANNY-SMITH

Je me suis inspiré d'un grand classique des Caraïbes, riz et petits pois, pour concevoir cette salade de riz, excellente chaude mais aussi froide, pour une ambiance un peu plus estivale. Quand elle est bien faite, elle est vraiment formidable! En mélangeant le porc rôti au miel, aux pommes et aux herbes avec du riz, vous apportez à la préparation un peu de douceur. Si vous voulez que la poitrine de porc cuise plus vite et soit bien croustillante, coupez-la en petits morceaux.

POUR 6 PERSONNES EN PLAT PRINCIPAL, OU 8 PERSONNES POUR UN REPAS LÉGER

- 750 g de poitrine de porc fermier
- Huile d'olive
- 2 feuilles de laurier fraîches
- 2 brins de romarin frais
- Sel et poivre moulu
- 3 pommes granny-smith

- 1 poignée de noix décortiquées (environ 50 g)
- 2 cuil. à soupe de miel liquide
- 1 cuil. à soupe de feuilles de thym frais
- 1 orange
- 300 g d'un mélange de riz basmati et de riz sauvage

- 2 ou 3 cuil. à soupe de vinaigre de cidre
- Les feuilles ciselées de 1 gros bouquet de persil plat frais
- 2 ciboules épluchées et émincées

Préchauffez le four à 200 °C (th. 6-7). Placez une grande poêle pouvant aller au four et une grande casserole remplie d'eau salée sur feu vif. Avec votre couteau le plus aiguisé, coupez la poitrine de porc en tranches d'environ 1,5 cm d'épaisseur, puis en lardons. Versez un filet d'huile d'olive dans la poêle, ajoutez les lardons, du laurier et du romarin. Assaisonnez bien. Faites revenir 25 min en remuant assez souvent, jusqu'à ce que la viande soit croustillante et d'un beau doré foncé. Quand le laurier et le romarin sont craquants, retirez-les de la poêle. Versez la majeure partie de la graisse dans un pot à confiture – vous pourrez vous en servir une prochaine fois, pour faire rôtir des pommes de terre, par exemple.

Coupez les pommes en quatre puis retirez délicatement le cœur. Coupez-les grossièrement en morceaux de la taille des lardons et mettez-les dans la poêle, avec un filet d'huile d'olive, les noix, le miel, les feuilles de thym et le jus de l'orange. Mélangez bien. Enfournez la poêle pour environ 20 min, jusqu'à ce que son contenu ait bien doré. Surveillez la cuisson de près et sortez la poêle du four dès qu'elle vous semble parfaite – en gros, au moment où vous commencez à avoir peur que ça brûle!

Pendant ce temps, faites cuire le riz dans l'eau bouillante salée en suivant les instructions figurant sur l'emballage. Égouttez-le dans une grande passoire. Sortez la poêle du four et faites glisser délicatement le porc, les pommes et les noix sur le riz. Versez 2 cuil. à soupe de vinaigre dans la poêle chaude pour déglacer tous les sucs de cuisson et les petits morceaux grillés collés, ce sont eux qui renferment tous les parfums.

Remettez le riz et le porc dans la poêle, ajoutez le persil et les ciboules, et mélangez bien. Goûtez, rectifiez l'assaisonnement et versez encore un peu de vinaigre si nécessaire. Servez bien chaud ou à température ambiante. Vous pouvez également couvrir la salade de film étirable, la placer au réfrigérateur et la proposer froide, le lendemain.

Les jardins à la campagne

Margaret et Vic ont un jardin merveilleux, rempli de fleurs comestibles que Margaret incorpore dans sa cuisine, pour décorer et parfumer ses plats. Elle a commencé à se passionner pour les fleurs au cours d'une formation, après son mariage. Ce jour-là, le vent avait fait tomber quelques fleurs de pommier dans son assiette... Depuis, elle en mange, preuve qu'elle est une vraie aventurière! Avec un bon guide et quelques connaissances de base, vous pourrez vous aussi distinguer les fleurs comestibles des autres.

Taylor Bros
"MARAVILLA" &
PURE
Cocoa

SALADE DES ARISTOS

... AVEC UNE VINAIGRETTE À BASE DE FRAMBOISES

Vous vous dites peut-être que les salades ne sont pas emblématiques de la culture britannique. Pourtant, il se trouve que nous avons un faible pour elles depuis des centaines, voire des milliers d'années. En 1689, John Evelyn a écrit un livre à la gloire des feuilles, des racines, des légumes et des herbes : *Acetarium: A Discourse on Sallets*. Et la salade des aristos est un véritable hommage à la délicate salade fleurie de l'époque, popularisée par la reine Catherine d'Aragon puis par de riches Anglais qui utilisaient ce qui poussait dans leurs jardins légendaires. Le plus important ici, c'est de vous éloigner des rayons de légumes des supermarchés et d'apprendre à tirer parti d'ingrédients tendres, beaux, symboles du printemps, telles les pousses de pois, les feuilles tendres des légumes et les fleurs comestibles. Alors essayez. Ces salades font de formidables entrées et sont délicieuses avec du poisson fumé, des restes de viande rôtie, sur des tartines grillées avec de bons fromages, ou en guise de base pour une salade chaude avec des foies de volaille au xérès... C'est vous le chef. Un peu de philosophie. Commencez par créer une base pour votre salade. Prenez 1 petite poignée de feuilles tendres (1 par personne en général) et mettez-la dans un joli saladier. Vous pouvez utiliser du cresson, de la mâche, de la roquette, des pousses d'épinard, des pousses de pois, des feuilles de fève ou de betterave. Puis laissez votre palais vous guider quand vous ajouterez quelques brins d'herbes subtiles (utilisez leurs fleurs s'il y en a), comme des feuilles ciselées de menthe, d'estragon, de persil, d'origan, de marjolaine, d'aneth, de ciboulette ou des pousses de moutarde. Quelques pincées de thym citron ou de thym orange, de fleurs de bourrache ou même d'hysope peuvent également rendre votre salade très attrayante. **Les fleurs.** Quand vous êtes satisfait du goût de votre base, vous pouvez passer à des fleurs plus délicates, absolument indispensables ici. On trouve des fleurs comestibles sur les marchés fermiers, mais s'il n'y en a pas près de chez vous, pensez à regarder dans vos jardinières ou votre jardin. Toutes les suggestions ci-dessous sont saines et délicieuses, mais promettez-moi de vérifier sur Internet afin d'être vraiment sûr de ce que vous cueillez (toutes les fleurs ne se mangent pas! Mais ne vous découragez pas pour autant, car on apprend très facilement à reconnaître les bonnes). Goûtez-les en les cueillant, pour trouver lesquelles donneront à vos salades un bon petit goût insolite. Si elles vous semblent un peu trop amères, je vous conseille d'en ajouter juste quelques pétales, en complément. Les soucis, les violettes, les pensées, quelques pincées de lavande, les fleurs de romarin, de ciboulette, de thym et d'*Allium* ont toutes un aspect et un goût délicieux, mais les fleurs comestibles que je préfère sont les capucines, car elles ont un parfum de pêche et de moutarde que j'adore. **La vinaigrette.** En mettant des baies dans la vinaigrette, vous en ferez un assaisonnement exceptionnel, et vous donnerez beaucoup de raffinement à la salade. Écrasez à la fourchette 1 ou 2 grosses poignées de framboises ou de mûres fraîches dans un grand bol. Versez un bon filet de vinaigre de vin blanc, environ trois fois la même quantité d'huile de colza ou d'huile d'olive vierge extra et ajoutez quelques feuilles de thym si vous en avez. Incorporez environ 1 cuil. à café de miel liquide et 1 bonne pincée de sel. Mélangez, goûtez et rectifiez l'assaisonnement en rajoutant du sel, du vinaigre ou du miel si nécessaire. Versez sur la salade et remuez très délicatement, de préférence avec vos doigts, pour être sûr de ne pas écraser quoi que ce soit. Servez aussitôt. Vous pouvez donner à votre salade encore plus de personnalité en la parsemant de noix concassées ou de petits dés de bon fromage anglais tel le cheddar. Que vous soyez un citadin qui fait ses courses au marché ou un rural qui glane lors de ses longues promenades dans la nature, l'essentiel est de pouvoir trouver tous ces ingrédients, même s'ils sont un peu excentriques! Alors persévérez, et mangez votre salade comme un aristocrate de la vieille école.

SALADE DE TOMATES CHAUDE

BOUDIN NOIR CROUSTILLANT • SIROP À LA SAUCE WORCESTERSHIRE

Au moment où vous pensiez connaître toutes les recettes de salades de tomates, voilà qu'arrive ce méchant garçon de Jamie… Si vous faites partie des gens qui rechignent à manger du boudin noir, par pitié, donnez-lui une chance! Il est toujours meilleur quand il est fait par un vrai charcutier. Demandez au vôtre s'il en a, car il est temps de réhabiliter le bon boudin!

Pour rehausser le croustillant du boudin noir et la douceur des tomates, je prépare un délicieux sirop à base de sauce Worcestershire et de sucre. C'est un très beau mélange. Et j'y pense, sachez aussi que cette salade est délicieuse dans un sandwich, à l'heure du déjeuner.

POUR 4 PERSONNES EN PLAT PRINCIPAL, OU 6 PERSONNES EN ACCOMPAGNEMENT

- 3 ou 4 poignées de tomates mûres mélangées (variétés anciennes, tomates cerise…)
- 150 g de boudin noir de très bonne qualité
- Huile d'olive
- 1 cœur de céleri, en réservant les feuilles jaunes
- Sel et poivre moulu
- 2 cuil. à soupe bombées de cassonade
- 3 cuil. à soupe de sauce Worcestershire
- 3 cuil. à soupe de vinaigre de cidre
- Huile d'olive vierge extra
- Quelques brins de thym frais

Mettez une poêle de taille moyenne sur feu vif. Pendant qu'elle chauffe, coupez les tomates en deux, en quatre ou en plusieurs morceaux selon leur taille. Il faut qu'elles conservent un aspect un peu irrégulier. Mettez-les sur un plat ou dans un saladier.

Ôtez la peau du boudin noir et coupez-le en tranches de 1 cm d'épaisseur. Placez-les dans la poêle chaude, avec un filet d'huile d'olive, et faites-les cuire 5 ou 6 min – jusqu'à ce qu'elles soient foncées et croustillantes – sur feu moyen à vif, en les retournant de temps en temps. Coupez les branches du céleri, lavez le cœur jaune, raccourcissez-le de quelques centimètres en haut et coupez sa base délicatement. Tranchez-le en fines lamelles dans le sens de la longueur et mélangez-les avec les tomates; ajoutez les feuilles jaunes du céleri, 1 bonne pincée de sel et de poivre.

Quand le boudin noir est bien croustillant, videz la graisse de la poêle et posez les tranches sur du papier absorbant. Replacez la poêle sur feu doux et ajoutez le sucre, la sauce Worcestershire et le vinaigre de cidre. Amenez doucement à ébullition puis laissez cuire et réduire pendant quelques minutes, jusqu'à ce que ce jus soit épais et brillant. Versez-le délicatement sur les tomates puis ajoutez une quantité équivalente d'huile d'olive vierge extra. Parsemez de thym frais, mélangez bien, goûtez et rectifiez l'assaisonnement si nécessaire. Nettoyez rapidement les bords du saladier pour qu'il soit présentable. Je l'ai garni de fleurs de thym parce que c'est ce que j'avais sous la main, mais ça n'est bien sûr pas obligatoire. Émiettez le boudin noir par-dessus et servez avec un gros morceau de bon pain – extase garantie.

Au moment où vous pensiez connaître toutes les recettes de salades de tomates, voici qu'arrive ce méchant garçon de Jamie !

SALADE DE POULET RÔTI

CROÛTONS DORÉS • HARICOTS VERTS • TOMATES CERISE

Je pourrais vous dire que cette salade est une merveilleuse façon de finir les restes de poulet, et c'est vrai, mais selon moi, ça vaut vraiment la peine d'en faire cuire un spécialement pour l'occasion.

POUR 6 PERSONNES

Pour le poulet rôti
- Huile d'olive
- 1 poulet fermier de 1,2 kg
- Sel et poivre moulu
- 1 petit bouquet de thym frais
- 1 citron
- 400 g de tomates cerise variées

- 1 tête d'ail

Pour la salade
- 1 boule de pain de campagne d'environ 300 g
- 6 tranches de bacon fumé de qualité
- 200 g de haricots verts équeutés

- Huile d'olive vierge extra
- 1 cuil. à soupe de moutarde à l'ancienne
- Vinaigre de cidre
- Les feuilles de 1 bouquet de persil frais (plat ou frisé)
- Les feuilles de 1 bouquet de menthe fraîche
- 6 ciboules

Préchauffez le four à 200 °C (th. 6-7). Versez un filet d'huile d'olive sur le poulet et parsemez-le de sel, de poivre et de feuilles de thym (gardez les tiges pour plus tard). Frottez-en bien la volaille. Coupez le citron en deux et glissez-le à l'intérieur du poulet, avec les tiges de thym. Posez-le dans un grand plat à rôtir (d'environ 25 × 35 cm) et enfournez-le pour 1 h. Pendant ce temps, coupez les tomates cerise en deux et écrasez l'ail en jetant la peau blanche. Au bout d'environ 30 min, disposez les tomates et l'ail dans le plat à rôtir, en soulevant le poulet avec des pincettes pour pouvoir bien les répartir et les recouvrir de sauce. Reposez le poulet par-dessus et enfournez de nouveau pour 30 min, jusqu'à ce qu'il soit doré et que du jus clair s'écoule des cuisses quand on les pique avec un couteau.

Déposez le poulet sur une assiette, couvrez-le d'une feuille de papier d'aluminium et laissez-le refroidir. Découpez le pain en croûtons de la taille d'un pouce et jetez-les dans la sauce du plat à rôtir. Répartissez-les bien au fond et placez les tranches de bacon par-dessus. Enfournez pour environ 15 à 20 min, jusqu'à ce que l'ensemble soit croustillant.

Pendant ce temps, ôtez la peau du poulet et réservez-la. Puis, à l'aide de 2 fourchettes, détachez toute la chair des os. Empilez-la dans un grand saladier – sans oublier la sauce qui a éventuellement coulé sur l'assiette. Faites cuire les haricots verts 5 à 6 min dans de l'eau bouillante salée, jusqu'à ce qu'ils ne croquent plus sous la dent. Égouttez-les rapidement et mettez-les dans le saladier avec les morceaux de poulet, 5 à 6 cuil. à soupe d'huile d'olive vierge extra de bonne qualité, la moutarde à l'ancienne et un filet de vinaigre de cidre. Hachez les feuilles de persil et de menthe, émincez les ciboules. Jetez-les dans le saladier. Remuez pour bien mélanger, goûtez et rectifiez l'assaisonnement en rajoutant du vinaigre ou le condiment que vous souhaitez.

Une fois que les croûtons sont dorés, déchirez rapidement la peau du poulet dans le plat à rôtir (oubliez ce paragraphe si vous voulez faire une salade plus légère...) et faites-la cuire au four jusqu'à ce qu'elle croustille de nouveau. Quand son aspect vous convient, versez tous les ingrédients du saladier dans le plat à rôtir ou sur un grand plat. Mélangez bien et servez.

AU

PUB

ENTRÉE LIBRE

J'ai grandi dans le pub de mes parents, c'est pourquoi ce chapitre me tient particulièrement à cœur. Pendant des années, j'y ai fait presque tous les métiers : homme de ménage, plongeur, cuisinier... Et j'ai adoré ça. Sans chauvinisme aucun, on nous envie nos pubs dans le monde entier. Ils sont un peu l'emblème de toute une nation, on s'y retrouve avec joie à la moindre occasion et on y noue des liens, autour d'une ou deux pintes. La nourriture représente une part importante de la culture des pubs. Autrefois, les diligences s'y arrêtaient le soir afin que leurs passagers puissent se restaurer et se reposer. À l'époque, la cuisine était vraiment très régionale, c'était donc l'occasion pour les voyageurs de découvrir ce que mangeaient leurs voisins; ainsi, par l'intermédiaire des pubs, les recettes des uns et des autres se sont propagées à travers tout le pays pour devenir des spécialités nationales. Encore aujourd'hui, les plats servis dans ces établissements sont meilleurs quand ils sont originaires du coin, réalisés à partir d'ingrédients de qualité. Ce chapitre recense quelques grands classiques proposés dans les pubs - certains sont les versions améliorées de ceux que je cuisinais dans ma jeunesse. Un repas savoureux, une pinte de bière, des tas d'amis, quelques bonnes blagues... voilà tout ce que j'aime quand je vais au pub. *Cheers!*

MINI-YORKSHIRE PUDDINGS
... À LA CRÈME DE TRUITE FUMÉE AU RAIFORT

Autant vous le dire tout de suite, ce plat est devenu l'un de mes préférés. Impossible de résister à son fondant et au contraste des saveurs : un pudding à croûte chaude, croustillante et au cœur fondant, une crème de truite fumée onctueuse, le tout rehaussé d'une touche de raifort. Vous pouvez verser la crème dans un grand bol, mais personnellement, je préfère la présenter en portions individuelles dans des petites tasses ou dans des verrines. En mai et juin, quand on commence à trouver de la ciboulette fraîche, pensez à en utiliser pour décorer. Cette recette, ultrarapide et très facile à réaliser, fera une petite entrée absolument parfaite. Posez le plat au milieu de la table... et attendez que les gens se ruent dessus !

POUR 6 À 8 PERSONNES

Pour la crème de truite fumée
- 1 citron
- 125 g de *cream cheese* de type Philadelphia
- 2 ou 3 cuil. à soupe bombées de raifort en pot
- 1 petite poignée de ciboulette fraîche ciselée

- Sel et poivre moulu
- 125 g de truite fumée
- Huile de colza

Pour les mini-puddings (environ 16)
- Huile de tournesol

- 2 gros œufs de poule élevée en plein air
- 100 g de farine
- 10 cl de lait
- Des quartiers de citron, pour décorer

Pressez le citron et ne gardez que la moitié du jus. Mettez le *cream cheese* dans un grand saladier, avec le raifort, le zeste du citron et le jus réservé, et mélangez. Ajoutez la quasi-totalité de la ciboulette ciselée ; salez, poivrez. Cette crème doit être assez relevée, alors n'hésitez pas à rajouter du raifort ou du jus de citron si nécessaire. Émiettez la truite en ôtant la peau et les éventuelles arêtes puis, à l'aide d'une spatule, mélangez doucement la préparation sans l'écraser, en laissant des petits morceaux. Disposez dans un bol de présentation ou dans plusieurs petites tasses ou verrines, arrosez d'un filet d'huile de colza et décorez avec de la ciboulette. Recouvrez de film alimentaire et réservez au réfrigérateur.

Juste avant le repas, préchauffez le four à 240 °C (th. 8) pendant que vous préparez la pâte des puddings. Versez un petit peu d'huile de tournesol dans les 16 alvéoles d'un moule à muffins (on en trouve sur Internet ou dans les magasins d'ustensiles de cuisine), pour en tapisser légèrement le fond. Posez le moule sur la grille, dans le haut du four chaud, pour environ 10 à 15 min, afin de faire chauffer l'huile (il faut qu'elle se mette à fumer). Pendant ce temps, battez énergiquement les œufs avec la farine, le lait, 1 pincée de sel et de poivre, jusqu'à obtention d'une pâte lisse et légère. Versez-la dans un pichet.

Sortez le moule à muffins du four et, d'une main sûre, versez rapidement la pâte dans chaque alvéole, en la remplissant presque à ras bord. Reposez le moule sur la grille du haut et faites cuire 10 à 12 min, jusqu'à ce que les puddings soient gonflés et dorés. Surtout, n'ouvrez pas la porte du four pendant la cuisson, ou bien vous verrez vos puddings retomber ! Sortez la crème de truite du réfrigérateur et servez-la sur un plateau, avec les mini-puddings encore brûlants et des quartiers de citron.

MON COCKTAIL DE CREVETTES

C'est *the* grand classique, très *old school*, rétro et un poil ringard, mais revisité de manière amusante et gastronomique. C'est le genre de plats que, dans les années 1980, on servait dans le pub de mes parents. J'aime remettre au goût du jour des recettes un peu passées de mode, en les abordant avec l'enthousiasme d'antan mais en utilisant les ingrédients que l'on trouve aujourd'hui, et qui sont, il faut le reconnaître, de bien meilleure qualité. À ce sujet, les crevettes ont mauvaise réputation en termes d'éthique et de durabilité. Essayez plutôt d'acheter celles qui sont issues de zones de pêche écoresponsables.

POUR 4 PERSONNES

Pour la sauce Marie-Rose
- 8 cuil. à soupe de mayonnaise de qualité
- 3 cuil. à café de ketchup
- Piment de Cayenne
- Une rasade de brandy
- Le jus de ½ citron
- Sel et poivre moulu

Pour le cocktail de crevettes
- Huile d'olive
- 1 gousse d'ail
- Piment de Cayenne
- 12 grosses crevettes tigrées brunes non pelées
- ½ laitue iceberg
- 1 ou 2 tomates
- ½ concombre

- 2 brins de menthe fraîche
- 1 petite barquette de cresson
- 180 g de saumon fumé de qualité
- 100 g de petites crevettes pelées
- 100 g de crevettes grises (facultatif)
- 1 citron, pour servir

Faites chauffer une grande poêle sur feu vif, ajoutez un filet d'huile d'olive et l'ail pressé. Saupoudrez de 1 bonne pincée de piment de Cayenne et ajoutez les crevettes entières, que vous pouvez couper en papillon (ce n'est pas difficile à faire, rendez-vous sur *www.jamieoliver.com/how-to* pour apprendre ma technique : *How to butterfly prawns*). Faites revenir les crevettes 3 à 4 min sur les deux faces, jusqu'à ce qu'elles soient bien cuites et qu'elles sentent bon. Retirez la poêle du feu et réservez.

Préparez la sauce Marie-Rose en mélangeant tous les ingrédients et réservez-la. Émincez la laitue, coupez les tomates en petits morceaux et le concombre en dés. Détachez les feuilles de menthe, ciselez les feuilles de cresson. Disposez tous ces ingrédients dans des assiettes, des bols ou même des petits bocaux, un peu comme ceux que j'ai utilisés (ils sont très pratiques pour les pique-niques et se transportent facilement dans une glacière). Ajoutez 8 grosses crevettes et arrosez de sauce Marie-Rose. Couvrez de fines tranches de saumon fumé, de petites crevettes puis de crevettes grises. Saupoudrez d'un peu de piment de Cayenne et accrochez 1 jolie crevette chaude sur le côté du bocal ou de l'assiette. Servez avec des quartiers de citron. Et si vous avez des tranches de pain beurrées, c'est encore mieux !

P.-S. : je fais parfois griller des bouts de pain dans de l'huile d'olive et du sel jusqu'à ce qu'ils soient bien croustillants, et je les dispose sur les crevettes pour leur donner un peu de croquant.

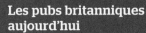

Les pubs britanniques aujourd'hui

L'industrie du pub a beaucoup souffert ces 30 ou 40 dernières années. Beaucoup ont fermé. Pour les patrons d'aujourd'hui, il est important de proposer une cuisine et une bière locales, avec un bon rapport qualité-prix. J'ai toujours énormément de plaisir à voir des jeunes se lancer et réussir, comme Sam et Michael du Midnight Bell, à Holbeck, un quartier de Leeds. Ils travaillent avec le talentueux brasseur Venkatesh, de Bombay, pour proposer d'excellentes bières. Leur chef, Jimmy Black fait aussi du très beau travail.

www.midnightbell.co.uk

> ✳ ONION & MIDNIGHT BELL ALE SOUP WITH WENSLEYDALE CROUTON £4.25
>
> ✳ MUSSELS STEAMED IN LEEDS BREWERY PALE ALE STARTER £6.00 MAIN £   WITH HANDCUT C
>
> ✳ PUY LENTIL & SPRING ONION BURGER (v) WITH HANDCUT CHIPS £8.50
>
> ✳ MIDNIGHT BELL CHEESECAKE WITH LEEDS BREWERY ALE SYRUP £4.50

J'ai tiré et servi mes premières pintes de bière à l'âge de 8 ans : on ne se refait pas !

PETITS SCOTCH EGGS

Bien qu'elle ne soit pas compliquée, cette recette doit se faire par étapes – et ça ne prend pas plus de temps d'en faire trente plutôt que douze. Mangez les *scotch eggs* tant qu'ils sont encore chauds, croustillants et coulants au milieu; si vous voulez les consommer froids, par exemple pour un pique-nique, faites cuire les œufs 1 minute de plus.

- 4 saucisses de Toulouse ou de Cumberland de qualité (environ 300 g)
- ½ cuil. à café de paprika doux
- Les feuilles émincées de 1 brin de romarin et de 1 brin de sauge frais
- 1 noix muscade entière à râper
- Sel et poivre moulu
- 3 poignées de farine
- 2 œufs de poule élevée en plein air, battus en omelette
- 125 g de chapelure blanche
- 12 œufs de caille élevée en plein air
- Huile végétale (environ 2 l)
- 1 pomme de terre nouvelle, pour vérifier la température de l'huile

Portez une bouilloire d'eau à ébullition. Pendant ce temps, ouvrez les saucisses et disposez la chair dans un plat. Assaisonnez avec le paprika, les herbes hachées, un peu de noix muscade râpée, 1 petite pincée de sel et de poivre. Mélangez en écrasant à la fourchette. Préparez 3 bols, un avec la farine, un avec les œufs battus et un avec la chapelure.

Posez délicatement les œufs de caille dans une petite casserole. Versez le contenu de la bouilloire dessus et laissez cuire 2 min, pas plus. Mettez la casserole dans l'évier et faites couler de l'eau froide sur les œufs pendant 2 à 3 min. Tapotez-les, roulez-les et écalez-les. Faites-le sous un robinet d'eau froide, ça facilite la tâche. Au douzième œuf, vous aurez pris le rythme... et on ne vous arrêtera plus!

Une vidéo sur *www.jamieoliver.com/how-to* (*How to assemble scotch eggs*) montre toute la phase d'assemblage, alors regardez-la pour acquérir le tour de main. Prenez un morceau de chair à saucisse de la taille d'une grosse bille et aplatissez-le entre vos paumes jusqu'à ce qu'il fasse environ 6 cm de diamètre. Placez 1 œuf de caille au milieu, farinez vos mains pour qu'elles ne collent pas, puis enveloppez délicatement l'œuf dans la chair à saucisse. Le plus délicat reste à faire : joindre les extrémités, puis presser, modeler, tapoter et tasser doucement la viande autour de l'œuf. Procédez de la même façon avec les 11 œufs restants. Recouvrez-les bien de farine, plongez-les dans l'œuf battu puis roulez-les dans la chapelure. Maintenant, ils risquent moins de s'abîmer, alors n'hésitez pas à bien les mettre en forme. Quand vous avez terminé, réservez-les dans une boîte au réfrigérateur, en attendant de les faire cuire.

Mettez une casserole profonde sur feu moyen à vif et versez-y environ 8 cm d'huile végétale, surtout pas plus! Jetez un morceau de pomme de terre dedans pour vérifier la température – elle est parfaite quand la pomme de terre commence à dorer et à flotter (ou quand l'huile atteint les 180 °C, si vous possédez un thermomètre). Déposez délicatement 1 petit *scotch egg* dans la casserole. Au bout de 4 min environ, il doit être doré et cuit. Sortez-le de la casserole et coupez-le en deux pour vérifier s'il faut le faire cuire un peu plus (ou un peu moins). Une fois que vous maîtrisez le temps de cuisson, faites cuire le reste en deux fois.

Posez les *scotch eggs* sur un plat tapissé de papier absorbant afin d'éponger l'excédent de graisse et servez-les saupoudrés de sel, avec un pot de moutarde et une bière bien fraîche.

CHIPS DE LÉGUMES-RACINES

Je sais bien ce que vous pensez : pourquoi s'embêter à faire ses propres chips quand on peut les acheter déjà faites, aromatisées à différents parfums, dans tous les supermarchés du pays ? Eh bien parce que parfois, ce sont les plats les plus simples qui, quand ils sont bien réalisés, procurent vraiment du plaisir. Je n'en prépare pas très souvent, je les réserve pour les fêtes ou les événements spéciaux. Si vous avez une mandoline dans votre cuisine, vous pourrez les confectionner vite et facilement. Selon moi, tout cuisinier digne de ce nom doit avoir une bonne mandoline – par «bonne», j'entends un modèle qui dure toute la vie et donne des chips plus grosses et plus belles que celles que l'on trouve dans le commerce. Utilisez, si possible, des légumes-racines de différentes couleurs, pour rendre tout cela encore plus festif. Quelle joie d'en présenter un grand plat, avec une bouteille de vinaigre de malt, à une réunion de famille !

POUR BEAUCOUP DE MONDE...

- Huile végétale (environ 2,5 l)
- 1 pomme de terre nouvelle, pour vérifier la température de l'huile
- 3 pommes de terre lavées
- 3 panais lavés, les extrémités coupées
- 4 betteraves lavées, les extrémités coupées
- 3 patates douces lavées
- Sel (ou sel aromatisé)
- Vinaigre de malt, pour servir

Remplissez à moitié une friteuse d'huile végétale et placez-la sur feu vif. Ne la quittez pas des yeux et ne laissez personne courir dans la cuisine – vous le savez, l'huile chaude est hyperdangereuse et peut occasionner de graves brûlures.

Jetez un morceau de pomme de terre dans la friteuse pour évaluer la température ou utilisez un thermomètre. Pendant que l'huile chauffe (elle doit atteindre environ 180 °C), préparez tous les légumes en faisant des tas séparés. Si vous avez une mandoline avec un protège-doigts, taillez – en faisant très attention – les légumes en fines tranches d'environ 1 mm d'épaisseur ; si vous n'avez pas de mandoline, vous pouvez le faire avec un robot de cuisine et un disque éminceur fin.

Quand tout est prêt, déposez avec une écumoire quelques morceaux de légumes dans l'huile et remuez-les délicatement pour éviter qu'ils collent les uns aux autres. Faites cuire environ 3 à 4 min (en fonction de l'épaisseur et du type de légumes que vous utilisez). Les pommes de terre et les patates douces seront prêtes en à peu près 3 min, les panais en environ 3 min 30 et les betteraves en 4 min. Fiez-vous à vos oreilles : si vous entendez croustiller, c'est prêt. Une fois qu'ils sont frits, prélevez les légumes à l'aide de l'écumoire et déposez-les sur un plateau recouvert de papier absorbant. Répétez l'opération jusqu'à ce que tous les légumes soient cuits. Placez-les dans un joli saladier, saupoudrez-les de sel nature ou parfumé et servez avec une bouteille de vinaigre de malt.

Quand l'huile a refroidi, filtrez-la avec une passoire pour retirer tous les petits morceaux et conservez-la dans un pot avec un couvercle en attendant de l'utiliser pour une autre friture.

SCAMPI PANÉS

SAUCE TARTARE MAISON • TRANCHES DE CITRON

Dans les années 1960 et 1970, avant que les pubs se mettent à proposer des tas de recettes différentes et à concevoir leurs propres menus, comme mon père, les corbeilles de scampi étaient un des rares plats que l'on trouvait dans tous les pubs du royaume. C'est un vrai classique, qui me rappelle l'époque où, apprenti cuisinier chez mes parents, je passais mon temps à enrober des crevettes de chapelure. *Scampi fritti* vient de l'italien et signifie «langoustines frites». Aujourd'hui, le nom de ce plat fait davantage référence à la façon de le préparer qu'à son ingrédient de base. Autrefois, on utilisait des crevettes ou des langoustines de la baie de Dublin; toutefois, quand leur prix a commencé à augmenter, les pubs se sont tournés vers des produits moins chers, comme la lotte – jusqu'à ce que leur prix augmente également, etc. Je vous raconte cette histoire pour vous montrer que cette recette s'adapte à presque tous les poissons à chair blanche et ferme ou à tous les crustacés – homards et grosses ou petites crevettes. Pour consommer de manière responsable, vérifiez juste que les crevettes que vous utilisez sont issues d'un circuit de pêche raisonnée.

POUR 4 À 6 PERSONNES (ENVIRON 30 BOUCHÉES)

- Quelques grosses poignées de farine
- 200 g de pain blanc mixé en fine chapelure
- 3 gros œufs de poule élevée en plein air
- Sel et poivre moulu
- Piment de Cayenne
- 1 citron

- 800 g de langoustines ou de crevettes fraîches ou surgelées
- Sauce tartare (voir p. 390 pour une recette maison)
- Huile végétale (2 à 3 l)
- 1 pomme de terre nouvelle, pour vérifier la température de l'huile

Étalez la farine sur une plaque allant au four et versez la chapelure dans une assiette à soupe. Battez les œufs avec du sel, du poivre, 1 pincée de piment de Cayenne et de zeste du citron râpé. Passez les crustacés dans la farine, retournez-les pour les recouvrir complètement et secouez-les afin de faire tomber l'excédent. Plongez les scampi dans les œufs battus puis posez-les sur l'assiette de chapelure. Enrobez-les bien et secouez-les. Personnellement, j'aime travailler avec quelqu'un qui passe les morceaux dans la farine d'une main et dans les œufs de l'autre pendant que je m'occupe de la chapelure. C'est plus propre et plus rapide que de le faire tout seul. Placez les scampi sur une assiette, couvrez et laissez au réfrigérateur jusqu'à la cuisson. Pendant ce temps, préparez la sauce tartare.

Au moment de les cuire, remplissez votre friteuse d'environ 8 cm d'huile végétale et placez-la sur feu vif. Interdisez aux enfants de courir dans la cuisine, l'huile pouvant brûler très gravement. Jetez-y un petit morceau de pomme de terre pour en vérifier la température. Quand il est doré et qu'il flotte, c'est qu'elle est parfaite – environ 180 °C. À l'aide d'une écumoire, déposez la moitié des scampi panés dans l'huile bouillante. Faites cuire 2 à 3 min, jusqu'à ce qu'ils soient dorés. Retirez-les doucement, posez-les sur du papier absorbant et salez-les. Servez simplement avec la sauce tartare, 1 tranche de citron à presser dessus et 1 pincée de piment de Cayenne. J'aime bien présenter les miens dans une feuille de laitue iceberg avec un peu de cresson : l'association de la chaleur et du croustillant des scampi avec la fraîcheur de la salade, le petit goût de moutarde du cresson, c'est parfait! Un bon match de foot, un groupe de copains et une pinte de bière, c'est toute l'Angleterre à votre porte!

Le pub de mes parents, où j'ai vécu pendant seize ans. Un vrai pub gastronomique.

PLOUGHMAN'S LUNCH

Prétendument légendaire, le *ploughman's lunch* a en fait été conçu dans les années 1980 par un petit génie du marketing de l'industrie laitière et fromagère pour vendre plus de fromages. Ce n'est donc pas le plat historique que beaucoup de gens imaginent (quoique, pour les plus jeunes, les années 1980, c'est de l'histoire ancienne!). En fait, le *ploughman's lunch* résume à lui seul le concept du pique-nique. C'est un peu comme ce qu'on mange un 26 décembre, sauf que c'est tous les jours... et que c'est l'idée que je me fais du paradis sur Terre! Ce plat ne révolutionne pas grand-chose, mais il incarne une forme de philosophie qui vous invite à laisser parler votre créativité. Le concept du *ploughman's lunch* nous tient à cœur car c'est vraiment ainsi que nous aimons manger en Grande-Bretagne. Depuis toujours, les gens qui travaillent ont besoin de préparations faciles à transporter, ne s'abîmant pas, tels les jambons salés ou fumés, les tourtes, les pickles et les chutneys. Ajoutez un fruit frais, quelques légumes, du pain croustillant et vous avez là un repas complet très agréable. Quel que soit le pays où vous habitez, à partir du moment où vous associez des ingrédients de qualité, vous ne pouvez que créer quelque chose de bon. Heureusement, la Grande-Bretagne regorge de bons produits – et de bons producteurs. La plupart des *ploughman's lunches* commencent avec de la viande de qualité : cela peut être les restes finement tranchés d'un rôti de bœuf, de la dentelle de jambon sec, une belle petite tranche de toure au porc ou un rouleau à la saucisse. Au tour du fromage maintenant. Alors, vous êtes plutôt cheddar fort? Stilton crémeux? À moins que vous ne préfériez quelques miettes de fromage de chèvre? Ensuite, à vous de choisir quels condiments vont accompagner tout ça : pickles Branston, piccalilli, moutarde, raifort... Et peut-être que, pour finir, vous aurez envie d'un petit pain tendre et croustillant ou de fines tranches de pain de campagne? Quelques fruits ou légumes croquants ne gâcheront rien, bien au contraire, ainsi que des petits oignons au vinaigre ou des cornichons. Regardez la photo ci-contre et laissez votre imagination vous guider. Peu importe l'origine de ce plat, l'important est de continuer à le faire évoluer. Alors pas d'hésitation, lancez-vous!

La ferme cidricole Wilkins

J'ai passé un excellent moment avec Roger Wilkins, propriétaire d'une ferme cidricole à Mudgley, dans le Somerset, que sa famille dirige depuis toujours. Il y produit un cidre exceptionnel. On peut s'y arrêter pour une dégustation, mais aussi pour acheter des produits locaux d'une qualité rare. Je regrette que cette ferme ne soit pas plus près de chez moi. Donc si vous allez à Glastonbury, prévoyez de vous arrêter chez les Wilkins. www.wilkinscider.com

Un cidre artisanal travaillé de l'Ouest de l'Angleterre servi directement au tonneau

TOAD·IN·THE·HOLE
...POUR RHYS & KATIE PENDERGAST

Rhys Pendergast a fait une très belle donation à Help a Capital Child cette année, c'est pourquoi je tiens à lui dédier ce plat; ce sera aussi l'occasion de fêter son mariage avec l'adorable Katie. J'ai ouï dire que le *toad-in-the-hole* de Rhys n'était pas... fameux. (*Sorry*, Rhys! Je ne te dirai pas qui me l'a dit!) Le coup de main d'un professionnel s'impose, et je vais lui livrer mon secret: dans le Yorkshire, j'ai appris comment les gens faisaient leur fameux pudding. Au lieu de préparer la pâte la veille au soir, ils préfèrent l'aérer au maximum et la cuire à température forte et constante dans le four. J'adore ce grand classique britannique, et je n'ai qu'une chose à lui reprocher: on se retrouve souvent avec la moitié d'une saucisse (le *toad*, ou crapaud) pointant la tête hors du *Yorkshire pudding* (le *hole*, ou trou). Cette demi-saucisse est souvent croustillante et dorée – dans le meilleur des cas –, mais celle qui est restée sous la pâte est souvent inconsistante et spongieuse. Donc je sépare les différents éléments de cette recette pour avoir des saucisses croustillantes, un grand *Yorkshire pudding* et une sauce aux oignons et aux pommes afin d'accompagner le tout.

POUR 6 PERSONNES

Pour la pâte
- 3 gros œufs de poule élevée en plein air
- 100 g de farine
- 25 cl de lait demi-écrémé
- Sel

Pour les saucisses et la sauce
- 2 gros oignons pelés
- 3 pommes
- Une grosse noix de beurre
- Huile d'olive
- 4 brins de romarin frais
- 2 cuil. à soupe de miel liquide

- 12 grosses saucisses (de Cumberland, de Toulouse)
- 1 cuil. à soupe bombée de farine
- 25 cl de bon cidre
- 25 cl de bouillon de bœuf bio
- Sauce Worcestershire

Fouettez les œufs, la farine, le lait et 1 pincée de sel dans un saladier puis versez la pâte dans un pichet. Préchauffez le four à 240 °C (th. 8). Coupez les oignons en tranches de 1 cm d'épaisseur ainsi que les pommes, après avoir ôté le cœur. Mettez une grande casserole sur feu moyen. Ajoutez le beurre, un filet d'huile d'olive, les oignons et les pommes. Incorporez les feuilles de 2 brins de romarin. Faites cuire 20 min en remuant de temps en temps, jusqu'à ce que la préparation soit fondante. Retirez alors la casserole du feu et versez le miel – ajoutez un peu d'eau si nécessaire. Placez les saucisses dans un grand plat à rôtir (environ 30 × 40 cm), arrosez-les d'huile d'olive et enfournez pour 20 min.

Disposez les saucisses dans un joli plat allant au four et versez la moitié de la sauce dessus. Couvrez d'une feuille de papier d'aluminium. Jetez la graisse du plat à rôtir, versez-y un filet d'huile d'olive et mettez sur feu moyen. Ajoutez les feuilles de romarin restantes et, au bout de 30 s, versez la pâte. Glissez au milieu du four, avec les saucisses sur la plaque du dessous. Faites cuire 8 à 10 min, jusqu'à ce que le pudding soit moelleux, doré et gonflé. Et n'ouvrez la porte sous aucun prétexte, sinon votre pudding va retomber!

Remettez la casserole contenant la sauce sur feu vif et incorporez la farine. Laissez-la dorer avant d'ajouter le cidre, le bouillon et un trait de sauce Worcestershire. Laissez bouillir et épaissir. Placez la sauce très chaude au milieu de la table. Retirez les saucisses du four et ôtez la feuille de papier d'aluminium, puis posez-les sur la table avec le *Yorkshire pudding*. Ce plat savoureux a besoin d'être rééquilibré, alors servez-le avec des légumes verts et frais comme des haricots plats d'Espagne, de la salade ou des blettes.

Stylish revamp at The Cricketers

The Cricketers at Clavering opened its doors today on a totally refurbished restaurant, increased bar area and more extensive new bar menu.

Alterations began in January but the public house and restaurant were only closed for a few days for completion work.

The Cricketers, is an established part of Clavering village life, aptly named because cricket is played nearby on the village green.

The premises are 400 years old, beamed and brimful of olde worlde character. There are new, larger tables in the bar area for diners who prefer a quick snack such as steak or lasagne or a choice of buffet meals.

Bar snacks are available lunchtimes and in the evenings and their Botham burger is highly recommended.

An added bonus inside is the family room, which has always proved to be popular. Now it covers a larger area where children can gather with their parents for an enjoyable lunchtime snack or evening out.

"The family room has always attracted customers, and we didn't want to lose it," said Sally Oliver, who jointly runs The Cricketers with husband, Trevor.

Anyone who went to The Cricketers prior to the extensive refurbishment will remember the fantastic display of food in the buffet area, with wholemeal rolls and an assortment of crunchy salads. Plentiful helpings of coleslaw and large slices of turkey or roast beef were included in a clear cabinet full of colourful and tasty foods. Now, it's even better.

Feast your eyes on the delights in the new refrigerated cabinets, you won't be disappointed. Have a little or everything, it's far too difficult choosing between the crisp green salad and the colourful bowls of rice salad.

Trevor and Sally Oliver.

Meet the owners

Trevor and Sally Oliver are well-known to local residents and visitors to the area as they have run The Cricketers for the past nine years.

Trevor is experienced in the catering industry, having trained as a chef at the 'A l'ecu de France' restaurant in London. When he heard that the Clavering pub was for sale, he decided to put his energy and catering experience into running his own restaurant and pub.

Both Sally and Trevor take an active interest in the pub and up until last week they were clad in overalls helping with the refurbishment work!

THE CRICKETERS

Christmas 1980.
16th CENTURY ENGLISH INN

Menu For December Evenings. £10·70

Smoked scotch salmon filled with prawns and served with caviar and cucumber salad.
Chilled ogen melon with fresh tangerines and oranges brandy.
Avocado pear filled with prawns and baked with a cheese and mushroom sauce.
Cocktail of scampi, scallops, crab and prawns served with marie rose sauce.
Terrine of chicken liver pâté.
Cream of leek and potato soup.
Smoked mackerel with french bean and mustard salad.
The Cricketers' arbroath smokies.

Prime local venison with a black cherry and port wine sauce.
Tournedos of beef with madeira sauce and pâté de foie gras.
Roast duckling with apricots, red and green capsicums with a brandy and cream sauce.
Poached lemon sole filled with crabmeat with a mushroom and lobster sauce, glazed with parmesan.
Barnsley chop with a sauce of gherkins, mushr, herbs and ham.
Whole baby chicken with garlic, onions, olives, tomatoes and thyme.
Sirloin steak with a red wine, shallot and mushroom sauce.
Veal cutlet with calvados, mushrooms, and apples finished with fresh cream and almonds.

Selection of vegetables. Sweets from the trolley.
Coffee 30p.

The Cricketers

C'est le pub où j'ai grandi. On y accueillait toutes sortes de gens et on y proposait des plats très nourrissants comme des tourtes, des puddings, du pain maison, des rôtis, les sublimes *Yorkshire puddings* de Mavis ou encore des saint-jacques et du homard les jours de pêche. On pouvait y boire des bières locales, de la *pale ale* et de la bière brune, ainsi que cette nouvelle boisson d'avant-garde : l'*Appletiser*. C'est dans ce pub que mon père m'a fait découvrir tous les aspects de mon métier. Alors merci maman et papa, pour tous ces bons moments. Et je tiens à ajouter que j'ai toujours beaucoup aimé servir les clients et les habitués de ce pub.

www.thecricketers.co.uk

FISH PIE DES JOURS HEUREUX

Le *fish pie* est l'une des pierres angulaires de la cuisine traditionnelle britannique, ce qui n'est pas étonnant quand on sait que, même au plus profond de l'arrière-pays, on est à moins de 120 km de la mer. J'ai baptisé cette recette «*fish pie* des jours heureux» parce qu'elle est simple, délicieuse et qu'elle permet d'accommoder même les poissons les moins prisés. Un jour, j'ai eu l'idée de planter une queue de poisson dedans avant de mettre le gratin au four. Comme tout le monde a semblé apprécier, je continue de le faire. Aujourd'hui, on peut acheter du grondin, du lieu noir et du tacaud à des prix abordables : ces poissons ne sont pas aussi renommés que le cabillaud mais convenablement préparés, ils sont aussi délicieux. Si vous préférez du cabillaud ou du haddock, assurez-vous qu'ils ont bien le label MSC, qui garantit une pêche écoresponsable.

POUR 6 À 8 PERSONNES

- 2 gros poireaux
- 2 grosses carottes
- 2 branches de céleri
- 2 noix de beurre
- 2 tranches de bacon fumé de qualité, grossièrement coupées
- Les feuilles finement hachées de 2 brins de romarin frais

- 2 feuilles de laurier fraîches
- Sel et poivre blanc
- 1 kg de pommes de terre de type bintje
- Huile d'olive
- 1 noix muscade entière à râper
- 30 cl de crème fraîche liquide
- 2 cuil. à café de moutarde

- 2 poignées de cheddar doux râpé
- 1 citron
- 1 kg de filets de poissons sans peau ni arêtes (le grondin, le lieu noir, le tacaud et la truite font un excellent mélange)

Nettoyez les poireaux en ôtant les premières feuilles, coupez-les en deux, lavez-les bien et tranchez-les très finement. Coupez grossièrement les carottes et le céleri. Prenez une casserole pas trop haute (environ 20 × 30 cm) et jetez-y une noix de beurre avec le bacon coupé en morceaux. Quand il commence à croustiller et à dorer, ajoutez toutes les herbes et les légumes que vous avez préparés. Assaisonnez, couvrez, baissez un peu le feu et faites cuire environ 15 min en remuant de temps en temps, jusqu'à ce que les légumes soient tendres.

Préchauffez le four à 220 °C (th. 7-8). Pendant que les légumes cuisent, pelez les pommes de terre, coupez-les en gros morceaux de 2 cm de côté et faites-les cuire 12 à 15 min dans de l'eau bouillante salée, jusqu'à ce qu'elles soient tendres. Égouttez-les et laissez la vapeur se dissiper avant de les remettre dans la casserole vide. Écrasez-les avec un filet d'huile d'olive et une belle noix de beurre. Assaisonnez bien et ajoutez un peu de muscade râpée.

Quand les légumes sont cuits, ajoutez la crème et la moutarde puis laissez mijoter quelques secondes. Éteignez le feu et versez la moitié du cheddar râpé dans la casserole. Mélangez, assaisonnez puis ajoutez quelques belles pincées du zeste du citron, ainsi que son jus; mélangez de nouveau. Versez cette préparation dans un plat à gratin. Répartissez-y régulièrement le poisson coupé en morceaux de 2 cm de côté – il doit être complètement enrobé. Parsemez du cheddar restant et couvrez de purée. À l'aide d'une fourchette, tapotez et égalisez la surface en laissant des petits trous. Glissez le plat en haut du four et faites cuire 30 min, jusqu'à ce que la purée soit dorée et croustillante. Servez avec de jolis légumes frais comme des petits pois, des haricots ou des épinards.

P.-S.: si vous voulez préparer ce plat à l'avance, laissez les ingrédients refroidir séparément; assemblez le gratin au dernier moment et enfournez pour 45 min à 180 °C (th. 6).

Les gens paraissent toujours ravis qu'on leur serve du poisson le soir, et les enfants l'adorent aussi.

FONDUE À LA PALE ALE
FROMAGES ARTISANAUX • OIGNON DOUX

J'ai eu l'occasion de déguster toutes sortes de fondues dans ma vie, aux sports d'hiver en Suisse et en France, alors pourquoi ne pas adapter la recette aux fromages du terroir anglais ? Si vous sélectionnez ceux-ci avec soin et utilisez une bonne *pale ale* ou du cidre à la place du vin, vous obtiendrez une fondue délicieuse et originale. Le plus important, c'est de bien combiner les fromages : il faut qu'ils soient très parfumés et très fondants. Selon ceux que vous choisirez, votre préparation sera un peu plus rustique, moins lisse... mais ce n'est pas un problème. Si vous avez des invités, je vous conseille de préparer deux plats de fondue, en y mettant des fromages, des épices et des alcools différents. Posez-les ensemble sur la table et faites des essais comparatifs. C'est convivial et toujours très joyeux !

POUR 8 PERSONNES

- ½ oignon blanc pelé
- Huile d'olive
- 1 cuil. à soupe de feuilles de thym

- 10 cl de *pale ale* onctueuse de bonne qualité
- 200 g de cheddar (ou de mimolette) de qualité, râpé

- 200 g de cheshire (ou de cantal) ou de red leicester (ou d'édam) de qualité, râpé
- 2 cuil. à soupe de crème liquide

Mettez une grande casserole sur feu moyen et remplissez-la au tiers d'eau bouillante. Prenez un saladier résistant à la chaleur et vérifiez qu'en le posant sur la casserole, il ne touchera pas l'eau. Mettez-le de côté, vous en aurez besoin un peu plus tard. Râpez l'oignon très soigneusement avec une râpe multifonction. Mettez une petite casserole sur feu moyen, versez-y un bon filet d'huile d'olive, les feuilles de thym et l'oignon râpé. Baissez le feu et faites cuire environ 15 min en remuant de temps en temps, jusqu'à ce que l'oignon soit tendre mais pas coloré.

Versez la bière sur l'oignon et laissez mijoter encore 5 min, puis transvasez dans le saladier, que vous pouvez enfin poser sur la casserole d'eau frémissante. Incorporez tous les fromages râpés et mélangez doucement : pour que la préparation soit très crémeuse, il faut les faire fondre le plus lentement possible. Ajoutez la crème et remuez de temps en temps, jusqu'à ce que les fromages soient bien fondus.

Pendant que le fromage fond, préparez, lavez et coupez tout ce que vous comptez proposer avec ce plat (inspirez-vous des listes ci-dessous, ou laissez libre cours à votre imagination). En général, je pose la fondue sur la table en la laissant sur la casserole d'eau, pour qu'elle garde sa chaleur et sa texture plus longtemps.

JEUNES CAROTTES
FEUILLES DE LAITUE CROQUANTES
BÂTONNETS DE CÉLERI
PETITS RADIS
MORCEAUX DE POMME OU DE POIRE
BÂTONS DE CONCOMBRE

POINTES D'ASPERGE
POMMES DE TERRE NOUVELLES BOUILLIES
OU RÔTIES
TRANCHES CROUSTILLANTES DE BACON FUMÉ
NOIX
MOUILLETTES DE PAIN

BÂTONNETS DE PORC CROUSTILLANTS
SAUCE AUX POMMES ET AUX POIRES • PINTE DE BIÈRE

Franchement, j'ignore comment un plat aussi facile à faire et bon marché a pu devenir si populaire, susceptible de rivaliser avec la haute gastronomie... Mais c'est ainsi, et je suis bien placé pour dire que les Britanniques adorent ça. Ayant passé mon enfance dans un pub, je peux vous garantir que rien ne rend les gens plus heureux qu'un petit bol de bâtonnets de porc dorés et croustillants servi avec une pinte de bonne bière – ajoutez à cela quelques bons copains, une conversation un peu grivoise, et c'est le bonheur! Vous devriez pouvoir vous procurer facilement de la peau de porc chez votre boucher – si vous le lui demandez gentiment, il vous la coupera peut-être même en fines tranches. Ces bâtonnets sont de parfaits amuse-gueules pour les fêtes. Je préfère faire la sauce aux pommes et aux poires en hiver, mais elle est aussi très bonne à la fin de l'été et à l'automne, à la saison des poires.

POUR 20 À 25 PIÈCES

Pour les bâtonnets de porc
- 1 kg de peau de porc élevé en plein air
- Huile d'olive
- 1 cuil. à café de poivre blanc moulu
- 1 poignée de graines de fenouil
- Sel

Pour la sauce
- 500 g de pommes et de poires
- Une noix de beurre
- 3 cuil. à soupe de sucre blanc
- 4 brins de romarin frais
- Le zeste de ½ citron
- Un trait de bière

Préchauffez le four à environ 240 °C (th. 8). À l'aide d'un couteau très pointu ou d'un cutter avec une lame propre, coupez la peau de porc en tranches de 1,5 cm de large. Arrosez-les d'un peu d'huile d'olive puis parsemez de poivre blanc, de graines de fenouil et de quelques pincées de sel. Frottez les tranches pour bien faire pénétrer l'assaisonnement. Disposez la peau dans le plus grand plat à rôtir que vous ayez, sur une seule couche. Enfournez pour 30 à 35 min, jusqu'à ce qu'elle soit dorée et gonflée. L'aspect des bâtonnets varie en fonction du taux d'humidité de la peau, alors surveillez la cuisson et laissez-les cuire un peu plus longtemps si nécessaire.

Quand vos bâtonnets commencent à croustiller, pelez et coupez en quatre les pommes et les poires. Retirez soigneusement les cœurs et jetez-les, puis taillez les fruits grossièrement en morceaux de 2 cm de côté. Placez-les dans une casserole de taille moyenne, avec une noix de beurre, le sucre, le romarin, le zeste de citron et un trait de bière. Faites cuire à couvert sur feu moyen à vif, jusqu'à ce que la préparation soit bien épaisse, en remuant de temps en temps. Goûtez – il faudra peut-être ajouter du sucre, mais n'oubliez pas que ce n'est pas une garniture de crumble! La sauce doit au contraire être légèrement acide, pour trancher avec la richesse du porc.

Au bout d'environ 20 min, les fruits devraient être bien cuits : écrasez-les jusqu'à obtention d'une compote lisse, sans oublier auparavant de retirer les brins de romarin. Mélangez bien, versez dans un bol et servez avec les bâtonnets de porc et une pinte de bière. S'il reste de la sauce, mettez-la dans un pot à confiture propre et consommez-la dans la semaine, avec du jambon blanc ou du fromage.

GRANDS CLASSIQUES

CLASSIQUES

REVISITES

La cuisine britannique actuelle est riche en parfums, en influences et en ingrédients venus des quatre coins du monde. Tout au long de notre histoire, des armées étrangères, des visiteurs et des immigrants ont emmené avec eux des techniques et des saveurs nouvelles. Et, à l'image des pies voleuses, les anciens colons britanniques ont exploré et ramené chez nous des épices extraordinaires et des plats somptueux. Au fil du temps, nous avons appris à les aimer et à les préparer. À tel point que nous avons même fini par nous les approprier. Les plats de ce chapitre sont un clin d'œil à cette diversité : j'espère qu'ils vous inspireront et vous feront découvrir la cuisine moderne de mon beau pays. Vous y trouverez notamment une version revisitée du génial *haggis* écossais, ainsi qu'une de mes recettes préférées de ce livre : le poulet rôti empire, à mi-chemin entre le poulet rôti classique et un plat indien. C'est vite devenu l'un des nouveaux grands classiques de ma famille.

POULET RÔTI EMPIRE

POMMES DE TERRE ÉPICÉES • FABULEUSE SAUCE INDIENNE

POUR 4 À 6 PERSONNES

Pour le poulet et la marinade
- 1 poulet de 1,4 kg élevé en plein air
- 1 cuil. à soupe bombée de chaque ingrédient pressé : ail, gingembre et piment rouge
- 1 cuil. à soupe bombée de concentré de tomate
- 1 cuil. à café bombée de chaque épice suivante : coriandre en poudre, curcuma, garam masala et cumin en poudre
- 2 cuil. à café bombées de yaourt nature
- 2 citrons
- 2 cuil. à café rases de sel

Pour la sauce
- 3 petits oignons rouges pelés
- 1 bâton de cannelle
- 10 clous de girofle
- 3 cuil. à soupe de vinaigre de vin blanc
- 3 cuil. à soupe de sauce Worcestershire
- 3 cuil. à soupe rases de farine
- 50 cl de bouillon de poulet bio
- Yaourt nature

Pour les pommes de terre épicées
- 800 g de pommes de terre nouvelles
- 1 citron
- 2 ou 3 cuil. à soupe d'huile d'olive
- Une noix de beurre
- 1 cuil. à café bombée de chaque épice : graines de moutarde noire, cumin, garam masala et curcuma
- 1 tête d'ail
- 1 piment rouge frais égrainé et émincé
- 2 tomates grossièrement coupées
- 1 petit bouquet de coriandre
- Sel et poivre moulu

Si vous demandez à un Britannique quels sont ses deux plats préférés, je suis prêt à parier qu'il répondra : «Le poulet rôti de ma mère et un curry.» Voici donc le poulet rôti empire, une combinaison de ces deux plats. Je l'adore. Ma famille l'adore. Vous l'adorerez.

Entaillez les cuisses du poulet à plusieurs endroits, jusqu'à l'os. Mettez tous les ingrédients de la marinade dans un plat à rôtir un peu plus grand que le poulet et mélangez bien. Enfilez une paire de gants en caoutchouc propres pour frotter soigneusement l'extérieur et l'intérieur du poulet avec la marinade. Ne lésinez pas! Dans l'idéal, laissez mariner 1 nuit au réfrigérateur.

Préchauffez le four à 200 °C (th. 6-7) et installez les grilles sur deux niveaux : il faut que le plat de sauce soit dans le bas du four, le poulet juste au-dessus, sur une grille, et les pommes de terre tout en haut. Coupez les plus grosses pommes de terre en deux et faites-les cuire 15 à 20 min dans une grande casserole d'eau bouillante salée, avec 1 citron entier. Égouttez-les et laissez la vapeur se dissiper. Entaillez le citron à plusieurs endroits avec un couteau pointu et glissez-le à l'intérieur du poulet. Posez ce dernier sur une assiette.

Coupez grossièrement les oignons et mettez-les dans un plat à rôtir, avec le bâton de cannelle, les clous de girofle, le vinaigre et la sauce Worcestershire, puis incorporez la farine en fouettant. Arrosez de bouillon avant de glisser le plat dans le bas du four. Posez le poulet sur la grille du milieu. Faites cuire 1 h 20.

Mettez un autre plat à rôtir sur feu moyen et ajoutez l'huile d'olive, une noix de beurre, les graines de moutarde et de cumin, le garam masala et le curcuma. Faites vite, car si la matière grasse chauffe trop rapidement, les graines de moutarde éclatent. Coupez 1 tête d'ail en deux et mettez-la directement dans le plat, avec les morceaux de piment et de tomate. Ajoutez les pommes de terre égouttées, mélangez, salez et poivrez. Ciselez les tiges de coriandre et parsemez-en le plat – réservez les feuilles dans un bol d'eau. Quand le poulet a cuit 40 min, enfournez les pommes de terre.

Lorsque le poulet est cuit, posez-le sur une planche et enlevez soigneusement les parties un peu trop brûlées, pour que ne subsiste que la peau bien dorée. Filtrez la sauce à travers une passoire à gros trous, directement au-dessus d'une casserole; incorporez en fouettant tous les petits morceaux gras et croustillants qui sont restés au fond du plat. Portez à ébullition et, selon votre goût, faites épaissir la sauce ou, au contraire, diluez-la avec de l'eau. Versez-la dans une saucière et ajoutez un peu de yaourt. Sortez les pommes de terre du four et mettez-les dans un joli plat. Servez le poulet sur une planche, à côté des pommes de terre rôties et de la sauce chaude. Parsemez tous les plats des feuilles de coriandre réservées et servez avec les condiments de votre choix. Oubliez tout, car vous êtes sur le point de voir la vie sous un autre jour!

Rien n'aurait pu nous arrêter ! Les copains et moi avons fait un sort à ce poulet épiné !

VINDALOO DE LÉGUMES GRILLÉS
BROCHETTES DE POULET SERPENTINES

POUR 6 À 8 PERSONNES

Pour la pâte de curry
- 1 tête d'ail entière, gousses séparées et pelées
- 1 cuil. à soupe bombée de safran des Indes
- 1 cuil. à soupe bombée de garam masala
- 2 grosses cuil. à soupe de raisins secs
- 1 cuil. à soupe rase de cumin
- 1 cuil. à café de graines de fenouil
- 2 piments rouges secs
- 1 botte de coriandre fraîche
- 1 oignon rouge pelé et grossièrement haché
- 20 cl de vinaigre blanc
- 2 cuil. à soupe de sauce Worcestershire
- 2 cuil. à soupe d'huile de colza ou d'olive
- 1 cuil. à soupe rase de sel

Pour les brochettes de poulet
- 4 blancs de poulet fermier de 150 g chacun
- Huile de colza ou d'olive
- 1 citron

Pour le curry de légumes
- 1 kg de grosses tomates mûres
- Sel et poivre du moulin
- 1 brocoli détaillé en bouquets (tige effeuillée et coupée en rondelles)
- 3 oignons rouges pelés et coupés en rondelles
- 400 g de pois chiches en boîte
- 50 cl de bouillon de poule ou de légumes bio
- 500 g de petits pois, de haricots verts et de maïs en grains
- 200 g de pousses d'épinard
- Yaourt nature, pour servir
- 1 piment rouge frais épépiné et émincé

En cuisinant avec des membres de la communauté de Goa à Leeds, une ville du Nord de l'Angleterre, j'ai été surpris d'apprendre que le *vindaloo*, ce curry célèbre dans tout le Royaume-Uni, nous vient de Goa, mais qu'il possède aussi des origines européennes. Cette région indienne a en effet été contrôlée pendant plusieurs siècles par les Portugais. Ce sont ces derniers qui ont introduit le vinaigre à Goa – et c'est ainsi que le préfixe *vin* (pour «vinaigre») fut ajouté dans *vindaloo* (*loo* désignant l'ail). Cette recette constitue un délicieux curry végétarien, que vous pouvez accompagner d'un bon plat de viande, des brochettes de poulet par exemple, comme je vous le suggère ici. C'est une excellente idée pour une soirée, tous les convives y trouvant leur compte!

Préchauffez le four à 200 °C (th. 6-7). Mettez les ingrédients de la pâte (sauf les feuilles de la coriandre) dans un robot et mixez jusqu'à obtention d'un mélange onctueux. Versez la pâte dans un petit saladier. Hachez grossièrement les tomates et placez-les dans le robot. Assaisonnez-les et mixez; réservez. Mettez le brocoli, les oignons rouges et la moitié de la pâte de curry dans une sauteuse allant au four. Mélangez bien, ajoutez 60 cl d'eau et enfournez pour 40 min. Au bout de 20 min, mélangez, puis poursuivez la cuisson. Pendant ce temps, coupez les blancs de poulet en lanières de 10 cm environ. Mettez-les dans un saladier, ajoutez la pâte de curry restante et mélangez bien le tout. Couvrez et laissez mariner au réfrigérateur.

Après 40 min de cuisson, retirez la sauteuse du four. Égouttez les pois chiches et incorporez-les, avec le bouillon et les tomates mixées. Laissez mijoter 30 min à feu moyen, jusqu'à obtention de la consistance souhaitée. Pendant ce temps, préchauffez une grande poêle sur feu vif. Enfilez les lanières de poulet sur 6 à 8 brochettes en métal ou en bois. Arrosez avec un peu d'huile, assaisonnez et laissez cuire 10 à 12 min, en retournant régulièrement, jusqu'à ce que le poulet soit saisi, cuit à cœur et bien chaud. Arrosez de jus de citron et secouez la poêle énergiquement pour déglacer les sucs de cuisson pendant 30 s – cela permet de libérer tous les parfums. Réservez dans un plat de service.

Remuez doucement le curry à l'aide d'une fourchette, en écrasant quelques morceaux pour épaissir la préparation. Ajoutez les légumes les plus délicats (petits pois, haricots verts, maïs et épinards) et laissez-les cuire 3 min. Goûtez et rectifiez l'assaisonnement. Incorporez quelques cuillerées de yaourt, parsemez de feuilles de coriandre et de piment frais (en ce qui concerne le piment, plus vous laisserez de pépins, plus le plat sera relevé). Servez immédiatement, avec du riz blanc et les brochettes de poulet – ou tout autre accompagnement de votre choix.

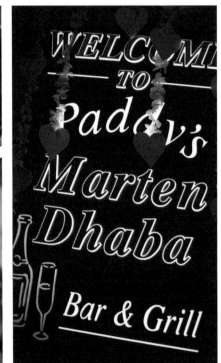

WELCOME TO Paddy's Marten Dhaba

Bar & Grill

JU-LEES
SPECIALISTS IN ASIAN GREENGROCERY

Paddy's Marten Dhaba Bar & Grill

Le Paddy's Marten Dhaba Bar & Grill est un excellent restaurant indien installé dans les locaux d'un ancien pub anglais. J'adore la variété de ses menus qui, au palais, évoquent de nombreuses régions d'Inde comme le Gujerat, le Pendjab et le Kerala. La communauté indienne est établie au Royaume-Uni depuis si longtemps que les Britanniques sont capables de différencier presque toutes les variantes régionales de sa cuisine. Cet établissement se trouve à Leicester, où vivent de nombreuses communautés d'origine étrangère. Pourquoi «Paddy's»? Parce qu'à l'ouverture, les gens n'arrivaient pas à prononcer «Pradip», le nom du père de l'actuel restaurateur, qui s'est donc fait appeler «Paddy»! Aujourd'hui, Pradip est aidé par ses fils Rajiv et Ravi, sous l'égide d'Anita, leur mère, une forte personnalité en charge des cuisines. C'est un très bel endroit.

POUR 4 À 6 PERSONNES

- 8 belles cuisses de poulet fermier
- 1 cuil. à soupe bombée de garam masala
- 1 cuil. à café rase de graines de cumin
- 1 cuil. à café rase de safran des Indes
- ½ cuil. à café de piment en poudre
- Huile d'olive
- Sel et poivre du moulin
- 4 gousses d'ail pelées
- 1 tronçon de 5 cm de gingembre épluché
- 1 citron
- 150 g de noix de cajou ou d'amandes
- 2 grosses cuil. à soupe de graines de sésame
- ½ ananas bien mûr épluché et évidé
- ½ concombre évidé
- 6 oignons nouveaux épluchés
- 1 piment rouge frais
- 250 g de yaourt nature
- 2 citrons verts
- 1 petite botte de coriandre fraîche

Juin 2012 marque la soixantième année de règne de la reine Élisabeth et son quatre-vingt-sixième anniversaire. La recette portant le nom de «poulet du couronnement», créée, comme son nom l'indique, à l'occasion de son couronnement en 1953, est sans aucun doute une version revue et corrigée du poulet du jubilé, imaginé pour le jubilé d'argent du roi George V, en 1935. Le fameux poulet du couronnement est servi avec de la salade ou en garniture de sandwichs proposés dans les restaurants, les cafés et les supermarchés britanniques. Mais malheureusement, de nos jours, cette spécialité est souvent mal cuisinée et assez décevante... Alors laissez-moi vous présenter la recette du poulet du jubilé de diamant! Le croustillant de ce poulet bien tendre est mis en valeur par la subtilité des épices, le parfum d'un fruit bien mûr, des herbes fraîches et du citron – à événement exceptionnel, recette exceptionnelle! Je lui proposerai ce plat royal lorsque sonnera l'heure du jubilé (en modérant probablement la dose de piment!).

Préchauffez le four à 190 °C (th. 6-7). Placez les cuisses de poulet et les épices dans un saladier, arrosez d'huile d'olive; salez, poivrez. Ajoutez l'ail et le gingembre râpés, puis le jus du citron. Mélangez le tout avec les mains, pour bien imprégner la volaille. Disposez-la ensuite dans un plat à gratin, en une seule couche, la peau sur le dessus. Faites cuire 50 min en haut du four, jusqu'à ce que la chair se détache facilement des os.

Une fois le poulet cuit, retirez la peau et placez-la dans un autre plat. Parsemez-la de noix de cajou, ou d'amandes, et de graines de sésame. Enfournez pour 10 min, jusqu'à ce que la peau soit croustillante et que les noix de cajou ou les amandes et les graines de sésame soient dorées – veillez à ce qu'elles ne brûlent pas! Au besoin, utilisez un minuteur. Laissez refroidir. Pendant ce temps, coupez l'ananas et le concombre en cubes de 1 cm de côté, puis présentez-les sur un joli plat de service. Émincez les oignons nouveaux et le piment; disposez-les sur le plat, en réservant un peu de piment pour la décoration.

Avec une cuillère, dégraissez au maximum le jus de cuisson du poulet. Émiettez ce dernier à l'aide de deux fourchettes, en jetant les os et les morceaux de cartilage. Disposez la viande sur le plat de service.

Versez les trois quarts du yaourt et le jus des deux citrons verts dans le plat de cuisson; ajoutez les tiges de coriandre émincées (mais conservez les feuilles). Mélangez le tout délicatement, goûtez et rectifiez l'assaisonnement.

Arrosez le plat de sauce et mélangez bien. Nettoyez le contour du plat si nécessaire, puis parsemez-le de peau de poulet grillée, de noix de cajou ou d'amandes et de graines de sésame grillées, de feuilles de coriandre et de piment rouge. Arrosez avec le reste du yaourt et servez.

La communauté yéménite du pays de Galles

Cela faisait longtemps que je ne m'étais pas autant régalé que chez les Yéménites d'une communauté de Butetown à Cardiff. À la fin du XIXᵉ siècle, des bateaux à vapeur britanniques faisaient escale dans des ports comme Aden, au Yémen. Les Yéménites étaient des hommes forts et résistants qui chargeaient le charbon sur les embarcations en partance pour Cardiff. Nombre d'entre eux entreprirent la traversée et restèrent au pays de Galles. Ils furent à l'origine de l'implantation de la communauté yéménite au Royaume-Uni. Leur cuisine, essentiellement concoctée par les femmes, est subtile et réconfortante. La culture yéménite ne connaît pas les restaurants, et tout s'invente à la maison. En compagnie de ces femmes lumineuses, j'ai ressenti un bonheur et une joie de vivre qui m'ont beaucoup inspiré. La Grande-Bretagne accueille une communauté yéménite méconnue, qui nous permet pourtant de découvrir la culture de son pays sous un angle bien plus enrichissant que les clichés qui nous sont d'ordinaire livrés.

EN-CAS À GRIGNOTER • AMANDES ET PISTACHES TOASTÉES

POUR 4 PERSONNES

Pour la viande et la marinade
- 1 grosse cuil. à café de graines de coriandre
- 1 cuil. à café rase de graines de cumin
- 1 grosse pincée de safran des Indes
- 2 piments oiseau, sans les tiges, coupés en fines rondelles
- 2 gousses d'ail pelées et coupées en fines rondelles
- Sel et poivre du moulin
- Huile d'olive
- 8 côtelettes d'agneau longues et fines, gras entaillé

Pour les fruits à coque aux épices
- 50 g de pistaches décortiquées
- 50 g d'amandes mondées
- 1 cuil. à soupe de graines de sésame
- 1 pincée de cumin moulu

Pour le concombre
- ½ concombre
- 1 poignée de feuilles de menthe fraîches
- 100 g de yaourt nature
- ½ citron

Pour la sauce à la tomate
- 2 belles tomates mûres
- 1 piment rouge frais
- ½ citron
- Quelques tiges de coriandre fraîches
- Un peu de feta, à parsemer

Cette idée de recette m'est venue au pays de Galles, qui produit les plus beaux agneaux du monde. Demandez à votre boucher de vous servir des côtelettes très longues pour pouvoir grignoter les os sans complexe, à la manière du célèbre capitaine Caverne! Laissez la viande mariner une nuit entière, afin qu'elle s'imprègne des subtils parfums de la gastronomie yéménite, l'une des meilleures cuisines qu'il m'ait été donné de savourer.

Dans un mortier, pilez les épices de la marinade, les piments et l'ail. Ajoutez 1 grosse pincée de sel et de poivre. Versez un peu d'huile d'olive jusqu'à obtention d'une pâte homogène. Disposez les côtelettes dans un plat à gratin et enduisez-les de cette préparation. Recouvrez-les de film alimentaire et laissez-les mariner au réfrigérateur.

Maintenant, préparez les *dips*, ces sauces et autres spécialités dans lesquelles on trempe les en-cas. Mettez les pistaches, les amandes, les graines de sésame, le cumin et 1 pincée de sel dans une poêle, puis faites-les toaster quelques minutes, en remuant de temps en temps. Lorsque l'ensemble est légèrement doré, pilez-le dans un mortier, de manière à obtenir une poudre grossière et croustillante. Versez-la dans un premier bol. Râpez grossièrement le concombre et faites-le dégorger pour le débarrasser de son eau. Ciselez la menthe et mettez-la dans un deuxième bol, avec le concombre, le yaourt, 1 grosse pincée de sel et de poivre, ainsi que 1 cuil. à café de jus de citron. Mélangez bien.

Coupez les tomates en deux et râpez-les avec le côté fin de la râpe, de manière à obtenir une sorte de purée. Retirez la peau du piment puis râpez-en finement la moitié. Salez, poivrez, ajoutez un peu de jus de citron, parsemez de feuilles de coriandre et émiettez un peu de feta. Goûtez et rectifiez l'assaisonnement. Versez le tout dans un troisième bol.

Faites cuire les côtelettes d'agneau 4 min de chaque côté dans une poêle-gril, à feu vif – laissez-les 1 ou 2 min sur la partie grasse, pour les rendre bien croustillantes. Lorsqu'elles sont bien dorées et qu'elles se mettent à grésiller, elles sont cuites à point. Disposez-les sur une planche et invitez vos convives à les tremper dans les petits bols de sauce, puis de mélange croustillant.

HAGGIS À L'ANGLAISE
NEEPS AND TATTIES FAÇON *SHEPHERD'S PIE*

POUR 16 PERSONNES

- 3 oignons de taille moyenne pelés et coupés en quatre
- 3 branches de céleri épluchées et grossièrement hachées
- 3 tranches de bacon ou de lard fumé
- 8 brins de thym frais effeuillés
- Huile d'olive
- 3 grosses cuil. à café de piment de la Jamaïque
- 3 bonnes cuil. à café de poivre du moulin
- 1 cuil. à café rase de clous de girofle moulus
- Sel
- 1 noix muscade
- 500 g de collier de bœuf
- 500 g d'épaule d'agneau ou de mouton
- 1 cœur de porc ou d'agneau
- 250 g de rognons d'agneau
- 250 g de foies de poulet
- 10 feuilles de laurier
- 1,5 l de bouillon de bœuf, bio de préférence
- 500 g de flocons d'avoine
- 5 cl de whisky
- 1 citron
- 1 orange
- 2 cuil. à soupe de sauce Worcestershire

Le *haggis* (panse de brebis farcie) est un plat traditionnel écossais fabuleux. Il en existe de nombreuses variantes, mais il se compose généralement d'abats de mouton, de graisse de rognons de mouton, d'avoine, d'oignons et d'épices enfermés dans de la panse de mouton. Traditionnellement, le *haggis* est accompagné d'une purée de pommes de terre et de rutabagas (*neeps and tatties*). La recette qui suit s'inspire d'une variante particulièrement savoureuse que j'ai goûtée à l'Ubiquitous Chip, à Glasgow. C'est là que j'ai eu l'idée de mettre au point un plat susceptible d'être réalisé partout dans le monde. Ma recette respecte l'âme du *haggis*... au point que mon ami Peter Begg, Écossais à 200 %, m'a avoué qu'il s'agissait du meilleur *haggis* qu'il ait jamais dégusté! Ce jour-là, il a vraiment fait un heureux!

Mettez les oignons, le céleri, le bacon et les feuilles de thym dans un robot et hachez finement le tout. Placez une grande sauteuse (25 cm de diamètre environ) sur feu moyen et versez-y une généreuse rasade d'huile d'olive. Ajoutez le piment de la Jamaïque, le poivre, les clous de girofle moulus, 1 pincée de sel et la noix muscade râpée. Mélangez pendant quelques minutes, jusqu'à ce que les arômes se mêlent, puis versez-y le contenu du bol du robot. Laissez cuire en remuant de temps en temps, jusqu'à ce que les légumes soient légèrement fondants.

Coupez le collier de bœuf en tronçons de 2 cm et mettez-les dans le robot. Hachez bien le tout. Ajoutez cette viande dans la sauteuse. Répétez l'opération avec la viande d'agneau ou de mouton et avec le cœur de porc ou de mouton – retirez toutefois les morceaux tendineux. Coupez les rognons en deux, passez-les rapidement sous l'eau, ainsi que les foies de poulet. Égouttez-les puis mettez-les dans le robot. Donnez un ou deux tours de lame, mais ne les réduisez surtout pas en purée. Jetez le tout dans la sauteuse et faites cuire 15 min en remuant régulièrement, jusqu'à ce que la viande se colore légèrement. Ajoutez les feuilles de laurier et 50 cl de bouillon ou d'eau. Couvrez puis laissez mijoter 2 h à feu doux, en mélangeant de temps en temps pour détacher les morceaux. N'hésitez pas à ajouter un peu d'eau si nécessaire.

Préchauffez le four à 180 °C (th. 6). En fin de cuisson, prélevez quelques louchées du *haggis* (en évitant les feuilles de laurier) et déposez-les dans le robot préalablement nettoyé. Mixez jusqu'à obtention d'une pâte homogène. Remettez le mélange dans le *haggis* pour lui donner une consistance onctueuse. Parsemez un plat allant au four de flocons d'avoine et laissez-les toaster 25 min au four. Incorporez-les dans le *haggis*, versez le bouillon restant. Laissez mijoter 30 à 35 min à découvert. Pendant ce temps, préparez le *neeps and tatties* (voir page 334).

En fin de cuisson, retirez les feuilles de laurier et poursuivez la cuisson jusqu'à obtention de la consistance souhaitée. Éteignez le feu et rectifiez l'assaisonnement. Versez le whisky, ajoutez quelques morceaux de zeste de citron et d'orange, et la sauce Worcestershire. Couvrez jusqu'au moment de servir. Dégustez entre amis, avec un ou deux petits verres d'un excellent whisky écossais.

P.-S. : disposez les restes de *haggis* dans un plat en terre cuite, recouvrez de *neeps and tatties* ; voilà un succulent *shepherd's pie* !

Superbe Bristol

Bristol est une ville multiculturelle située au cœur d'une magnifique région. Là, je suis dans le ciel, dans un panier qui semble voler par l'opération du Saint-Esprit... (Bristol est l'un des plus grands centres de montgolfières du monde.) Le port de Bristol était autrefois l'un des plus actifs d'Europe, et une importante plate-forme du commerce triangulaire. Cette époque a laissé des ingrédients venus enrichir notre cuisine, dont le piment scotch bonnet, originaire des Caraïbes. Très fort, il est essentiel dans la sauce jerk.

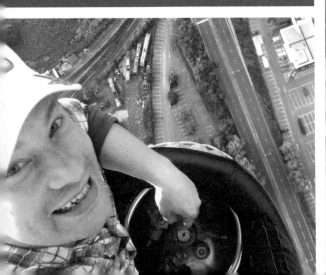

PORC DE BRISTOL À LA SAUCE JERK
COUENNE CROUSTILLANTE • SAUCE DU VERGER

Une épaule de porc rôtie fait toujours l'unanimité et est du plus bel effet, même si c'est en réalité un plat très basique. On peut la servir avec des pommes de terre au four et la sauce du verger de la page 380, mais j'adore la présenter dépiautée et assaisonnée à la sauce jerk : un pur délice! Les saveurs de la Jamaïque et de la Grande-Bretagne se marient à merveille – d'ailleurs, les puddings, les sirops et le vin chaud que les Britanniques affectionnent tant utilisent de nombreuses épices que l'on retrouve dans la sauce jerk jamaïcaine. Voici donc ma version du porc à la sauce jerk. Je l'adore!

POUR 12 PERSONNES (AVEC DES PETITS RESTES!)

- 5 kg d'épaule de porc élevé en plein air, avec la peau et les os
- Sel et poivre du moulin
- 1 grosse pincée de romarin et de thym séchés
- 1 noix muscade
- Huile d'olive
- 1 l de cidre de bonne qualité

Pour la sauce jerk
- 1 ou 2 piments scotch bonnet
- 2 bottes d'oignons nouveaux, épluchés
- 1 cuil. à café rase de cannelle moulue
- 1 cuil. à café de clous de girofle moulus
- 2 cuil. à café rases de piment de la Jamaïque moulu

- Le jus de 3 citrons verts
- 1 tronçon de gingembre de 5 cm épluché
- Quelques feuilles de laurier fraîches
- 2 gousses d'ail pelées
- 1 à 2 cuil. à soupe de miel
- Huile d'olive
- 1 beau bouquet de coriandre fraîche

Préchauffez le four à 240 °C (th. 8). À l'aide d'un couteau bien aiguisé, entaillez délicatement la peau et le gras de l'épaule en formant des zigzags de 1 cm de profondeur. Salez généreusement, poivrez, parsemez de romarin et de thym séchés, ainsi que d'un peu de noix muscade. Arrosez d'un filet d'huile d'olive. Frottez bien la viande – ainsi que les incisions – pour l'imprégner de ces parfums. Placez-la, peau sur le dessus, dans un grand plat allant au four. Versez-y 50 cl de cidre et enfournez pour 30 min. Le gras va se craqueler doucement. Ensuite, baissez la température à 130 °C (th. 4-5).

Au bout de 1 h, versez le cidre restant. Poursuivez la cuisson pendant 6 à 7 h, jusqu'à ce que la viande se détache facilement. (En milieu de cuisson, recouvrez avec une double épaisseur de papier d'aluminium.)

Une fois la viande parfaitement cuite, disposez-la sur une grande planche ou sur un plat de service. Prélevez délicatement la graisse du plat de cuisson et placez-la dans un bocal : vous pourrez l'utiliser un peu plus tard pour préparer de succulentes pommes de terre sautées. Laissez le jus de cuisson dans le plat – délicatement parfumé, il servira de base à la sauce. Mixez les piments scotch bonnet, les oignons nouveaux, les épices, le jus de citron vert, le gingembre, le laurier, l'ail, un peu de miel et d'huile d'olive jusqu'à obtention d'une consistance homogène. Mélangez cette préparation avec le jus de viande. Goûtez et rectifiez l'assaisonnement : ce plat doit avoir du caractère et de la personnalité. Versez la sauce dans un plat de service. Détachez la couenne grillée de la viande, en ôtant les morceaux de gras gélatineux entre la chair et la peau. Ensuite, dépiautez la viande à l'aide de deux fourchettes. Mettez-la dans la sauce et mélangez énergiquement. Parsemez de feuilles de coriandre et disposez les zigzags de couenne grillée sur la viande. Servez accompagné de sauce du verger. C'est vraiment trop bon!

Rice & Things

Rice & Things, à Bristol, est tenu par un homme génial, Chef Neufville. Les ingrédients y sont d'excellente qualité, les épices sublimes... Chef a débarqué en Angleterre avec sa force de travail comme seule richesse, a monté sa petite affaire et a réussi. Il a pu acheter son restaurant et même un bout de terrain dans sa Jamaïque natale! C'est le genre de personnages que j'admire. Il est si passionné qu'il transmet une énergie positive dans ses plats.

www.riceandthings.co.uk

MIGRATION

IS NOT A CRIME

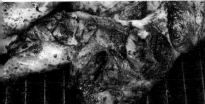

L'équipe de Rice & Things et moi : ce restaurant est vraiment incroyable !

L'heure du THÉ

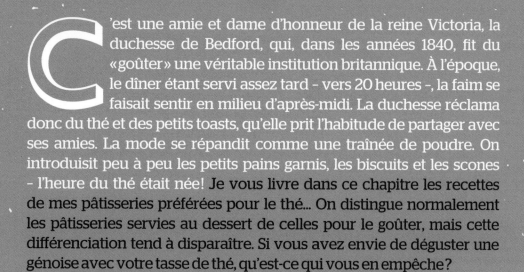

C'est une amie et dame d'honneur de la reine Victoria, la duchesse de Bedford, qui, dans les années 1840, fit du «goûter» une véritable institution britannique. À l'époque, le dîner étant servi assez tard – vers 20 heures –, la faim se faisait sentir en milieu d'après-midi. La duchesse réclama donc du thé et des petits toasts, qu'elle prit l'habitude de partager avec ses amies. La mode se répandit comme une traînée de poudre. On introduisit peu à peu les petits pains garnis, les biscuits et les scones – l'heure du thé était née! Je vous livre dans ce chapitre les recettes de mes pâtisseries préférées pour le thé... On distingue normalement les pâtisseries servies au dessert de celles pour le goûter, mais cette différenciation tend à disparaître. Si vous avez envie de déguster une génoise avec votre tasse de thé, qu'est-ce qui vous en empêche?

GÂTEAU DE SAINT-CLÉMENT DE MA GRAND-MÈRE

Ce gâteau me fait penser à ma grand-mère et aux vieux habitués qui fréquentaient le pub de mes parents. Ils commandaient une demi-pinte de Guinness pour eux, et un saint-clément (mélange de jus d'orange et de limonade) pour leur femme. Le saint-clément doit son nom à une comptine anglaise bien connue, *Oranges and Lemons*, assez cynique finalement, qui évoque les dettes et les têtes qui vont tomber... Cela mis à part, ce gâteau citronné fondant, mélange de textures fermes et moelleuses, est incroyablement bon! Le glaçage imprègne le biscuit moelleux avant de durcir. Pensez à couvrir ce dessert pour qu'il conserve toute sa fraîcheur et son fondant. Cette recette est également idéale pour confectionner des petits gâteaux individuels, les fameux *cupcakes*.

POUR 12 PERSONNES

- 125 g de beurre doux ramolli + un peu pour graisser le plat
- 225 g de cassonade
- 4 beaux œufs de poule élevée en plein air

- 1 grosse orange
- 200 g d'amandes en poudre
- 100 g de farine avec levure incorporée

Pour le glaçage au citron
- 225 g de sucre glace
- 1 citron

Préchauffez le four à 180 °C (th. 6). Beurrez un moule à gâteau à fond amovible de 20 cm de diamètre, puis couvrez le fond d'une feuille de papier sulfurisé.

Fouettez le beurre ramolli avec 125 g de cassonade jusqu'à obtention d'un mélange léger et crémeux. Ajoutez les œufs un à un – incorporez bien chaque œuf avant de casser le suivant. Ajoutez le zeste de l'orange, en veillant à en réserver un peu dans un bol recouvert d'une feuille de film alimentaire, puis les amandes et la farine tamisée. Mélangez délicatement le tout. Versez la pâte dans le moule, puis enfournez pour 30 min, jusqu'à ce que le gâteau soit bien gonflé et légèrement doré – vérifiez la cuisson en y plantant une lame de couteau : elle doit ressortir sèche! Dans le cas contraire, poursuivez la cuisson quelques minutes. Laissez refroidir dans le plat.

Préparez le sirop d'orange : versez les 100 g de cassonade restants et le jus de l'orange dans une casserole. Placez-la sur feu vif pour quelques minutes, jusqu'à dissolution du sucre. À l'aide d'un couteau, percez le dessus du gâteau encore chaud de petits trous et arrosez-le de sirop. Une fois ce dernier absorbé, placez le gâteau sur une grille pour qu'il refroidisse complètement.

Confectionnez le glaçage : tamisez le sucre glace au-dessus d'un saladier. Ajoutez le zeste du citron (réservez-en un peu dans le bol contenant le zeste d'orange). Pressez le citron sur le sucre glace et mélangez, en ajoutant un peu de jus de citron si nécessaire. Réservez jusqu'à complet refroidissement du gâteau. Présentez-le alors sur un plat de service et couvrez-le de glaçage au citron, en le laissant goutter sur les bords. Parsemez de zestes d'orange et de citron, et servez.

CAKE AU THÉ EARL GREY

Lorsque j'ai fait goûter ce bon vieux gâteau d'autrefois afin de décider si oui ou non, il aurait sa place dans ce livre, il a fait l'unanimité. Tout le monde adore les fruits secs, mais je crois que le petit plus est vraiment dû au sirop au thé earl grey. Cela n'a rien d'étonnant, les Britanniques adorent le thé, c'est bien connu ! Essayez-le : succès assuré !

POUR 12 PERSONNES

- 6 sachets de thé earl grey
- 400 g de fruits secs (raisins, cerises, canneberges…)
- 1 orange
- 1 gros œuf de poule élevée en plein air
- 300 g de cassonade
- 400 g de farine avec levure incorporée
- 1 cuil. à café rase de mélange d'épices
- 1 noix muscade
- 1 citron
- Du *wensleydale* (le fromage préféré de Wallace !), un fromage anglais à l'arrière-goût de miel, en accompagnement

Mettez 4 sachets de thé dans un bol et ajoutez 30 cl d'eau bouillante. Laissez-les infuser quelques minutes, puis retirez-les. Placez les fruits secs dans un grand saladier, ajoutez le zeste de l'orange et versez le thé. Mélangez, couvrez et laissez reposer quelques heures – voire une nuit entière –, pour que les fruits absorbent le thé et gonflent.

Préchauffez le four à 180 °C (th. 6). Recouvrez un grand moule à cake de papier sulfurisé – le plus simple est d'utiliser une première feuille pour chemiser le fond et les côtés les plus longs, puis de superposer une seconde bande pour recouvrir le fond et les côtés les plus courts.

Fouettez l'œuf et versez-le dans le saladier contenant les fruits secs, avec 200 g de cassonade. Ajoutez la farine, les épices et quelques pincées de noix muscade, puis incorporez le jus de l'orange. Mélangez jusqu'à obtention d'une pâte onctueuse – elle peut sembler un peu épaisse, mais c'est normal. Versez-la dans le moule et enfournez pour 1h10, jusqu'à ce que le cake soit cuit à cœur. Vérifiez la cuisson en y plantant une lame de couteau : elle doit ressortir sèche ! Dans le cas contraire, poursuivez la cuisson quelques minutes.

Pendant ce temps, préparez le sirop. Dans une casserole, déposez les 2 sachets de thé restants, versez 20 cl d'eau, le zeste et le jus du citron. Portez doucement à ébullition puis, au bout de quelques minutes, retirez les sachets de thé. Versez les 100 g de sucre restants et amenez de nouveau à ébullition, sans mélanger. Laissez 5 à 10 min sur feu moyen, de manière à obtenir une ébullition constante. Le sirop doit se colorer légèrement et réduire de moitié. Versez-le dans un pichet.

Sortez le cake du four. Percez-le de nombreux trous à l'aide d'un couteau et arrosez-le de sirop. Une fois ce dernier absorbé, laissez le gâteau sur une grille jusqu'à refroidissement complet. Servez avec une tasse de thé et du beurre à l'heure du goûter, ou un verre de xérès et du *wensleydale* à la fin d'un bon dîner.

VICTORIA SPONGE CAKE

Les Britanniques maîtrisent parfaitement l'art du *sponge cake*. Cela peut sembler curieux, mais la vision d'un beau gâteau victorien me rassure – ce sentiment est probablement lié à une sensation qui remonte à l'enfance! À l'origine, ce gâteau était une simple génoise fourrée à la confiture, mais il a évolué – une couche de crème est venue l'agrémenter, quelques fruits rouges ont eux aussi trouvé leur place... Dans ma variante, j'ai ajouté des pétales de rose cristallisés, c'est plus joli. Selon moi, un thé réussi, c'est une génoise parfaite, une confiture sublime et une crème épaisse de qualité.

POUR 10 PERSONNES

- 250 g de beurre doux ramolli + un peu pour graisser les plats
- 250 g de farine avec levure incorporée + un peu pour fariner
- 250 g de cassonade
- 4 gros œufs de poule élevée en plein air
- Le zeste de 1 orange

- Quelques gouttes d'eau de rose, pour parfumer
- 4 cuil. à soupe de confiture de framboises
- 150 g de framboises fraîches
- Sucre glace, pour saupoudrer

Pour les pétales de rose cristallisés
- Le blanc de 1 gros œuf de poule élevée en plein air

- 1 poignée de pétales de rose
- Sucre cristallisé

Pour la crème à la vanille
- 15 cl de crème fraîche épaisse
- ½ gousse de vanille (coupez-la en deux dans le sens de la longueur et grattez les grains qui se trouvent à l'intérieur)
- 2 cuil. à café de sucre semoule

Préchauffez le four à 190 °C (th. 6-7). Beurrez 2 moules à génoise de 20 cm de diamètre, recouvrez-les d'une feuille de papier sulfurisé et farinez-les légèrement.

Battez le beurre et la cassonade en crème. Incorporez les œufs l'un après l'autre, en mélangeant bien entre chaque œuf. Ajoutez le zeste d'orange, puis la farine. Répartissez la pâte dans les deux moules. Étalez-la uniformément à l'aide d'une spatule. Enfournez pour 20 à 25 min, le temps que la génoise gonfle et dore – plantez-y la lame d'un couteau, elle doit ressortir sèche. Lorsque le biscuit est tiède, démoulez-le sur une grille pour qu'il refroidisse complètement.

Mélangez quelques gouttes d'eau de rose (pas plus, c'est très parfumé) à la confiture.

Confectionnez les pétales cristallisés : baissez le four à 110 °C (th. 3-4) et montez le blanc d'œuf en neige ferme. À l'aide d'un pinceau, badigeonnez-en les pétales de rose des deux côtés, puis saupoudrez-les délicatement de sucre. Secouez-les pour les débarrasser de l'excédent de sucre. Disposez-les sur une plaque recouverte de papier sulfurisé. Enfournez pour 3 à 4 min, jusqu'à ce que les pétales soient fermes au toucher.

Fouettez la crème avec les grains de vanille et le sucre, jusqu'à ce qu'elle soit ferme. Étalez la confiture puis la crème à la vanille sur l'une des génoises, parsemez de framboises. Couvrez avec le second biscuit, saupoudrez de sucre glace et décorez avec les pétales de rose. Servez sur votre plus beau plat de service, pour épater vos convives. *So British!*

Cricket tea

Ayant grandi dans un pub appelé The Cricketers, j'ai passé pas mal de temps à servir des pintes et des casse-croûte aux joueurs une fois les matchs terminés. Après 25 ans loin des terrains de cricket, quel plaisir de retrouver le gazon! Et, chose incroyable, j'ai marqué un point du premier coup! Avec un peu de pratique, je pourrais rapidement retrouver mon niveau d'antan... Ce fut une journée formidable, qui m'a rappelé les rituels du cricket, notamment la pause déjeuner et le thé, des moments sacrés. Aux grandes heures du Commonwealth, la pratique du cricket a gagné tout l'empire colonial. Aujourd'hui, les équipes indienne et pakistanaise sont les mieux placées pour dispenser des conseils à l'Angleterre!

TARTE BAKEWELL À LA CANNEBERGE
SAUCE ACIDULÉE À L'ORANGE ET AU CITRON

POUR 12 À 16 PERSONNES

Pour la pâte
- 250 g de farine + un peu pour fariner
- 100 g de sucre glace tamisé
- 125 g de beurre doux coupé en cubes
- Le zeste de 1 orange
- 1 gros œuf de poule élevée en plein air
- Un peu de lait

Pour la confiture de canneberges
- 500 g de canneberges
- 150 g de cassonade
- 2 oranges

Pour la garniture
- 100 g de noix décortiquées
- 100 g de noisettes blanchies
- 250 g de beurre doux coupé en cubes
- 250 g de cassonade
- 1 citron
- 1 orange
- 3 gros œufs de poule élevée en plein air
- 60 g de farine

J'adore cette tarte! C'est ma petite contribution à l'histoire de la tarte Bakewell, créée par accident le jour où le cuistot distrait d'un petit pub anglais s'est un peu emmêlé les pinceaux en fouettant ses ingrédients. Je remplace les amandes par des noisettes et des noix, pour donner à la garniture une saveur pralinée.

Mettez la farine et la moitié du sucre glace dans un saladier. Écrasez-y le beurre jusqu'à obtention de grosses miettes. Ajoutez le zeste d'orange, l'œuf battu et un peu de lait. Mélangez le tout pour former une boule. Ne travaillez pas trop la pâte. Farinez-la légèrement, emballez-la dans du film alimentaire et laissez-la reposer 30 min au réfrigérateur. Ensuite, abaissez-la sur un plan de travail fariné, sur une épaisseur de 0,5 cm. Enroulez-la délicatement autour du rouleau à pâtisserie et déroulez-la sur un moule à tarte à fond amovible de 25 cm de diamètre. Coupez le surplus de pâte et emballez-le dans du film alimentaire pour une utilisation ultérieure, comme pour des tartelettes à la confiture (voir p. 178). Piquez le fond de tarte avec une fourchette. Couvrez de film alimentaire et laissez reposer 30 min au réfrigérateur.

Préchauffez le four à 180 °C (th. 6). Retirez la pâte du réfrigérateur, ôtez le film puis recouvrez le fond de tarte de papier sulfurisé et de riz. Faites cuire à blanc 12 min, retirez le papier et le riz, et poursuivez la cuisson 5 min. Pendant ce temps, mettez les canneberges, la cassonade, le zeste et le jus d'une orange et demie dans une grande casserole, sur feu moyen. Portez à ébullition puis baissez le feu. Laissez mijoter 15 min, en remuant de temps en temps, jusqu'à obtention d'une belle consistance liée. Retirez alors la casserole du feu et laissez refroidir.

Dans un robot, réduisez les noix et les noisettes en poudre fine, puis versez-les dans un petit saladier. Mixez le beurre et la cassonade jusqu'à obtention d'une crème claire et légère. Ajoutez le zeste du citron et de l'orange, puis les œufs un à un, sans cesser d'actionner le robot. Remettez la poudre de noix et de noisette dans le robot, ajoutez la farine et mixez de nouveau. Réservez.

Étalez un tiers de la confiture de canneberges sur le fond de tarte, puis couvrez délicatement de garniture aux noix. Ajoutez quelques cuillerées de confiture sur le dessus et réservez le reste (elle est délicieuse sur du pain; vous pouvez également l'utiliser pour garnir des tartelettes à la confiture, voir p. 178).

Enfournez la tarte pour 45 à 50 min, jusqu'à ce que la garniture soit cuite et dorée. Laissez refroidir 20 min, puis démoulez sur une grille.

Mettez le sucre glace restant dans un saladier; ajoutez le jus de l'orange et du citron jusqu'à obtention d'une sauce épaisse. Servez la tarte agrémentée d'une cuillerée de crème fraîche et arrosée d'un trait de sauce aux agrumes.

Élaborer un glaçage dans les règles de l'art demande technique et concentration...

TARTELETTES À LA CONFITURE ARC-EN-CIEL

Les tartelettes à la confiture m'évoquent immanquablement de doux souvenirs d'enfance. Elles sont simples, bon marché et vraiment délicieuses. C'est incroyable qu'un peu de pâte et de confiture puisse donner un résultat aussi intéressant, mélange de bouchées moelleuses, croquantes, parfois sirupeuses... Même si vous trichez un peu en achetant de la pâte prête à l'emploi, le simple fait de garnir les tartelettes puis de les enfourner est un petit bonheur en soi. J'adore jouer sur les couleurs en variant les confitures pour un effet arc-en-ciel. Aujourd'hui, les supermarchés proposent une grande variété de parfums : fraises, mûres, myrtilles, groseilles, abricots... On a vraiment le choix, ce qui rend les choses encore plus amusantes que quand j'étais petit !

POUR 30 TARTELETTES

Pour la pâte
- 250 g de farine + un peu pour fariner
- 250 g de sucre glace
- 125 g de beurre doux ramolli

- 1 pincée de sel
- 1 gros œuf de poule élevée en plein air
- 1 orange ou 1 citron
- Un peu de lait

Pour la garniture
- 30 grosses cuil. à café de vos confitures ou gelées préférées

Mixez la farine, le sucre, le beurre et le sel jusqu'à obtention de miettes grossières. Cassez l'œuf, ajoutez le zeste de l'orange ou du citron et mixez de nouveau, en ajoutant un peu de lait pour lier le tout si nécessaire. Emballez la pâte dans du film alimentaire et laissez reposer 30 min au réfrigérateur.

Préchauffez le four à 180 °C (th. 6). Farinez le plan de travail et le rouleau à pâtisserie, puis abaissez la pâte sur une épaisseur de 0,5 cm. Préparez 10 moules à tartelettes. Découpez des ronds de pâte et déposez-les délicatement dans les moules. Avec le surplus, formez une boule, abaissez-la et confectionnez les tartelettes suivantes. Déposez 1 bonne cuil. à café de confiture sur chacune d'entre elles, en variant les couleurs et les parfums.

Enfournez les tartelettes à mi-hauteur et laissez-les cuire 12 à 15 min, jusqu'à ce que la pâte soit dorée et que la garniture forme des bulles. Retirez-les du four et laissez-les reposer. Démoulez-les sur une grille et servez-les tièdes ou froides.

SHORTBREADS ÉCOSSAIS

Si aujourd'hui, toutes les boulangeries et tous les supermarchés britanniques vendent des *shortbreads*, rien ne vaut la recette que je vous propose ici. La simplicité de ces sablés en fait une base idéale à agrémenter avec de la crème fouettée et des fruits. On peut aussi les émietter sur un diplomate ou sur une compote de fruits. Mais pour moi, rien ne vaut une tasse de thé pour les mettre en valeur !

Ils se préparent nature ou parfumés, avec du citron, de la mandarine, de la lavande, du thym citron ou des graines de carvi. N'abusez pas des arômes, car si vous avez la main trop lourde, ils auront tendance à masquer le goût fin de ces biscuits – mieux vaut jouer la carte de la subtilité.

POUR 12 SHORTBREADS

- 200 g de farine
  + un peu pour fariner
- 50 g de sucre semoule
  + un peu pour saupoudrer
- 125 g de beurre doux

CHOCOLAT, ORANGE ET CARVI
LE ZESTE DE 1 ORANGE
30 G DE CHOCOLAT NOIR À 70 %
1 CUIL. À CAFÉ DE GRAINES DE CARVI

LAVANDE ET MIEL
2 CUIL. À SOUPE DE MIEL DE LAVANDE
20 G DE SUCRE À LA LAVANDE
(UTILISEZ ALORS SEULEMENT 25 G
DE SUCRE EN POUDRE DANS LA
PRÉPARATION DE BASE)

THYM CITRON ET VANILLE
½ BOTTE DE THYM CITRON FRAIS
EFFEUILLÉE
LE ZESTE DE 1 CITRON
1 CUIL. À CAFÉ D'EXTRAIT DE VANILLE

Préchauffez le four à 170 °C (th. 5-6). Dans un saladier, mélangez la farine et le sucre. Incorporez le beurre en l'écrasant avec les doigts, puis ajoutez les parfums (si vous utilisez du chocolat ou des graines, vous pouvez les ajouter à la fin, une fois la pâte étalée). Amalgamez le tout jusqu'à obtention d'une boule – en veillant surtout à ne pas trop la travailler. Abaissez la pâte sur une plaque allant au four recouverte de papier sulfurisé – sur une épaisseur de 1 cm environ. Après avoir mis les biscuits en forme – carrés, ronds, cigares –, vous pouvez aplatir les extrémités avec les doigts ou une fourchette. Si la pâte se déchire ou se fendille, remettez-la en forme, mais n'oubliez pas que moins vous la travaillerez, plus elle sera sablée.

Saupoudrez les biscuits de sucre et enfournez pour 20 à 30 min. Surveillez bien la cuisson : ils doivent être légèrement dorés – sauf la variante à la lavande, plus foncée. Laissez refroidir et servez. Ces délicieux *shortbreads* se conservent 2 ou 3 jours dans une boîte hermétique. Effet garanti lorsque, lors d'une invitation à dîner, vous les offrirez à vos amis, accompagnés d'un joli bouquet de fleurs !

Le pique-nique à l'anglaise

Le pique-nique est né lors de la révolution industrielle, à la fin du XIXe siècle. Épuisés par leurs journées de travail, les ouvriers se sont battus pour un jour de congé par semaine. Ils profitaient de ce temps libre pour quitter la ville à bord de trains à vapeur flambant neufs, en emportant leur déjeuner.

PETITS ECCLES CAKES

Mes *eccles cakes* sont plus petits et plus mignons que les traditionnels – ils sont vraiment parfaits pour le thé. J'incorpore des fruits à la garniture habituelle, constituée de raisins secs. J'ajoute également une feuille de laurier pour enrichir les saveurs. Ils sont vraiment succulents au dessert, avec du fromage et un petit verre de porto, ou à la fin d'un bon pique-nique. J'espère que vous les aimerez!

POUR 16 BISCUITS

Pour la garniture
- 1 feuille de laurier
- 1 citron
- 1 orange
- 1 noix muscade
- 1 grosse cuil. à café de mélange d'épices
- 100 g de cassonade
  + un peu pour saupoudrer

- 150 g de fruits secs (raisins, myrtilles, canneberges, abricots…)
- 2 morceaux de gingembre confit émincés
  + 1 cuil. à café de sirop
- ½ pomme évidée (environ 75 g)

Pour la pâte
- Farine, pour saupoudrer
- 500 g de pâte feuilletée pur beurre
- 1 gros œuf de poule élevée en plein air
- Sucre glace, pour saupoudrer

Préchauffez le four à 200 °C (th. 6-7). Détachez la feuille de laurier de la tige et écrasez-la dans un mortier pour qu'elle libère son parfum. Ajoutez les zestes du citron et de l'orange, la moitié de la noix muscade râpée, le mélange d'épices et la cassonade. Pilez le tout et réservez. Mettez les fruits secs dans un saladier – si vous utilisez des abricots, émincez-les. Ajoutez le gingembre, le sirop et le sucre aromatisé. Coupez la pomme en morceaux de 1 cm de côté et mélangez le tout. Réservez. Farinez le plan de travail et le rouleau à pâtisserie. Abaissez la pâte sur une épaisseur de 3 mm, en ajoutant de la farine au fur et à mesure si nécessaire. Découpez des ronds de 10 cm de diamètre à l'aide d'un emporte-pièce. Rassemblez le reste de la pâte en boule et abaissez-la pour confectionner d'autres biscuits – ils lèveront un peu différemment, mais ils seront très bons. (Vous devriez obtenir 16 biscuits au total.)

Recouvrez 2 plaques à pâtisserie de papier sulfurisé. Déposez 1 cuil. à soupe de garniture aux fruits au centre de chaque rond de pâte. Étirez la pâte vers le haut, rabattez-la sur la garniture puis pincez-la pour la refermer. Disposez vos *eccles cakes* sur les plaques à pâtisserie, face pincée en dessous, et faites 3 petites entailles sur le dessus à l'aide d'un couteau. Badigeonnez les biscuits avec de l'œuf battu, saupoudrez-les d'un peu de sucre glace et parsemez de 1 pincée de cassonade. Enfournez pour 15 à 18 min, jusqu'à ce qu'ils soient dorés et bien gonflés. (Un peu de jus peut s'échapper des biscuits en cours de cuisson, ce qui formera un délicieux caramel sur la plaque à pâtisserie.) Laissez-les refroidir et servez-les à l'occasion d'un pique-nique ou avec une tasse de thé.

SCONES SABLÉS

Typiquement anglais, faciles à réaliser, les *scones* sont un régal... alors ne vous en privez pas! C'est dans l'heure qui suit la cuisson qu'ils sont le meilleurs. Après, la question ne se pose plus, ils ont en général été engloutis par les gourmands de la maison! Impossible de leur préférer les *scones* de supermarché. N'oubliez pas que moins vous travaillerez la pâte, plus ils seront sablés.

POUR 16 À 20 SCONES

- 150 g de fruits secs (cerises, raisins, abricots émincés, myrtilles…)
- Jus d'orange
- 150 g de beurre doux
- 500 g de farine avec levure incorporée + un peu pour fariner
- 2 cuil. à café rases de levure
- 2 grosses cuil. à café de cassonade
- Sel
- 2 gros œufs de poule élevée en plein air
- 4 cuil. à soupe de lait + un peu pour badigeonner
- De la crème épaisse et de la marmelade de citrons ou du *lemon curd*, en accompagnement

Placez les fruits secs dans un saladier, couvrez-les de jus d'orange et laissez-les gonfler quelques heures. Préchauffez le four à 200 °C (th. 6-7). Avant tout, laissez-moi vous dévoiler mon petit secret : les meilleurs *scones* sont ceux qui ont nécessité le minimum d'efforts. Alors faites-moi confiance, et détendez-vous!

Mettez le beurre, la farine, la levure, le sucre et 1 bonne pincée de sel dans un saladier. Pétrissez le beurre entre le pouce et l'index, travaillez-le dans la farine de manière à obtenir de grosses miettes de la taille de pétales de maïs. Creusez un puits, ajoutez les œufs et le lait, puis mélangez à l'aide d'une spatule. Égouttez les fruits et incorporez-les dans la préparation. Ajoutez un peu de lait si nécessaire, jusqu'à obtention d'une pâte lisse et non collante. Travaillez-la le moins possible : son aspect doit rester grossier. Farinez-la, couvrez le saladier de film alimentaire et laissez reposer 15 min au réfrigérateur.

Abaissez la pâte sur un plan de travail fariné, sur une épaisseur de 2 à 3 cm. À l'aide d'un emporte-pièce ou d'un verre de 6 cm de diamètre, découpez des ronds de pâte et placez-les sur une feuille de papier sulfurisé. Formez une boule avec le reste de la pâte et procédez de la même manière. Badigeonnez les *scones* d'un peu de lait ou de beurre fondu et enfournez pour 12 à 15 min, jusqu'à ce qu'ils soient bien gonflés et dorés. Sortez-les du four et laissez-les refroidir un peu. Servez avec de la crème épaisse et un peu de marmelade de citrons ou de *lemon curd*, la fameuse crème au citron anglaise.

P.-S. : si vous ne voulez pas faire cuire tous les scones en une seule fois, vous pouvez les congeler avant cuisson. Le moment venu, il vous suffira de les enfourner encore congelés à 180 °C (th. 6), pour 25 min.

GÂTEAU AUX NOIX ET À LA BANANE
PÂTE À TARTINER AU CHOCOLAT ET À L'ORANGE

Que ce soit le gâteau ou la pâte à tartiner, chacun est un pur délice et un véritable plaisir à préparer. Et vous allez aussi vous régaler lorsque vous verrez l'enthousiasme que suscite leur dégustation! Je vous recommande de choisir des bananes légèrement trop mûres, elles rendront le gâteau plus moelleux, avec un «je-ne-sais-quoi» de caramélisé. La pâte à tartiner au chocolat est incroyablement savoureuse – Laura, ma nutritionniste, recommande toutefois de ne pas en abuser, un soupçon sur une part de gâteau, pas plus... Qui résistera et suivra à la lettre ses recommandations? Les paris sont ouverts!

POUR 16 PARTS

- 100 g de noix décortiquées
- 500 g de bananes mûres pelées (5 ou 6 bananes)
- 125 g de beurre doux à température ambiante
- 125 g de cassonade
- 2 gros œufs de poule élevée en plein air

- 200 g de farine
- 2 cuil. à café rases de levure
- 1 cuil. à café de bicarbonate de soude
- 1 cuil. à café rase de cannelle moulue
- 1 pincée de sel
- Huile d'olive

Pour la pâte à tartiner
- 100 g de chocolat noir à 70%
- Le zeste de 2 oranges
- 150 g de beurre doux à température ambiante
- 80 g de sucre glace

Préchauffez le four à 170 °C (th. 5-6). Étalez les noix sur une feuille de papier sulfurisé et enfournez-les pour 5 min afin de les toaster – l'odeur extraordinaire qui envahira votre cuisine vous avertira qu'il faut les sortir du four. Pendant ce temps, écrasez rapidement les bananes à la fourchette, de manière à obtenir un mélange souple avec de gros morceaux. Réservez.

Mixez le beurre et la cassonade jusqu'à obtention d'une crème pâle. Incorporez les œufs un à un, en raclant bien les bords pour un mélange homogène. Versez la préparation dans un grand saladier. Placez les noix sur une planche à découper. Hachez-les très grossièrement à l'aide d'un couteau ou d'un gros hachoir – idéalement, il faut obtenir des morceaux de tailles différentes, de la poudre aux demi-cerneaux. Ajoutez les bananes écrasées à l'appareil aux œufs, puis les noix, la farine tamisée, la levure, le bicarbonate de soude, la cannelle et le sel. Mélangez le tout jusqu'à ce que la pâte soit bien lisse.

Déchirez une feuille de papier sulfurisé de 1 m de long. Froissez-la et passez-la sous l'eau. Arrosez les deux côtés d'un peu d'huile d'olive et étalez bien. Enfoncez le papier dans un moule à cake de 1 l de contenance, en veillant à bien marquer les coins. Versez la pâte dans le moule et enfournez à mi-hauteur pour 1 h. Vérifiez la cuisson en plantant une lame de couteau dans le gâteau : elle doit ressortir sèche! Dans le cas contraire, poursuivez la cuisson quelques minutes.

Pendant ce temps, confectionnez la pâte à tartiner. Cassez le chocolat, mettez-le dans un saladier résistant à la chaleur et faites-le doucement fondre au bain-marie. Une fois le chocolat fondu, retirez le saladier de la casserole d'eau, incorporez le zeste d'orange et laissez refroidir.

Fouettez le beurre et le sucre glace, ajoutez le chocolat refroidi. Versez le mélange dans un pot et saupoudrez d'une bonne pincée de sel. Vous pouvez laisser prendre la pâte quelques heures au réfrigérateur ou la servir immédiatement. Pour la conserver, fermez hermétiquement le pot et mettez-le au réfrigérateur. Sortez-le quelques minutes avant la dégustation.

J'adore les biscuits gallois, ils sont d'une simplicité et d'une saveur sans égales : essayez-les !

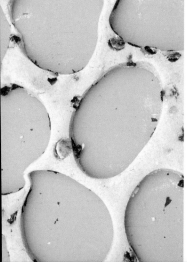

DÉLICIEUX BISCUITS GALLOIS
FOURRÉS À LA CRÈME À LA VANILLE ET AUX FRUITS ROUGES

Je suis littéralement tombé amoureux des biscuits gallois quand Jim m'en a fait goûter au marché de Pontypridd, une ville du Sud du pays de Galles. Autrefois, dans cette région, on cuisait certaines préparations dans des *bakestones*, de grosses poêles en fonte (et non pas des pierres chaudes, comme leur nom pourrait le laisser penser). On plaçait ces *bakestones* au-dessus de l'âtre afin d'y faire cuire des biscuits croustillants au bord et moelleux à cœur – à se damner! Vous pouvez reproduire ce mode de cuisson en utilisant une poêle antiadhésive à fond épais. J'adore servir ces biscuits bien chauds, nature ou garnis d'une cuillerée de crème à la vanille et de quelques fruits rouges. Jim, lui, les agrémente de morceaux de chocolat, de fruits secs et de noix de coco râpée. Une fois que vous maîtriserez la recette, n'hésitez pas à imaginer des variantes!

POUR 35 À 40 BISCUITS

Pour les biscuits
- 500 g de farine avec levure incorporée + un peu pour fariner
- 75 g de sucre semoule + un peu pour la présentation
- 1 grosse cuil. à café de mélange d'épices
- 250 g de beurre doux froid

- 1 pincée de sel
- 150 g de raisins secs
- 1 gros œuf de poule élevée en plein air
- Un peu de lait

Pour la garniture
- 30 cl de crème épaisse

- 1 cuil. à soupe de sucre semoule + un peu pour saupoudrer
- 1 cuil. à café d'extrait de vanille
- 400 g de fruits rouges (framboises, fraises, mûres…)
- 1 citron

Mettez la farine tamisée, le sucre et le mélange d'épices dans un saladier. Ajoutez le beurre coupé en morceaux et 1 pincée de sel. Malaxez le tout à la main, jusqu'à obtention d'une pâte friable. Incorporez les raisins secs et creusez un puits au centre pour y casser l'œuf. Ajoutez un peu de lait et battez bien le tout. Malaxez de nouveau pour former une boule de pâte – elle doit être sablée, veillez donc à ne pas trop la travailler.

Placez une grande poêle antiadhésive à fond épais sur feu moyen. Pendant qu'elle chauffe, farinez le plan de travail et le rouleau à pâtisserie. Étalez la pâte sur une épaisseur de 1 cm. Utilisez un emporte-pièce de 5 cm de diamètre pour y découper des ronds. Rassemblez la pâte restante, étalez-la et découpez quelques autres ronds. Pour tester la température, faites cuire un biscuit dans la poêle pendant quelques minutes. Si sa surface reste blonde, augmentez un peu le feu. Si elle noircit trop vite, réduisez-le. Patientez quelques minutes pour que la chaleur se stabilise, puis faites un autre essai. Si votre biscuit est doré après 4 min de cuisson sur chaque face, la température est idéale. Faites alors cuire les sablés restants, en plusieurs tournées. Ne l'oubliez pas, la température est la clé de réussite de ces savoureux biscuits.

Retirez les sablés de la poêle, laissez-les refroidir sur une grille et saupoudrez-les de sucre. Vous pouvez les servir nature, mais je ne résiste pas à l'envie de vous livrer le secret de ma version améliorée: coupez chaque biscuit en deux, dans l'épaisseur, en effectuant un mouvement circulaire. Fouettez la crème, le sucre et l'extrait de vanille jusqu'à obtention d'un mélange bien ferme. Mettez les fruits rouges dans un bol, en coupant en deux les plus gros; mélangez-les avec le jus de 1 citron et 1 pincée de sucre. Déposez 1 cuil. de crème et quelques fruits sur la base des biscuits et recouvrez-les de leur chapeau.

GÉNOISE À LA NOIX DE COCO

Voici un dessert qu'on nous servait souvent à la cantine quand j'étais petit. Il remportait toujours un vif succès : une génoise bien chaude nappée de confiture de fruits rouges et parsemée de noix de coco râpée. Accompagnée d'une tasse de thé, elle fera un en-cas idéal à l'heure du goûter ! Vous pouvez également la servir en dessert, avec un peu de crème anglaise. Nostalgie, quand tu nous tiens...

POUR 16 PERSONNES

Pour la génoise
- 225 g de beurre doux ramolli + quelques noix pour graisser le plat
- 225 g de sucre semoule
- 4 gros œufs de poule élevée en plein air

- 225 g de farine avec levure incorporée
- ½ cuil. à café rase de levure
- Un peu de lait
- 1 cuil. à café d'extrait de vanille
- 75 g de noix de coco râpée

Pour la confiture de mûres
- 250 g de mûres
- 125 g de sucre semoule
- Le jus de ½ citron

Beurrez un moule à gâteau de 30 × 20 cm. Préchauffez le four à 180 °C (th. 6).

Fouettez le beurre et le sucre jusqu'à obtention d'un mélange pâle et léger, puis incorporez les œufs un à un. Ajoutez la farine et la levure en soulevant la pâte et en la repliant plusieurs fois de suite. Ajoutez un peu de lait et d'extrait de vanille, mélangez de nouveau. Versez dans le moule et enfournez pour 25 à 30 min.

Pendant la cuisson, confectionnez la confiture de mûres : à l'aide d'une fourchette, écrasez les fruits avec le sucre dans une petite casserole. Ajoutez un filet de jus de citron et portez à ébullition. Baissez le feu et laissez mijoter 20 min en remuant de temps en temps, jusqu'à obtention d'un mélange fluide et épais. Écumez en cours de cuisson, puis retirez du feu et laissez refroidir.

La génoise doit être dorée et bien cuite. Retirez-la du four et laissez-la refroidir 5 à 10 min. Retournez-la sur le plan de travail puis, à l'aide d'une spatule, recouvrez-la de confiture. Parsemez-la de noix de coco râpée et servez, pour le plus grand plaisir des petits et des grands !

LÉGENDAIRE CLOOTIE DUMPLING

Ce gâteau au torchon, quelle idée de génie! Cette boule de pâte à pain dense, idéale pour le thé, a été inventée en Écosse par une noble dame appelée Lisbeth. *Clootie* est le terme écossais pour *cloth*, un torchon. Cette spécialité est en effet enveloppée dans un linge pour être cuite à la vapeur. Lorsque je l'ai aperçue au milieu d'une table garnie de gâteaux, décorée avec un nœud en tartan, j'ai eu le coup de foudre. Vous pouvez la déguster comme un cake et la conserver pendant des semaines, bien emballée. Vous pouvez aussi la consommer à l'anglaise, avec des œufs au bacon. En ce qui me concerne, j'adore la poêler puis y étaler un peu de beurre. Un régal!

POUR 24 PARTS

- 500 g de fruits secs (cerises, myrtilles, abricots, raisins…)
- ½ cuil. à café de levure
- 1 cuil. à café rase de gingembre en poudre
- 1 cuil. à café rase de cannelle en poudre
- 1 cuil. à café de quatre-épices

- 1 cuil. à soupe de mélasse
- 1 pomme granny-smith évidée et grossièrement râpée
- Le zeste et le jus de 1 clémentine
- 1 gros œuf de poule élevée en plein air
- 125 g de beurre doux

- 500 g de farine avec levure incorporée + un peu pour fariner
- 20 cl de lait entier
- Huile d'olive

Mettez tous les ingrédients sauf le beurre, la farine, le lait et l'huile d'olive dans un saladier et malaxez-les. Écrasez ensuite le beurre entre vos doigts pour le ramollir et mélangez-le avec les fruits épicés. Versez la farine et continuez à pétrir à la main. Quand la préparation est liée, lavez-vous les mains, versez le lait et mélangez à l'aide d'une spatule, jusqu'à obtention d'une pâte dense.

Pour bien envelopper la pâte, je vous recommande la vidéo disponible sur Internet (*www.jamieoliver.com/how-to*). Humectez un grand torchon de cuisine et 2 feuilles de papier sulfurisé de 1 m de long préalablement froissées. Étendez le torchon et étalez la première feuille de papier sulfurisé par-dessus, puis la seconde perpendiculairement. Arrosez d'huile d'olive et étalez-la avec les doigts. Saupoudrez légèrement de farine, de manière à couvrir le papier, puis versez la pâte au milieu. Farinez légèrement la surface, puis relevez les bords du papier. Faites-les se rejoindre sur le dessus, de manière à enfermer le gâteau, et refermez à l'aide d'une ficelle. Découpez le surplus de papier, relevez le torchon et nouez-le, lui aussi, à l'aide d'une ficelle. Attachez-le fermement, tout en laissant un peu d'espace pour que le gâteau puisse gonfler sur le dessus. N'hésitez pas à demander de l'aide, c'est plus facile à deux!

Pour cuire le gâteau à la vapeur, retournez une petite assiette résistante à la chaleur dans une casserole profonde. Remplissez d'eau jusqu'à 1 cm au-dessus de l'assiette. Placez une autre assiette du même type, à l'endroit, sur celle retournée. Posez dessus la boule de pâte emballée, en veillant à ce qu'elle ne touche pas l'eau, puis couvrez la casserole. Portez à ébullition, réduisez le feu et laissez mijoter 3 h 30 précisément, en vérifiant toutes les 30 min le niveau de l'eau. Ajoutez-en si nécessaire.

Une fois la cuisson terminée, ôtez la casserole du feu. Déposez le gâteau sur une planche à découper et laissez refroidir 40 min. Retirez le torchon et le papier, et servez avec votre accompagnement préféré.

Avec une part de clootie dumpling beurrée et une tasse de thé, je suis le plus heureux des hommes !

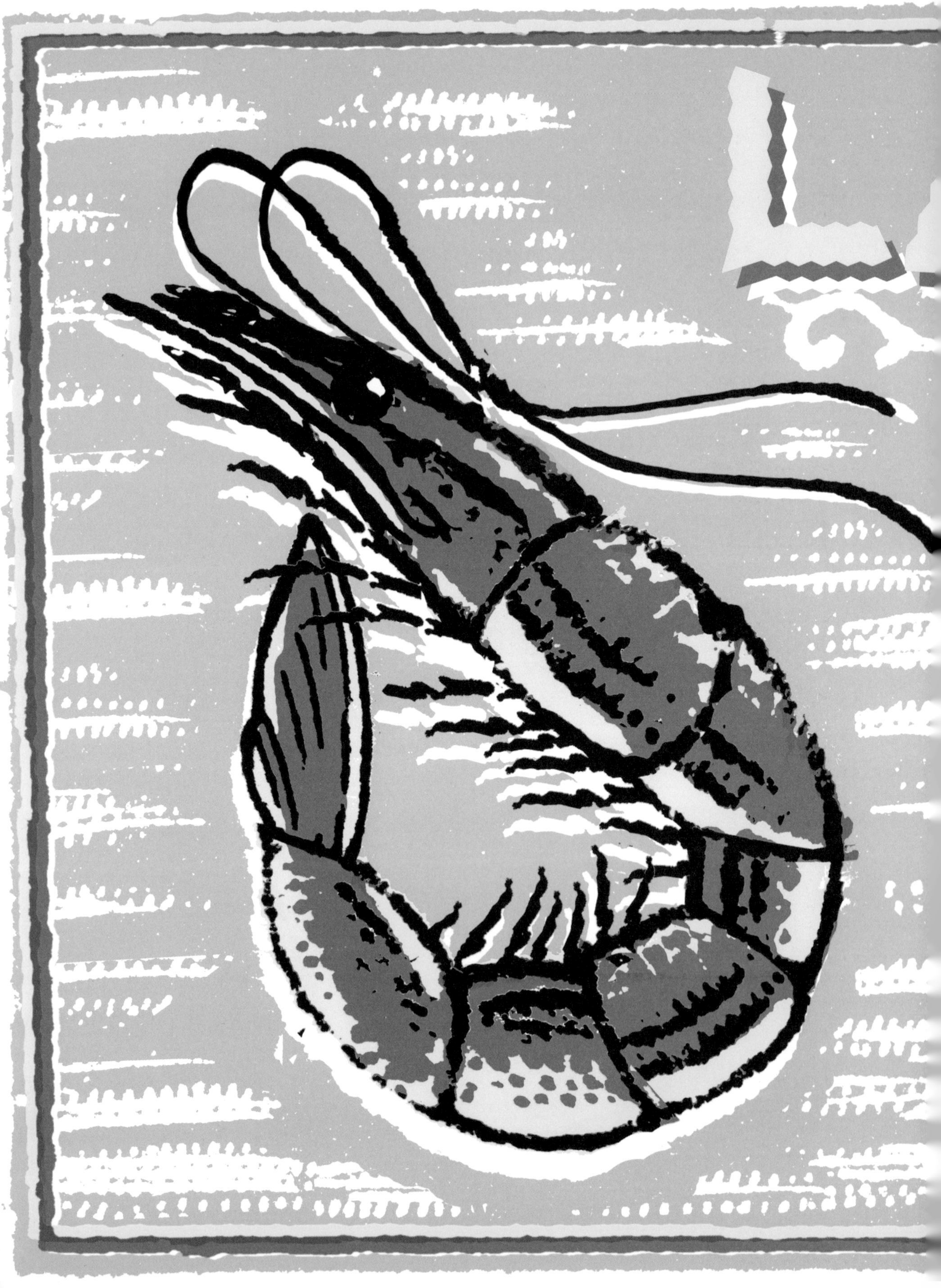
L

A MER

es bords de mer britanniques ont un petit côté rétro et une personnalité qui leur est propre. Avec leurs bons et leurs mauvais jours... Ce chapitre au parfum d'iode me rappelle les plages où nous passions nos vacances en famille. Parce que nous vivons sur une île, nous avons la chance de n'être jamais loin de la mer. **Notre poisson et nos fruits de mer, d'excellente qualité, sont distribués dans tout le pays, mais aussi un peu partout en Europe, où tout le monde en raffole. Il est donc temps de rendre au poisson anglais la place qui lui revient! De nos jours, en revanche, il faut savoir acheter de manière plus écologique. J'évoque dès que je le peux le Marine Stewardship Council (MSC), une organisation présente dans le monde entier, qui garantit une pêche responsable et durable.**

SOLE À LA MODE DE LEIGH-ON-SEA

Voici une délicieuse recette que j'ai créée près de la ville préférée de ma famille sur la côte de l'Essex, dans le Sud-Est de l'Angleterre : Leigh-on-Sea. J'ai utilisé de la sole de Douvres, autrement dit de la sole commune, qui doit son nom à ce port anglais où elle était beaucoup pêchée autrefois. Néanmoins, vous pouvez tout à fait choisir n'importe quel poisson plat comme la plie, la limande ou la limande-sole. La sole est souvent un peu chère, mais c'est un petit plaisir à s'accorder de temps en temps. Demandez à votre poissonnier de vous la préparer avec la tête, mais de la peler. Vous pouvez aussi la préparer vous-même en consultant la vidéo disponible à l'adresse *www.jamieoliver.com/how-to*. J'ai utilisé des coques fraîches et des crevettes brunes décortiquées, douces et parfumées. Cette recette est idéale pour deux, car vous pouvez alors la réaliser dans une seule et même poêle. Laissez-vous tenter, vous ne le regretterez pas !

POUR 2 PERSONNES

- 125 g de coques ou de petites palourdes fraîches
- 2 tranches de lard fumé ou de bacon
- Huile d'olive
- 2 tiges de romarin frais

- Une noix de beurre
- 2 soles de Douvres de 450 g chacune, pelées
- 50 g de crevettes brunes ou de petites crevettes décortiquées

- 2 citrons
- 1 petit bouquet de ciboulette fraîche
- Sel et poivre du moulin

Pour commencer, un petit conseil : tout cuisinier qui se respecte aura un jour besoin d'une très grande poêle antiadhésive, donc si vous n'en avez pas, procurez-vous-en une – sinon, vous ne pourrez pas faire cuire 2 poissons à la fois. Vous aurez également besoin d'une large spatule. Ce genre de poissons plats est très simple à préparer : il faut juste veiller à ne pas trop le faire cuire. Comment savoir s'il est à point ? Rien de plus simple : essayez de détacher délicatement la chair de la partie la plus épaisse, près de la tête. Si vous l'enlevez facilement, c'est cuit.

Triez les coques ou les palourdes en les tapotant. Jetez celles qui restent ouvertes. Laissez-les tremper un petit moment dans un bol d'eau froide. Placez une grande poêle sur feu moyen. Découpez le lard en morceaux, puis mettez-le dans la poêle, avec un peu d'huile d'olive pour le faire légèrement dorer. Effeuillez le romarin et faites revenir les feuilles pendant quelques minutes. Réservez le tout dans un plat à l'aide d'une écumoire. Ajoutez une noix de beurre dans la poêle, agitez légèrement pour qu'il fonde uniformément et déposez délicatement les deux poissons tête-bêche. Faites-les cuire 4 min, puis retournez-les d'une main sûre, à l'aide de la spatule large. Remettez le romarin et les lardons dans la poêle, ajoutez les crevettes et les coquillages. Protégez vos mains à l'aide d'un torchon, puis couvrez hermétiquement la poêle avec un couvercle ou une feuille de papier d'aluminium. Laissez cuire 4 min de plus, pour que les coquillages s'ouvrent.

Retirez le couvercle. Arrosez de jus de citron, parsemez de ciboulette ciselée, ajoutez 1 bonne pincée de sel et de poivre. D'un geste sûr, faites glisser le poisson sur un plat de service ou 2 assiettes chaudes. Arrosez de sauce et garnissez avec les fruits de mer. Ces soles sont délicieuses accompagnées de quartiers de citron, d'une salade de petits pois et d'épinards, d'asperges ou de pommes de terre nouvelles.

Hydro Seafood
GSP
01631 720481

La pêche aux coquilles Saint-Jacques

J'ai plongé avec Hector, ses fils Bobby et Sean, et son copain James. En Écosse, les côtes sont d'une beauté spectaculaire. Les eaux froides abritent d'énormes coquilles Saint-Jacques. À condition qu'elle soit pratiquée dans le respect de l'environnement, la plongée est une activité magique et écologique. Les pêcheurs ramassent les coquilles au fond de l'eau, puis elles sont emballées et chargées dans des trains de nuit au départ d'Inverness, pour être livrées à Londres. Cela permet à des chefs comme moi de se procurer des saint-jacques d'une fraîcheur exceptionnelle! Demandez à votre poissonnier des coquilles vivantes, plus goûteuses.

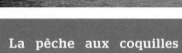

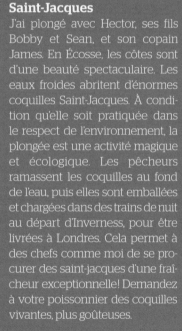

COQUILLES SAINT-JACQUES POÊLÉES
BOUDIN NOIR CROUSTILLANT • *CLAPSHOT*

De délicates coquilles Saint-Jacques et du boudin noir de qualité, voilà un mariage étonnant, mais très réussi! Et pour agrémenter le tout, du *clapshot*, du lard fumé et de la sauce poêlée. Qu'est-ce que le *clapshot*? Cette spécialité écossaise est tout simplement une purée de pommes de terre et de navets agrémentée de ciboulette ciselée. Demandez à votre poissonnier de belles coquilles Saint-Jacques d'environ 30 g chacune : elles sont légèrement plus grosses que celles proposées en supermarché, et deux suffiront pour un plat principal. Petites ou grosses, elles seront cuites de la même manière – les premières cuisent toutefois légèrement plus vite.

POUR 4 PERSONNES

Pour le clapshot
- 500 g de pommes de terre riches en amidon (comme la bintje) épluchées et coupées en morceaux de 4 cm de côté
- 500 g de navets épluchés et coupés en morceaux de 3 cm de côté
- 1 botte de ciboulette fraîche

- 2 noix de beurre
- 1 cuil. à café de vinaigre de cidre
- Sel et poivre du moulin

Pour les coquilles saint-jacques
- 12 belles noix de saint-jacques ou 16 moyennes, dégagées de la coquille, parées et nettoyées
- Huile d'olive

- Graines de fenouil
- 12 tranches de lard fumé coupées en lardons
- 8 tranches épaisses de boudin noir de qualité (environ 150 g)
- Une noix de beurre
- 12 feuilles de sauge fraîche
- 1 citron

Mettez les pommes de terre et les navets dans une grande casserole d'eau bouillante salée. Laissez-les cuire 10 à 15 min, jusqu'à ce qu'ils soient tendres. Pendant ce temps, découpez la ciboulette le plus finement possible. Une fois les légumes cuits, égouttez-les dans une grande passoire jusqu'à ce qu'ils ne dégagent plus de vapeur. Placez la casserole sur feu doux et ajoutez le beurre, le vinaigre de cidre, 1 bonne pincée de sel, 1 tour de moulin de poivre et la ciboulette. Lorsque le mélange commence à bouillonner et à mousser, ajoutez les légumes et écrasez-les à la fourchette jusqu'à obtention d'une purée. Rectifiez l'assaisonnement puis couvrez et laissez sur feu très doux, pour maintenir bien chaud.

Entaillez les noix de saint-jacques en formant un quadrillage. Salez-les et poivrez-les sur chaque face, arrosez-les d'une goutte d'huile d'olive et parsemez-les de quelques graines de fenouil. Posez une grande poêle sur feu vif et versez un peu d'huile d'olive. Jetez-y le lard et laissez-le légèrement dorer pendant 5 min; réservez-le. Faites cuire les tranches de boudin noir des deux côtés, jusqu'à ce qu'elles soient croustillantes. Ensuite, répartissez le *clapshot* sur assiettes chaudes, ajoutez le lard et le boudin. Remettez la poêle sur le feu, versez un peu d'huile d'olive et une noix de beurre; jetez-y les noix de saint-jacques, entailles en dessous. Laissez-les cuire 2 min sur feu doux, retournez-les et poursuivez la cuisson 1 min, pas plus. Ajoutez les feuilles de sauge et faites-les revenir pour les rendre croustillantes. Ensuite, arrosez du jus de la moitié du citron et mélangez bien le tout.

Disposez les noix de saint-jacques et la sauge sur la purée, dans les assiettes. Arrosez de jus de cuisson. Servez avec des légumes verts à la vapeur et un quartier de citron. Un vrai bonheur!

Il existe deux sortes d'huîtres, les plates et les creuses. Les huîtres plates ne s'épanouissent que dans certaines régions et sont consommées durant les mois d'hiver, car c'est le moment où elles sont moins laiteuses. Les huîtres creuses sont un peu plus ovales et peuvent être élevées dans de nombreuses régions, c'est pourquoi elles sont meilleur marché. Les huîtres plates de Mersea ont un goût très subtil : elles absorbent les nutriments issus des marais, ce qui leur donne une saveur salée et un peu métallique. L'Écosse et l'Irlande produisent aussi des huîtres d'une qualité irréprochable. Les puristes aiment les déguster nature. Moi-même, je commence toujours par goûter 2 ou 3 huîtres nature. Et puis j'utilise des condiments qui rendent la quatrième, la cinquième et la sixième tout aussi surprenantes et savoureuses que les premières.

L'histoire des huîtres, et surtout de leur consommation, est étonnante. Sous l'ère victorienne, c'était un plat de pauvres : elles étaient très bon marché et on en trouvait à profusion. Puis les fermes ostréicoles commencèrent à en produire en nombre. La pollution eut toutefois raison de l'ostréiculture, et au début du xxᵉ siècle, l'huître n'existait plus en Angleterre. Pour notre plus grand bonheur, elle figure de nouveau en bonne place sur la carte des grands restaurants et les étals des écaillers. Mon équipe a réalisé une vidéo pour vous aider à maîtriser la technique de l'ouverture des huîtres (*www.jamieoliver.com/how-to*). Tenez l'huître fermement dans la main, en protégeant cette dernière avec un torchon très épais ou, mieux, avec un gant spécialement étudié pour cet usage – inutile d'encombrer les services des urgences. Introduisez la lame épaisse d'un couteau entre les deux coquilles, à la base de l'huître, coupez le muscle tout en faisant levier et soulevez doucement la coquille sans abîmer la chair. C'est en forgeant qu'on devient forgeron, alors consultez cette vidéo, et au travail !

DES SAUCES POUR 30 HUÎTRES

Vinaigre à l'oignon doux
Mélangez 1 cuil. à soupe d'**oignon rouge** râpé avec quelques pincées de **sucre** et 1 pincée de **sel**, puis couvrez de **vinaigre de vin rouge**. Goûtez et sucrez davantage si nécessaire.

Sauce bloody mary
Coupez 1 **tomate mûre** en deux et râpez chaque moitié au-dessus d'un bol. Jetez la peau et les pépins. Ajoutez 1 cuil. à café de **sauce au raifort**, quelques gouttes de **sauce Worcestershire**, 2 gouttes de **Tabasco**, 1 cuil. à soupe de **vodka**, 1 cuil. à soupe d'**huile d'olive**, quelques pincées de **sel au céleri** et le jus de ½ **citron**. Mélangez, salez et poivrez. Vous devez avoir l'impression de goûter un vrai bloody mary !

Yin et yang
Ciselez les feuilles de 2 brins de **coriandre** et mettez-les dans un bol. Ajoutez ½ **citron vert** pressé et 1 pincée de **sucre**. Pelez 1 gousse d'**ail** et râpez-la finement. Ajoutez un tout petit peu de **piment rouge frais**, puis quelques gouttes d'**huile d'olive** et de **sauce soja** ou d'**huile de sésame**.

Beurrez des tranches de pain, disposez les huîtres dessus et présentez-les sur un plateau, avec quelques quartiers de citron, un flacon de Tabasco et les sauces. Régalez-vous en prenant le temps de les déguster tout doucement, sans les avaler tout rond comme cela se fait malheureusement trop souvent. Mais sans les mâcher non plus ! Tout un art...

Leigh Fishermans
Cooperative
Skate : £9.90 per k
Wild seabass : £11 per k
Gurnards : £4.40 per k
Tuna loin : £17.60 per k
Cod Fillet : £8.90 per k
Haddock Fillet : £11 per k
Plaice : £6.60 per k

FRESH HALIBUT! £17.60

Leigh Fishermans
Cooperative
Conger Eel : £8.88
MonkFish : £17.60 per k
Turbot : £17.60 per k
Brill : £11
Rock Eel : £12 per k

FRESH HALIBUT!

L'île de Mersea

J'ai adoré ramasser des bigorneaux avec mon copain Ben sur l'île de Mersea (Essex), dans le Sud-Est de l'Angleterre – ma famille est originaire de cette région. Si vous passez par là, n'hésitez pas à vous poser dans un bistrot de Leigh-on-Sea pour commander des fruits de mer et une pinte de bière.

La douceur des coques, la puissance du poivre blanc, un peu de vinaigre de malt, une pinte de bière et du pain complet... impeccable !

RAIE AU POIVRE BLANC
... SUR UN LIT DE PETITS POIS À LA MENTHE

Une belle aile de raie de temps en temps, c'est un vrai bonheur. J'en mangeais souvent quand j'étais enfant, et je me souviens du plaisir que je prenais à détacher la chair en filaments, c'était fascinant! En fonction de votre région, l'étal de votre poissonnier sera plus ou moins bien approvisionné. Quoi qu'il en soit, exigez de la raie arborant un label garantissant une pêche respectueuse de l'environnement. Grâce aux graines de fenouil et à une bonne quantité de poivre blanc, vous obtiendrez une jolie croûte et une saveur relevée contrastant avec la douceur du poisson et des petits pois à la menthe. C'est le genre de plats que je prépare lorsque je suis seul avec ma femme, pour un petit dîner fin en amoureux.

POUR 2 PERSONNES

Pour les petits pois à la menthe
- Une noix de beurre
- Huile de colza ou d'olive
- 3 oignons nouveaux épluchés et ciselés
- 400 g de petits pois surgelés
- 1 poignée de feuilles de menthe

- 1 citron
- Sel et poivre noir du moulin

Pour la raie
- 2 ailes de raie de 400 g chacune
- 2 grosses cuil. à café de graines de fenouil

- 1 cuil. à café rase de poivre blanc en grains
- 125 g de farine
- 1 gros œuf de poule élevée en plein air, battu
- Huile de colza ou d'olive
- Une noix de beurre

Mettez une noix de beurre et un peu d'huile dans une casserole pas trop grande, sur feu moyen. Faites-y fondre les oignons pendant quelques minutes. Ensuite, ajoutez les petits pois encore gelés et la moitié des feuilles de menthe. Arrosez avec un peu d'eau, couvrez et laissez cuire 10 à 12 min.

Coupez la frange dentelée des ailes de raie avec des ciseaux, puis retirez l'arête dorsale à l'aide d'un couteau. Pour bien comprendre, consultez la vidéo explicative à l'adresse suivante : *www.jamieoliver.com/how-to*. Pilez les graines de fenouil et le poivre blanc dans un mortier (ou mixez-les dans un robot), jusqu'à obtention d'une poudre fine. Réservez. Versez la farine sur une grande assiette, l'œuf battu sur une autre. Saupoudrez les ailes de raie d'épices et frottez-les pour les en enduire, puis trempez rapidement chaque face dans l'œuf battu. Passez ensuite les deux faces dans la farine.

Choisissez une poêle antiadhésive suffisamment grande pour cuire les ailes de raie (coupées en deux si nécessaire). Placez-la sur feu vif. Lorsqu'elle est chaude, versez de l'huile, ajoutez une noix de beurre puis déposez le poisson. Laissez cuire 3 min environ de chaque côté, puis 1 min supplémentaire, jusqu'à ce que la chair se détache de la partie la plus épaisse de la raie et que la croûte soit bien dorée.

Mélangez les petits pois avec les feuilles de menthe restantes et un filet de jus de citron. Salez, poivrez. Vous pouvez également aplatir grossièrement les pois à la fourchette, pour obtenir une purée épaisse. Personnellement, je les préfère entiers : je les répartis sur le plat de service et je les recouvre des ailes de raie tout juste cuites. Ajoutez 1 pincée de sel et servez avec des quartiers de citron. Un véritable délice!

BEURRE DE FRUITS DE MER

Que vous choisissiez du crabe, des petites crevettes, du homard, des bouquets ou même du poisson fumé, cette recette est toujours du plus bel effet sur une table. Quelques épices relèvent délicatement la saveur des fruits de mer pris dans un beurre clarifié. Cette préparation à tartiner se conserve facilement au réfrigérateur. Elle peut se préparer à l'avance en vue d'un dîner, accompagner un pique-nique ou garnir un sandwich, avec quelques feuilles de salade verte.

Les bons poissonniers proposent des crevettes décortiquées et de la chair de crabe, alors ne vous privez pas et préparez quelques beurriers supplémentaires en choisissant différents fruits de mer. Présentez un beurrier de crabe, un de langouste et un de crevettes, servez avec plusieurs variétés de pains rustiques, une salade verte et une bouteille de vin blanc bien frais – de quoi impressionner vos invités!

POUR 8 À 10 PERSONNES

- 180 g de beurre doux
- 1 citron
- 1 cuil. à café de graines de fenouil
- 1 petit piment séché

- 1 noix muscade
- 400 g de crabe, de crevettes grises, de langouste ou de bouquets cuits et décortiqués, ou encore de truite fumée

- Sel et poivre blanc du moulin
- 1 cuil. à soupe bombée de feuilles de fenouil ou d'aneth ciselé

Faites fondre 60 g de beurre sur feu très doux. Attention, il ne doit surtout pas mousser : il faut que la matière grasse et le petit-lait se séparent, pas plus! Coupez le beurre restant en dés de 1 cm de côté et laissez-le ramollir à température ambiante. Pilez le zeste du citron, les graines de fenouil et le piment séché dans un mortier. Ajoutez le beurre mou, un tiers de la noix muscade râpé et mélangez bien le tout.

Si vous avez choisi des fruits de mer délicats comme du crabe ou de petites crevettes, incorporez-les dès à présent. Si vous optez pour des crustacés plus résistants comme la langouste ou les bouquets, coupez-les en petits morceaux avant de les ajouter. Mélangez bien le tout. Faites légèrement griller une tranche de pain. Tartinez-la de mélange et goûtez. Rectifiez l'assaisonnement – un peu de sel et de poivre, un filet de jus de citron ou davantage de piment.

Ensuite, disposez le beurre dans un plat de service (18 cm de diamètre et 5 cm de haut environ) ou répartissez-le dans 8 petits bols ou tasses. Égalisez bien la surface. Penchez délicatement la casserole de beurre fondu et, à l'aide d'une cuillère, prélevez le beurre clarifié (surtout pas le petit-lait, au fond) pour en arroser les fruits de mer – veillez à ce qu'il recouvre le moindre espace. Enfin, parsemez de feuilles de fenouil ou d'aneth. La couche de beurre clarifié permet de conserver ce plat plusieurs jours au réfrigérateur.

Servez avec de petites tranches de pain légèrement grillées, une salade verte ou une salade de cresson.

J'avoue que j'ai un petit faible pour les villages pittoresques de la côte britannique, calmes, paisibles et bucoliques.

BOUQUETS GRILLÉS CROUSTILLANTS

Tout le monde adore les bouquets, et cette recette leur fait honneur. La sauce est un incroyable mélange de textures épaisses adhérant à la carapace, qui la rendent croustillante et parfumée à la fois tout en pénétrant dans la chair à la cuisson. Présentez les bouquets sur une planche, avec quelques bols remplis de rince-doigts, et invitez vos convives à déguster. Ce sera sans doute la bousculade, mais une chose est sûre, tous s'en lécheront les doigts!

POUR 4 PERSONNES

- 1 miche de pain complet, pour accompagner
- 1 petit bouquet de persil frisé
- 2 citrons
- Huile d'olive
- Une noix de beurre
- 12 bouquets entiers crus
- Sel et poivre du moulin
- 4 gousses d'ail pelées
- 2 cuil. à café de moutarde
- 2 cuil. à soupe de ketchup
- 1 noix muscade
- 2 cuil. à soupe de sauce Worcestershire

Préchauffez le four à 240 °C (th. 8). Emballez le pain dans une feuille de papier d'aluminium et placez-le en bas du four pour le réchauffer doucement. Émincez le persil. Coupez 1 citron en deux. Mettez un peu d'huile d'olive et le beurre sur une grande plaque allant au four. Déposez-y les bouquets et la moitié du persil ciselé; salez et poivrez généreusement. Écrasez l'ail, arrosez-le avec le jus de ½ citron, ajoutez la moutarde et le ketchup. Saupoudrez de 1 pincée de noix muscade râpée et mélangez le tout, jusqu'à ce que les bouquets soient bien enrobés. Enfournez la plaque sous le gril chaud pour 5 min – les bouquets doivent être dorés. N'hésitez pas à réduire le temps de cuisson pour les bouquets de plus petite taille.

Retirez les bouquets du four puis coupez rapidement les têtes et pressez-les de manière à libérer un jus parfumé. Arrosez d'un peu de sauce Worcestershire pour relever le tout. Secouez énergiquement la plaque afin de retourner les bouquets et de mêler les saveurs. Remettez-la au four pour quelques minutes. Pendant ce temps, tranchez le pain chaud. Disposez-le sur une planche, avec les bouquets. Parsemez du persil restant et coupez le second citron en quartiers. Prévoyez un saladier pour les débris de crevettes, quelques bols remplis d'eau chaude additionnée de rondelles de citron en rince-doigts et, si vous êtes quelqu'un de simple comme moi, du papier absorbant pour vous essuyer les doigts. Le rêve!

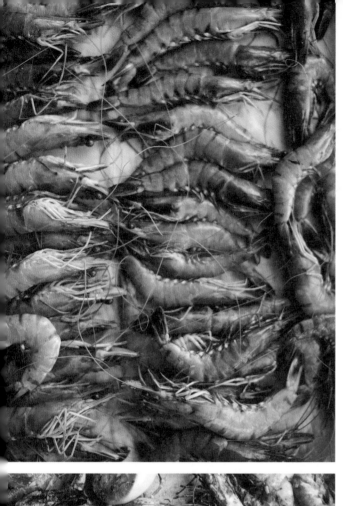

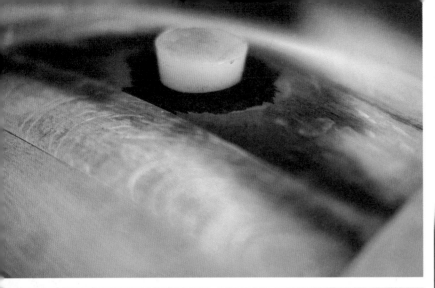

Le vignoble de Chapel Down

Qui aurait imaginé que la Grande-Bretagne serait un jour distinguée pour sa production vinicole? Ces dix dernières années, on a pu voir la qualité de notre vin progresser à un point tel que des producteurs français achètent des vignobles sur la côte sud. Le Kent est souvent qualifié de «jardin de l'Angleterre», et le vignoble de Chapel Down est, d'après moi, l'un des meilleurs de Grande-Bretagne. On y élève de grands vins, des rosés pétillants, des cidres et des bières remarquables. Je m'y suis rendu pour une dégustation - quel dépaysement! En une heure et demie, j'étais passé de l'effervescence des rues londoniennes à ce petit coin de campagne calme et magnifique... Une belle visite.

www.englishwinesgroup.com

Les vins britanniques se sont améliorés : j'en veux pour preuve la cave de Chapel Down, où l'on boit un vin remarquable !

MOULES DES HIGHLANDS

JUTEUSES • FUMÉES • CRÉMEUSES • AU BON GOÛT DE POIREAU

J'ai goûté mes premières moules à l'âge de 8 ans. Je me souviens qu'en regardant le plat, je pensais que je n'allais jamais pouvoir y toucher. Mais ma mère m'a dit : «Ne les regarde pas, mon grand, mange-les, tout simplement.» Et c'est ce que j'ai fait. Après avoir compris comment utiliser les coquilles vides comme des pinces, je les ai dévorées en moins de temps qu'il n'en fallait pour le dire. Les moules peuvent être cultivées à grande comme à petite échelle, elles purifient l'eau, ne nécessitent que 4 min de cuisson et sont nourrissantes et délicieuses... Que de qualités !

POUR 6 PERSONNES

- 2 kg de moules
- 1 gros poireau
- 1 branche de céleri
- Huile d'olive
- Une noisette de beurre
- 250 g de haddock pelé, sans l'arête centrale
- 15 cl de whisky
- 20 cl de crème fraîche
- 1 petite botte de persil plat
- Huile d'olive vierge extra, pour servir
- 6 gros morceaux de pain au levain, pour servir

Lavez soigneusement les moules et ébarbez-les en retirant tous les petits fils.

Épluchez, lavez et émincez le poireau et la branche de céleri, en conservant les feuilles jaunes de cette dernière, plus délicates, pour en parsemer le plat après la cuisson. Placez un grand faitout profond sur feu moyen, ajoutez un peu d'huile d'olive et une noisette de beurre, ainsi que le poireau et le céleri. Laissez cuire 10 min en remuant, jusqu'à ce que les légumes soient tendres. Émiettez le haddock et versez le whisky. Vous pouvez le flamber si vous le souhaitez. Je trouve que cela rend les moules plus savoureuses : veillez juste à ne pas vous brûler !

Ensuite, ajoutez les moules et la crème fraîche. Mélangez, secouez le faitout et couvrez-le. Laissez cuire 4 à 5 min, jusqu'à ce que les moules soient ouvertes (jetez celles qui sont restées fermées). À l'aide d'une écumoire, retirez-les du faitout et déposez-les sur un grand plat de service ou dans un saladier. Laissez le jus de cuisson épaissir doucement. Ciselez le persil, incorporez-le dans la sauce et mélangez bien. Goûtez, rectifiez l'assaisonnement et versez sur les moules. Parsemez de feuilles de céleri, arrosez d'huile d'olive vierge extra et servez immédiatement avec le pain légèrement grillé, pour un repas simple, bon et chaleureux !

La magnifique côte britannique. Elle peut être sévère par temps gris, mais quand le soleil brille, elle est incomparable.

SALADE ESTIVALE À LA CRÈME DE CRABE
AVOCAT AUX HERBES • MOUILLETTES

Préparez cette recette avec de la chair de crabe prête à l'emploi, que vous trouverez dans la plupart des supermarchés ou chez les bons poissonniers. Vous pouvez également prélever vous-même la chair de crabes : ce n'est pas compliqué, c'est très gratifiant, et le résultat final en vaut la peine.

POUR 4 PERSONNES

- 2 kg de crabes vivants
ou
- 450 g de chair blanche de crabe

Pour la chair brune de crabe
- 2 citrons
- 1 noix muscade
- Sel et poivre du moulin

- 3 cuil. à soupe d'huile d'olive
- 2 cuil. à soupe de yaourt nature
- ½ piment rouge émietté

Pour la salade
- 1 avocat mûr
- 2 tomates

- Quelques feuilles jaunes de céleri
- Quelques brins de persil plat effeuillés
- Quelques brins de menthe effeuillés
- Huile d'olive
- 1 pain au levain
- Beurre, pour servir

Si vous avez acheté de la chair de crabe toute prête, passez directement au paragraphe consacré à la salade. Si vous souhaitez préparer vous-même la chair de crabe, lisez ce qui suit...

Préparer la chair de crabe
Mettez les crabes vivants dans l'évier et couvrez-les d'un linge humide et froid. Choisissez un faitout assez grand pour les contenir. Remplissez-le d'eau aux trois quarts et salez abondamment – l'idéal étant une salinité proche de celle de l'eau de mer. Placez sur feu vif et portez à ébullition, en ajoutant les légumes et les aromates de votre choix (persil, aneth, oignon, carotte et céleri, par exemple) ainsi qu'un filet de jus de citron. Jetez les crabes dans l'eau bouillante, puis couvrez avec un couvercle. Si vous ne pouvez pas vous résoudre à les ébouillanter, vous pouvez les tuer en leur enfonçant une lame de couteau au niveau du crâne. C'est une opération délicate, à vous de voir ! Laissez cuire 12 min exactement pour un crabe de 1 kg. Égouttez et laissez refroidir 15 à 20 min. Ensuite, retirez les pattes et les pinces en effectuant un mouvement rotatif. Avant de retirer la chair, regardez la vidéo de démonstration disponible sur Internet (*www.jamieoliver.com/how-to*). Écrasez ensuite les coquilles vides à l'aide d'un rouleau à pâtisserie et remettez-les dans le faitout. Si vous le souhaitez, vous pouvez préparer la recette de soupe à la tomate de la page 46 : simplement, il ne faudra pas oublier de passer le jus de cuisson à travers une passoire fine en fin de préparation. La coquille de crabe donnera une saveur extraordinaire à votre plat. Vous avez payé votre crustacé, autant en profiter jusqu'à la moindre miette !

La salade
Mettez 150 g de chair de crabe et le jus de ½ citron dans le bol d'un robot. Ajoutez un peu de noix muscade râpée, 1 pincée de sel et de poivre, l'huile d'olive, le yaourt et le piment. Mixez le tout jusqu'à obtention d'un mélange homogène. Goûtez et rectifiez l'assaisonnement si nécessaire. Déposez la préparation sur une grande planche et parsemez-la du reste de chair. Coupez l'avocat en deux, dénoyautez-le, pelez-le et taillez-le en dés de 1 cm de côté. Coupez les tomates en dés de 1 cm également et disposez le tout sur la crème de crabe. Parsemez de feuilles de céleri, de persil et de menthe, et arrosez d'huile d'olive. Coupez le pain en tranches épaisses et faites-les légèrement griller. Tartinez-les de beurre et découpez-les en mouillettes de 2 à 3 cm de large. Présentez-les sur une assiette, avec des quartiers de citron.

PAINS DE POISSON CROUSTILLANTS
...EN PAPILLOTE DE LARD FUMÉ

Plusieurs étapes sont nécessaires à la réalisation de ces pains de poisson, mais elles sont toutes très simples. Pour partir sur de bonnes bases, il faut simplement reconnaître que, parfois, la patience est une qualité plus précieuse que le talent! Il est surprenant d'observer la réaction que provoquent ces pains : quand ils figurent sur la carte d'un restaurant, à condition qu'ils soient faits maison, ils partent toujours très vite. L'avantage de les préparer vous-même, c'est que vous pouvez les assaisonner à votre goût. C'est donc avec plaisir que je vous livre cette recette simple comme un jeu d'enfant – les miens l'ont déjà réalisée (bon d'accord, avec un petit coup de main...).

POUR 6 PERSONNES

- 2 poireaux
- Une noix de beurre
- 1 noix muscade
- Sel et poivre du moulin
- 500 g de pommes de terre
- 3 gros œufs de poule élevée en plein air

- 240 g de saumon ou de truite fumé, ou mieux, un mélange des deux, grossièrement haché
- 2 citrons
- 6 tiges de persil plat frais, feuilles émincées
- Un peu de farine

- 6 tranches de pain blanc écroûtées
- 1 piment rouge séché
- Huile d'olive
- 6 tranches de lard fumé
- Cresson, pour servir

Coupez les extrémités des poireaux et retirez l'essentiel du vert. Coupez-les dans le sens de la longueur, passez-les sous l'eau et émincez-les. Mettez-les dans une grande casserole sur feu moyen, avec le beurre et un peu de noix muscade; salez, poivrez. Laissez cuire doucement 25 min à couvert, jusqu'à ce qu'ils soient tendres. Retirez la casserole du feu et laissez refroidir.

Pendant la cuisson des poireaux, épluchez les pommes de terre, coupez-les en deux ou en quatre (en fonction de leur taille) et laissez-les cuire 15 min dans une casserole d'eau bouillante salée, jusqu'à ce qu'elles soient tendres. Égouttez-les et remettez-les dans la casserole, écrasez-les de manière à obtenir une purée avec des morceaux. Laissez refroidir un peu. Dans un grand saladier peu profond, cassez les œufs, puis retirez délicatement 1 jaune. Incorporez-le dans les pommes de terre. Ensuite, ajoutez les poireaux, le poisson, le zeste de 1 citron, le jus de ½ citron et les deux tiers du persil. Réservez.

Battez les œufs et versez-les dans un plat peu profond. Disposez un peu de farine sur une assiette. Mixez grossièrement le pain et le piment avec un peu d'huile d'olive, puis ajoutez le persil restant. Versez cette chapelure parfumée sur une assiette. Divisez la pâte à base de poisson en 6 petites boules. Farinez-les, en veillant à retirer le surplus de farine, puis trempez-les dans l'œuf de manière à bien les enrober. Passez-les ensuite sur l'assiette de chapelure. Lavez-vous les mains et mettez ces petites boules en forme, pour en faire de jolis pains de 2 cm d'épaisseur. Couvrez et laissez au réfrigérateur jusqu'au moment de la cuisson.

Préchauffez le four à 220 °C (th. 7-8) et enfournez une plaque de cuisson. Sur une planche, étalez les tranches de lard fumé les unes à côté des autres et, à l'aide d'un rouleau à pâtisserie ou d'une bouteille de vin, aplatissez-les un peu dans le sens de la longueur pour qu'elles soient plus grandes et plus fines. Entourez les pains de poisson avec les tranches de lard et fixez-les à l'aide d'un cure-dents. Disposez-les sur la plaque chaude et enfournez pour 20 min, jusqu'à ce qu'ils soient dorés et croustillants. Sortez-les du four et servez-les immédiatement, avec du cresson et quelques quartiers de citron.

LOUP DE MER EN PAPILLOTE

Vous voulez une recette de poisson qui soit toujours un événement et un succès? La voici!
La vapeur chargée de mille saveurs gonfle la papillote, et votre cuisine s'emplit de senteurs
lorsque vous l'ouvrez. J'ai choisi un loup de mer pêché à la ligne, c'était une belle pièce. Si
vous le commandez à votre poissonnier, il vous en réservera un. S'il n'en a pas, achetez-en
deux petits. Vous pouvez même opter pour d'autres poissons, il suffit simplement d'ajuster
le temps de cuisson. (Un poisson est cuit quand la chair située derrière la tête se détache
facilement.) Ce plat est très raffiné, même si ce n'est pas l'impression qu'il donne lorsqu'on le
sauce goulûment avec du bon pain ou des pommes de terre écrasées, et quand on dépiaute
le loup de mer pour le déguster!

POUR 6 PERSONNES

- 1 loup de mer de 2 kg écaillé, vidé et sans les branchies
- Herbes aromatiques fraîches (basilic, romarin, persil plat…)
- 2 citrons
- Sel et poivre du moulin
- Huile d'olive
- 1 botte d'oignons nouveaux, épluchés
- 1 bulbe de fenouil, avec les feuilles réservées dans de l'eau
- 4 filets d'anchois à l'huile
- Quelques noix de beurre
- 1 gros œuf de poule élevée en plein air
- 25 cl de vin blanc
- 5 cl de crème fraîche
- 200 g de pousses d'épinard

Préchauffez le four à 240 °C (th. 8), en veillant à retirer la grille et la lèchefrite pour libérer de
la place. Déposez le poisson sur une planche et entaillez-le des deux côtés, en respectant des
intervalles de 2 cm. Garnissez l'intérieur avec les herbes et quelques fines rondelles de citron.
Salez et poivrez les deux faces, arrosez d'huile d'olive.

Découpez une feuille de papier d'aluminium mesurant deux fois la longueur du poisson (ne
lésinez pas!). Recouvrez une grande plaque allant au four de cette feuille, en faisant dépasser
la moitié d'un côté. Coupez finement les oignons, le fenouil et les anchois, puis étalez-les sur la
moitié de la feuille posée sur la plaque. Placez le poisson par-dessus et couvrez-le de noix de
beurre puis des tranches de citron restantes. Battez rapidement l'œuf et, à l'aide d'un pinceau
à pâtisserie, badigeonnez le contour de la feuille sur 2 cm de largeur. Rabattez la partie libre de
la feuille sur le poisson, puis scellez les côtés longs de manière à ne laisser que 2 cm d'espace
pour le poisson. Versez le vin dans la dernière extrémité ouverte de la papillote, sans le laisser
déborder, puis fermez. Glissez la plaque dans le bas du four et faites cuire 35 min pour un loup
de 2 kg (25 min pour un loup de 1,5 kg, etc.). N'ouvrez pas la porte du four en cours de cuisson.

Retirez la plaque du four et, à l'aide d'un couteau, ouvrez délicatement la papillote gonflée
par la vapeur. Plantez le couteau dans la partie la plus épaisse du poisson, juste derrière la
tête : si la chair se détache facilement, il est cuit. Ajoutez la crème et laissez-la se mêler au jus
de cuisson. Incorporez les épinards et mélangez doucement pour qu'ils réduisent. Parsemez
de feuilles de fenouil. Vous pouvez servir le poisson directement sur la plaque du four ou le
retirer délicatement de sa papillote et le disposer sur un plat de service. N'oubliez pas de poser
un saladier sur la table pour y jeter les arêtes, la peau et la tête. Servez avec des pommes de
terre nouvelles cuites à l'eau, des petits pois à la menthe ou des asperges.

TOURTES

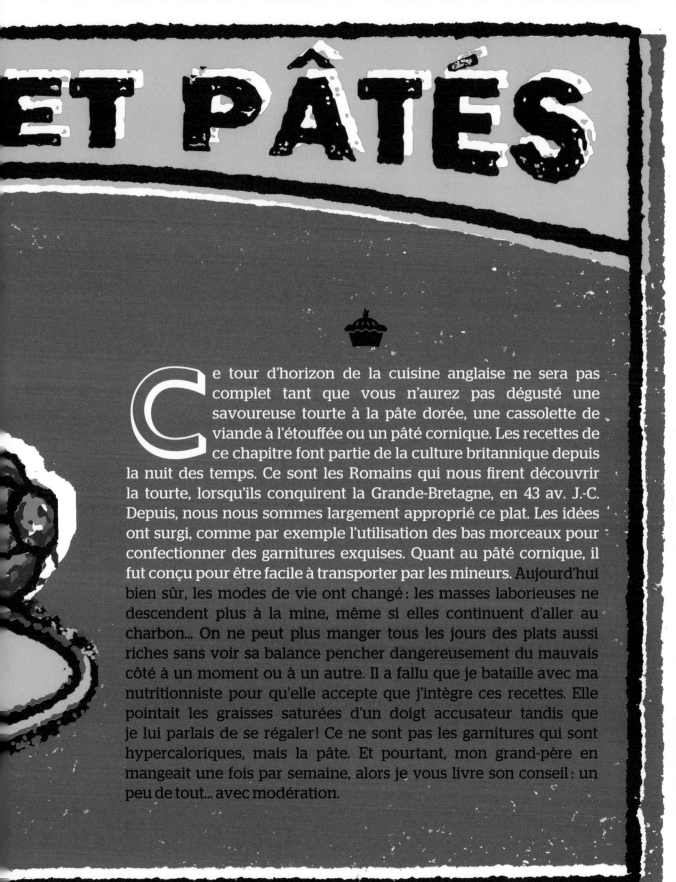

...ET PÂTÉS

Ce tour d'horizon de la cuisine anglaise ne sera pas complet tant que vous n'aurez pas dégusté une savoureuse tourte à la pâte dorée, une cassolette de viande à l'étouffée ou un pâté cornique. Les recettes de ce chapitre font partie de la culture britannique depuis la nuit des temps. Ce sont les Romains qui nous firent découvrir la tourte, lorsqu'ils conquirent la Grande-Bretagne, en 43 av. J.-C. Depuis, nous nous sommes largement approprié ce plat. Les idées ont surgi, comme par exemple l'utilisation des bas morceaux pour confectionner des garnitures exquises. Quant au pâté cornique, il fut conçu pour être facile à transporter par les mineurs. Aujourd'hui bien sûr, les modes de vie ont changé : les masses laborieuses ne descendent plus à la mine, même si elles continuent d'aller au charbon... On ne peut plus manger tous les jours des plats aussi riches sans voir sa balance pencher dangereusement du mauvais côté à un moment ou à un autre. Il a fallu que je bataille avec ma nutritionniste pour qu'elle accepte que j'intègre ces recettes. Elle pointait les graisses saturées d'un doigt accusateur tandis que je lui parlais de se régaler ! Ce ne sont pas les garnitures qui sont hypercaloriques, mais la pâte. Et pourtant, mon grand-père en mangeait une fois par semaine, alors je vous livre son conseil : un peu de tout... avec modération.

LA TOURTE DE MARIAGE DE WILLIAM ET KATE
GARNITURE AU BŒUF ET À LA BIÈRE • PÂTE SUBLIME

J'ai été très ému par le mariage royal, à tel point que j'ai décidé de dédier ma tourte préférée aux jeunes mariés – selon moi, celle-ci est parfaite pour un futur roi et une future reine. Sans vouloir verser dans le sentimentalisme, je trouve que les tourtes sont un plat qui se partage, chaleureux, simple, humble et généreux à la fois. De plus, elles épatent alors qu'en réalité, c'est un moyen ingénieux d'utiliser les bas morceaux (qui sont délicieux pour peu que l'on se donne la peine de les préparer avec soin et attention). Cette tourte peut très bien être confectionnée la veille : il suffit de l'enfourner le jour même pour 1h10 à 170 °C (th. 5-6).

POUR 10 PERSONNES

Pour la garniture
- 2 cuil. à soupe d'huile d'olive
- Une noix de beurre
- 3 tiges de romarin frais, feuilles émincées
- 3 tiges de thym frais, feuilles émincées
- 3 feuilles de laurier fraîches
- 3 oignons rouges de taille moyenne pelés
- 1 kg de gîte avant avec l'os (demandez à votre boucher de le couper en dés de 2,5 cm de côté)
- Sel et poivre du moulin
- 2 cuil. à soupe de purée de tomates
- 40 cl de bonne bière
- 2 grosses cuil. à soupe de farine
- 1,5 l de bouillon de bœuf ou de poulet
- 140 g d'orge perlé
- 3 cuil. à café de moutarde
- 2 ou 3 cuil. à soupe de sauce Worcestershire
- 100 g de cheddar

Pour la pâte
- 300 g de farine + un peu pour fariner
- 100 g de graisse de rognons de bœuf
- 100 g de beurre
- 1 gros œuf de poule élevée en plein air, battu
- Sel

Chauffez l'huile d'olive et le beurre dans une grande sauteuse (24 cm de diamètre et 12 cm de haut). Faites revenir les herbes sur feu vif. Ajoutez les oignons grossièrement hachés, la viande coupée en dés, l'os, quelques pincées de sel et un tour de moulin de poivre. Mélangez bien et laissez cuire 10 min, en remuant de temps en temps. Incorporez la purée de tomates, la bière, la farine et le bouillon. Portez à ébullition. Réduisez le feu au minimum, couvrez et laissez mijoter 1h, en remuant de temps en temps. Versez ensuite l'orge perlé. Couvrez de nouveau et poursuivez la cuisson pendant 1h. Retirez le couvercle et laissez mijoter 30 min supplémentaires, jusqu'à ce que la viande se détache et que la sauce soit bien épaisse. À l'aide d'une cuillère, retirez le gras à la surface, puis incorporez la moutarde, la sauce Worcestershire et le fromage râpé. Salez, poivrez.

Pendant la cuisson de la viande, mettez la farine, la graisse de rognons, le beurre et 1 grosse pincée de sel dans un saladier. Malaxez le tout avec les doigts jusqu'à obtention de grosses miettes semblables à des pétales de maïs. Ajoutez progressivement 12,5 cl d'eau froide. Formez une boule de pâte avec les mains, en veillant à ne pas trop la travailler. Emballez-la dans du film alimentaire et mettez-la au réfrigérateur.

Préchauffez le four à 180 °C (th. 6). Retirez l'os puis, à l'aide d'une écumoire, déposez les morceaux de viande dans le plat à tourte (24 × 30 cm et 4 cm de profondeur). Badigeonnez les bords avec l'œuf battu. Farinez le plan de travail et le rouleau à pâtisserie et étalez la pâte sur une épaisseur de 1 cm – sa surface doit être légèrement supérieure à celle du plat. Déposez délicatement la pâte sur la viande, puis coupez le surplus. Pincez la pâte contre les bords du plat et badigeonnez-la d'œuf battu. Glissez la tourte dans le bas du four et laissez cuire 45 à 50 min, jusqu'à qu'elle soit bien dorée. Accompagnez de légumes à la vapeur.

Préparer une tourte

Quels que soient les ingrédients qui la com-
posent, il ne reste jamais une miette de
tourte! Vous pouvez faire une garniture bluf-
fante avec des restes de viande ou un
ragoût. Couvrez le tout d'une bonne pâte
maison et c'est le succès assuré auprès des
amis, de la famille, sans parler des enfants.
D'ailleurs, je fais participer les miens à la
décoration de la pâte. Si vous êtes comme
ma petite Daisy, vous allez dévorer si goulûment que vous risquez d'avoir de belles
moustaches. Trop mignon!

TOURTE AU LINCOLNSHIRE POACHER

GARNITURE À LA COURGETTE ET À LA MENTHE • ÉCHALOTES GRILLÉES

Ce mode de cuisson rend les courgettes savoureuses tout en mariant des saveurs surprenantes. Si vous le pouvez, procurez-vous du Lincolnshire poacher, un délicieux fromage anglais au lait cru de vache, de type cheddar traditionnel, fait par les très talentueux frères Jones, Simon et Tim (*www.lincolnshirepoachercheese.com*). Sinon, il est possible de trouver du très bon cheddar un peu partout dans le monde... La pâte à tarte sablée est très riche, donc elle s'effrite! J'accompagne cette tourte d'une salade verte à la sauce au citron et d'échalotes cuites au sel, qui caramélisent délicieusement (cette méthode de cuisson est également recommandée pour les betteraves).

POUR 12 PERSONNES

Pour la pâte
- 250 g de beurre doux coupé en cubes
- 500 g de farine + un peu pour fariner
- Sel et poivre blanc du moulin
- 1 gros œuf de poule élevée en plein air, battu

Pour la garniture
- Huile d'olive
- 1 bouquet de thym frais
- 1 noix muscade
- ½ citron
- 1,5 kg de courgettes jaunes et vertes coupées en fines rondelles

- Sel et poivre du moulin
- 300 g de Lincolnshire poacher (ou de bon cheddar)
- 1 petit bouquet de menthe fraîche effeuillé
- 250 g de gros sel
- 24 échalotes

Préchauffez le four à 180 °C (th. 6). Mélangez le beurre, la farine, 1 pincée de sel et quelques tours de moulin de poivre dans un robot, jusqu'à obtention d'une consistance sablée. Déposez le tout sur un plan de travail, creusez un puits au milieu et versez 10 cl d'eau fraîche. Mélangez délicatement, afin de former la pâte. Pressez-la, repliez-la et donnez-lui une forme de boule. Ne cédez pas à la tentation de la pétrir! Mettez-la dans un saladier fariné, couvrez de film alimentaire et laissez au réfrigérateur pendant que vous préparez la garniture.

Versez un filet d'huile d'olive dans une grande casserole sur feu moyen et faites revenir la moitié des feuilles de thym. Ajoutez un peu de noix muscade, le zeste de ½ citron, les courgettes, 1 bonne pincée de sel et de poivre. Laissez cuire doucement (les courgettes vont ramollir et seront plus faciles à travailler), en remuant de temps en temps, pendant 25 min. Ensuite, baissez le feu au minimum et poursuivez la cuisson pendant 20 min, de manière à faire réduire la préparation et à permettre aux parfums de se développer. Laissez refroidir un peu, ajoutez le fromage émietté et les feuilles de menthe ciselées. Réservez.

Coupez la pâte en deux et étalez chaque moitié en lui donnant la forme d'un cercle de 1 cm d'épaisseur à peine, un peu plus grand que le plat à tourte (23 cm de diamètre et 4 cm de haut). La pâte risque de se casser: ne vous inquiétez pas, c'est normal. Bouchez les trous, c'est tout. Enroulez l'un des ronds de pâte autour du rouleau à pâtisserie et déposez-le dans le plat. Appuyez bien dans les coins et sur les côtés, puis couvrez de mélange aux courgettes. Déroulez le second rond de pâte, qui formera le chapeau. Farinez votre pouce et votre index, puis pincez délicatement la pâte pour fermer hermétiquement la tourte. Coupez le surplus et badigeonnez le dessus d'œuf battu.

Mettez le gros sel, les échalotes entières non pelées et quelques feuilles de thym dans un plat à gratin. Glissez la tourte en bas du four et les échalotes au-dessus. Laissez cuire 1 h, jusqu'à ce que la tourte soit dorée. Laissez-la refroidir et servez-la accompagnée d'échalotes grillées.

SHEPHERD'S PIE OU MILKMAN'S PIE ?

Tout le monde adore le fameux *shepherd's pie*, le «hachis du berger», à base de pommes de terre et de mouton ou d'agneau. Je vous propose ici son cousin, le *milkman's pie* (le «hachis du laitier»), hommage aux producteurs laitiers qui souffrent depuis longtemps – chaque jour, deux d'entre eux mettent la clé sous la porte au Royaume-Uni... Le *milkman's pie* est aussi goûteux et généreux que le *shepherd's pie*. Il est réalisé à base de veau, viande boudée par les consommateurs pendant des années, en représailles contre l'industrie agroalimentaire et les mauvais traitements qu'elle infligeait aux vaches et à leurs petits. Toutefois, cela fait des dizaines d'années que ces pratiques ont été abandonnées en Grande-Bretagne! La chair du veau est extraordinaire, légère et délicate. Si nous en consommions davantage, les fermiers – qui perdent de l'argent chaque fois qu'une vache met bas un veau mâle – se porteraient beaucoup mieux... J'ai utilisé du beurre, quelques cuillerées de crème, un filet de lait, un peu de fromage et, bien sûr, du veau. Essayez, vous allez l'adopter!

POUR 6 À 8 PERSONNES

- 2 oignons
- 2 carottes
- Huile d'olive
- 50 g de beurre doux
- Sel et poivre blanc du moulin
- 8 tiges de thym frais effeuillées
- 2 feuilles de laurier
- 450 g de viande de veau hachée

- 1 cuil. à soupe bombée de farine
- 1 citron
- 1 cube de bouillon de légumes ou de volaille bio
- 11 cl de *John Smith's Bitter* ou de bière de type *bitter ale*, brune légèrement amère

- 800 g de pommes de terre riches en amidon (bintje par exemple)
- Lait
- 150 g de champignons de Paris
- 20 cl de crème fraîche
- 50 g de cheddar

Pelez les oignons et les carottes, coupez-les en morceaux de 1 cm de côté. Versez un peu d'huile d'olive dans une grande sauteuse, ajoutez une noix de beurre, les morceaux de légumes, quelques pincées de sel et de poivre blanc, le thym et le laurier. Faites revenir le tout. Laissez cuire 8 à 10 min sur feu moyen, en remuant régulièrement, jusqu'à ce que l'ensemble soit fondant. Ajoutez la viande de veau hachée, la farine, le zeste du citron haché et le bouillon cube émietté. Poursuivez la cuisson en mélangeant et en séparant les morceaux de viande jusqu'à ce que le jus s'évapore. Lorsque la viande commence à dorer, versez de la bière de manière à recouvrir la préparation de 1 cm. Portez le tout à ébullition puis réduisez le feu, couvrez à moitié et laissez mijoter 1 h. Jetez un coup d'œil et remuez de temps en temps.

Au bout de 30 min de cuisson, préchauffez le four à 180 °C (th. 6). Épluchez les pommes de terre et coupez-les en quatre, puis faites-les cuire 10 à 15 min dans une casserole d'eau bouillante, jusqu'à ce qu'elles soient tendres. Égouttez-les et laissez-les refroidir légèrement pendant 2 à 3 min. Salez, poivrez, puis écrasez-les avec un filet de lait et quelques noix de beurre. Réservez.

Coupez les champignons en fines tranches et mettez-les dans la sauteuse, avec la crème. Salez et portez à ébullition pour quelques minutes, jusqu'à épaississement du mélange. Versez le tout dans un plat à gratin (24 × 24 cm environ). Parsemez de cheddar râpé puis, à l'aide d'une fourchette, couvrez de purée - inutile de vous appliquer outre mesure, il faut que ce soit un peu irrégulier, rustique! N'hésitez pas à donner quelques coups de fourchette, pour que la préparation ait du relief. Faites cuire au four 40 min, jusqu'à ce que le plat soit doré. Accompagnez de brocolis et de légumes verts.

CHAUSSONS CORNIQUES D'AUTOMNE

Ces chaussons font le bonheur des vrais gourmands. Ils sont délicieux, à des années-lumière de ceux que l'on peut acheter à emporter au Royaume-Uni! Cette recette est inratable, à condition de suivre ces deux conseils : choisissez de la hampe de bœuf et coupez la viande et les légumes selon ma méthode, cela vous garantit que la cuisson des ingrédients sera uniforme à l'intérieur du chausson. Utilisez judicieusement les petits restes de la veille pour enrichir la garniture. N'hésitez pas à varier les légumes en fonction de la saison, en utilisant des petits pois, des fèves ou des asperges au printemps, et des légumes-racines en hiver. Servez ces chaussons avec une salade, de la moutarde, de la bière et là, c'est le bonheur assuré!

POUR 6 PERSONNES

Pour la pâte
- 500 g de farine + un peu pour fariner
- Sel
- 250 g de beurre doux
- 1 gros œuf de poule élevée en plein air, battu

Pour la garniture
- 350 g de hampe de bœuf
- 1 oignon blanc pelé
- 1 pomme de terre épluchée
- 1 petite courgette
- 1 petite carotte épluchée

- 200 g de courge butternut coupée en dés de 1 cm
- 1 noix muscade
- Sel et poivre blanc du moulin
- Quelques tiges de romarin et de thym frais effeuillées
- Huile d'olive

Versez la farine dans un saladier, ajoutez 1 pincée de sel et le beurre, puis malaxez le tout entre le pouce et l'index. Ajoutez 20 cl d'eau, mélangez à la main. Quand la pâte commence à prendre forme, aplatissez-la, pliez-la et pétrissez-la grossièrement. Ajoutez un peu d'eau si nécessaire, mais ne la travaillez pas trop.

Préchauffez le four à 200 °C (th. 6-7). Coupez la viande et les légumes en dés de 1 cm de côté, mettez-les dans un saladier, ajoutez un peu plus du quart de la noix muscade râpé, 1 bonne pincée de sel et de poivre. Incorporez le romarin et le thym effeuillés. Arrosez d'huile d'olive, mélangez bien et réservez.

Découpez la pâte en 6 morceaux de taille identique et roulez-les en boule. Farinez le plan de travail et le rouleau à pâtisserie. Aplatissez les boules de pâte puis étalez-les sur 2 mm d'épaisseur, en n'oubliant pas de les retourner et de les fariner régulièrement. Vous devez former 6 ronds de pâte d'environ 22 cm de diamètre. Prélevez un peu de garniture, façonnez une boule compacte avec vos mains et placez-la au centre de l'un des ronds de pâte, en restant loin des bords. Arrosez avec un peu d'huile d'olive, badigeonnez les bords de la pâte d'œuf battu et repliez-la de manière à enfermer la garniture en formant un demi-cercle. Procédez de même pour les autres chaussons puis déposez-les sur la plaque du four farinée.

Astuce : regardez les photos ci-contre. Vous pouvez placer la garniture au centre du rond de pâte, relever les bords et les pincer fermement. Vous pouvez aussi déposer la garniture sur une moitié du rond de pâte et la recouvrir avec l'autre moitié. Ensuite, repérez l'emplacement de la garniture puis appuyez avec le pouce pour sceller (si vous percez le chausson, rebouchez les trous).

Badigeonnez les chaussons d'œuf battu. Enfournez pour 30 à 35 min, jusqu'à ce qu'ils soient dorés et appétissants.

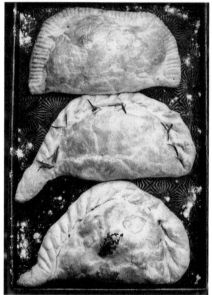

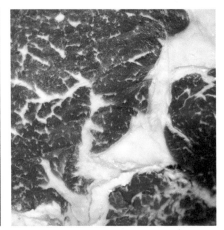

La boucherie de Barbecoa

J'ai ouvert le restaurant Barbecoa avec mon ami, le chef américain Adam Perry Lang, en 2010. La boucherie au rez-de-chaussée rappelle presque une installation de l'artiste londonien Damien Hirst, avec un immense réfrigérateur vitré laissant voir des carcasses de vache entières et de superbes côtes de bœuf. Si vous passez près de la cathédrale Saint-Paul à Londres, n'hésitez pas à venir discuter avec nos bouchers de talent.

www.barbecoa.com

Mon ami Adam Perry Lang le roi du barbecue, et moi. Venez nous rendre visite au Barbecoa !

STEAK & KIDNEY PUDDING

POUR 6 PERSONNES

Pour la garniture

- 2 tranches de lard fumé ou de bacon grossièrement hachées
- Huile d'olive
- ¼ de noix muscade
- 1 grosse cuil. à café de piment de la Jamaïque
- 4 feuilles de laurier fraîches
- 4 tiges de romarin frais
- 2 oignons pelés et grossièrement hachés
- 1 cuil. à soupe de marmelade
- 2 cuil. à soupe de farine
- 4 cuil. à soupe de sauce Worcestershire
- 75 cl de bouillon de bœuf bio
- 2 cuil. à soupe de purée de tomates
- 500 g de macreuse coupée en cubes de 2,5 cm de côté
- Beurre pour graisser
- 250 g de rognons de porc ou d'agneau coupés en deux, préparés et coupés en dés de 1 cm de côté
- 2 carottes épluchées et coupées en dés de 1 cm de côté
- 6 champignons de Paris essuyés et coupés en quatre
- Sel et poivre du moulin
- 50 g de cheddar ou de stilton (ou de fourme d'Ambert)

Pour la pâte

- 350 g de farine avec levure incorporée
- 75 g de beurre doux
- 100 g de graisse de rognons de bœuf
- Sel

Le *meat pudding*, un pain de viande cuit à la vapeur, est un plat traditionnel, très nourrissant et *so British* : je craque complètement ! J'ai revisité le mélange classique de viande de bœuf et de rognons pour créer cette tourte originale et savoureuse.

Placez une grande sauteuse sur feu vif et faites dorer le lard avec un filet d'huile. Ajoutez la noix muscade, le piment de la Jamaïque, le laurier, le romarin et les oignons. Baissez le feu et laissez cuire 10 min, en remuant régulièrement. Une fois les oignons fondus, ajoutez la marmelade, la farine et la sauce Worcestershire. Faites revenir en remuant jusqu'à ce que le mélange brunisse. Incorporez le bouillon, la purée de tomates et la viande. Couvrez et laissez mijoter 1 h.

Pour la pâte, mettez la farine, le beurre, la graisse de rognons et quelques pincées de sel dans un saladier. Malaxez à la main. Une fois que le mélange a la consistance de miettes grossières, versez 10 cl d'eau froide. Pétrissez jusqu'à obtention d'une pâte souple. Couvrez de film alimentaire et mettez au réfrigérateur. Lorsque la viande est cuite, placez une grande passoire sur une casserole et versez-y le contenu de la sauteuse. Retirez le romarin et le laurier. Ensuite, découpez une grande feuille de papier sulfurisé et enduisez les deux faces de beurre. Étalez-la bien à plat dans un moule à soufflé de 1,5 l de contenance.

Farinez le plan de travail et prélevez un morceau de pâte, qui vous servira à former le couvercle de la tourte – cette portion doit être bien plus petite que la base de la tourte. Étalez la pâte restante sur 5 mm d'épaisseur. Enroulez-la rapidement autour du rouleau à pâtisserie, puis déroulez-la sur le moule. Mettez-la en place, en laissant quelques centimètres dépasser du bord. Ensuite, versez doucement les rognons, les carottes et les champignons dans la passoire, et mélangez délicatement à la viande. Salez, poivrez, ajoutez le fromage émietté, puis versez le tout dans le moule – ne vous inquiétez pas s'il n'est pas complètement rempli. Réservez le jus dans la casserole. Étalez le second morceau de pâte, déposez-le en couvercle sur la garniture, repliez le surplus de manière à fermer hermétiquement la tourte. Recouvrez d'une feuille de papier sulfurisé beurrée (face beurrée en contact avec la tourte), puis d'une feuille de papier d'aluminium. Prenez 2 m de fil et entourez-en le moule deux fois : faites un premier double nœud, puis un autre sur le dessus afin de former une poignée – ce sera plus facile pour soulever le plat du bain-marie. Pour plus d'explications, consultez la vidéo sur mon site en anglais (*www.jamieoliver.com/how-to*). Placez la tourte et son moule dans une grande casserole à moitié remplie d'eau. Couvrez, portez à ébullition et laissez mijoter 3 h – ajoutez un peu d'eau de temps en temps.

À la fin de la cuisson, ôtez le moule du bain-marie. Retirez le fil, le papier d'aluminium et le papier sulfurisé. Placez un plat de service à l'envers sur la tourte et retournez délicatement. Réservez. Juste avant de servir, ôtez doucement le moule, le papier, et arrosez d'un peu de sauce réchauffée. Servez aussitôt, avec des légumes de saison.

Cette tourte à la vapeur trône sur les tables britanniques depuis le XVIII° siècle. Une valeur sûre

TOURTE AU POIREAU ET AU LAPIN

CIDRE • CRÈME • PÂTE FEUILLETÉE • PETITS POIS • ÉPINARDS

Même les gens qui prétendent ne pas aimer le lapin adorent cette tourte… Le lapin était très consommé en Grande-Bretagne avant le développement des supermarchés. Vous en trouverez aujourd'hui chez les bons bouchers. Les lapins d'élevage ont une chair plus douce et plus tendre que les lapins sauvages, souvent plus petits et plus musculeux, et qui nécessitent donc un temps de cuisson un peu plus long. Demandez à votre boucher de couper le lapin en huit ou dix morceaux. N'oubliez pas de réclamer les abats. Je les hache puis je les mélange à la garniture de la tourte – surtout, ne faites pas l'impasse sur cette étape, car ce sont eux qui donneront toute sa saveur à la préparation. Hachez-les menu de manière à les noyer dans la garniture, et le tour est joué! J'ai choisi d'utiliser cette préparation pour confectionner une tourte, mais vous pouvez très bien la servir en ragoût, accompagnée de pommes de terre écrasées, de pommes de terre en robe des champs ou de pâtes.

POUR 8 PERSONNES

- 6 tranches de lard fumé ou de bacon
- Huile d'olive
- 4 gros poireaux épluchés
- 3 brins de romarin frais
- 1 lapin dépecé et coupé en 8 à 10 morceaux, avec les abats

- 3 grosses cuil. à soupe de farine + un peu pour fariner
- Une noix de beurre
- 60 cl de bouillon de poulet bio
- Sel et poivre du moulin
- 50 cl de bon cidre
- 200 g de petits pois surgelés

- 100 g de pousses d'épinard
- 10 cl de crème liquide
- 1 citron
- 500 g de pâte feuilletée pur beurre
- 1 gros œuf de poule élevée en plein air, battu

Chauffez une grande cocotte sur feu moyen. Émincez le lard et faites-le revenir dans un peu d'huile d'olive pendant que vous lavez les poireaux. Émincez-les, puis ajoutez-les dans la cocotte, avec les feuilles de romarin. Remuez et laissez cuire 20 min. Hachez finement les abats et incorporez-les au mélange, avec la farine, le beurre, les morceaux de lapin, le bouillon, 1 bonne pincée de sel et le cidre. Couvrez et laissez cuire 1h30 sur feu doux.

Retirez les morceaux de viande de la sauce. Enfilez des gants de caoutchouc pour détacher la chair des os – veillez à bien retirer tous les morceaux gélatineux. Remettez la viande dans la sauce, incorporez les petits pois, les épinards et la crème, et laissez mijoter 5 min. Rectifiez l'assaisonnement, puis ajoutez un peu de zeste de citron.

Préchauffez le four à 200 °C (th. 6-7) et graissez un plat à gratin d'environ 25 × 30 cm. Toutefois, si votre cocotte est jolie et qu'elle passe au four, vous pouvez très bien y laisser la préparation. Dans le cas contraire, versez le ragoût dans le plat. Farinez le plan de travail et le rouleau à pâtisserie. Abaissez la pâte sur une épaisseur de 0,5 cm, en veillant à ce qu'elle recouvre tout le plat (il faut même qu'elle soit un peu plus grande). Badigeonnez les bords de ce dernier d'œuf battu. Déroulez la pâte sur le plat, en la laissant dépasser. Appuyez fermement sur les bords pour refermer la tourte et coupez le surplus avec un couteau. Si vous vous sentez d'humeur créative, vous pouvez étaler la pâte restante et couper des lanières de manière à créer un joli quadrillage. Badigeonnez la surface d'œuf battu. Enfournez pour 25 à 30 min, jusqu'à ce que la pâte soit dorée et appétissante. Accompagnez de carottes et de petits légumes verts.

P.-S. : n'hésitez pas à préparer le ragoût la veille. Il se conserve bien au réfrigérateur. Vous n'aurez plus qu'à le recouvrir de pâte et à le faire cuire 40 min à 180 °C (th. 6).

LE DÉJEUNER DOMINICAL

H onnêtement, je ne connais personne qui n'attende pas avec impatience le déjeuner dominical. Cette magnifique tradition de se retrouver en famille à déguster une viande cuite au four (*roast dinner*) est restée bien ancrée, malgré les nombreux changements qu'a connus notre culture culinaire. Dans ce chapitre, je vous propose plusieurs plats que je cuisine chez moi. En Grande-Bretagne, nous avons toujours eu une viande d'excellente qualité, qui peut se déguster de mille façons – en choisissant différents morceaux de bœuf, en les découpant d'une manière nouvelle, en tranchant finement un gigot d'agneau pour le cuire au barbecue avec un homard, en revisitant un vieux classique comme l'oie... Les recettes que je vous livre vous donneront mille excuses pour rester attablé en famille afin de profiter d'un long dimanche paisible.

BŒUF DOMINICAL

L'originalité de cette recette réside dans la découpe savante des différentes parties de la côte. Voici donc une variante très particulière de notre grand classique du déjeuner dominical, le bœuf cuit au four.

POUR 6 PERSONNES (AVEC DES RESTES)

- 2,25 kg de côte de bœuf (avec 2 os)
- 1 bouquet de romarin frais
- Sel
- 1 grosse cuil. à café de poivres noir et blanc
- Huile d'olive

- 1,2 kg de pommes de terre de type bintje
- 500 g de navets
- 50 g de beurre à température ambiante
- 2 cuil. à soupe de miel liquide
- 1 tête d'ail séparée en gousses

- 20 feuilles de laurier fraîches
- 6 cuil. à soupe de vinaigre de vin rouge ou de cidre

Pour servir
- De la moutarde
- Du condiment au raifort

Sortez la viande du réfrigérateur 30 min avant la cuisson. Préchauffez le four – dans lequel vous aurez glissé un grand plat – à 240 °C (th. 8). Pilez les feuilles de 2 brins de romarin avec 1 bonne cuil. à café de sel et le poivre pour en faire une pâte souple. Enduisez-en la côte et arrosez d'un filet d'huile d'olive. Déposez la viande dans le plat chaud et enfournez pour 50 min (il est préférable de mettre le minuteur).

Pendant ce temps, portez une grande casserole d'eau salée à ébullition. Épluchez les pommes de terre et les navets, puis coupez-les en deux ou en quatre pour obtenir des morceaux de 2,5 cm de côté environ. Mettez-les dans l'eau bouillante, attendez la reprise de l'ébullition et laissez cuire 10 min à couvert. Égouttez les légumes dans une passoire, secouez un peu et laissez toute la vapeur se dissiper.

Une fois la viande cuite, déposez-la délicatement dans un plat – réservez le plat de cuisson. Déposez la moitié du beurre sur le dessus, parsemez du romarin restant et badigeonnez de miel. Couvrez avec une feuille de papier d'aluminium et un linge de cuisine puis laissez reposer 30 min. Retirez les brins de romarin.

Pilez grossièrement les gousses d'ail puis mettez-les dans la graisse du plat bien chaud, avec le beurre restant et les feuilles de laurier. Arrosez de vinaigre et placez le plat sur feu vif. Ajoutez les pommes de terre et les navets, et retournez-les régulièrement. Assaisonnez. Quand les légumes se mettent à frire, enfournez le plat pour 30 min, jusqu'à ce qu'ils soient croustillants et dorés. Ensuite, débarrassez-les sur une assiette de service et glissez-la dans le four éteint. Passez à la découpe de la viande. Prévoyez deux planches, l'une pour découper, l'autre pour servir. Retirez la ficelle et versez le jus de cuisson dans un bol que vous placerez dans le four chaud. Tranchez la viande entre les os afin d'obtenir deux côtes distinctes. Découpez-en le cœur, réservez. Enlevez les morceaux gras et gélatineux, et détachez la viande restante : coupez-en une partie en cubes de 2,5 cm et l'autre en grandes tranches. Détaillez le cœur de la viande en tranches fines et placez-les au milieu de la planche, entourées des morceaux précédemment découpés.

Badigeonnez la viande avec le jus de cuisson, en vous servant des brins de romarin comme pinceau. Présentez-la avec les légumes, la sauce bien chaude et une salade de cresson au citron, pour un peu d'originalité. Proposez de la moutarde, du condiment au raifort, et vous tenez là un déjeuner dominical exceptionnel !

RAGOÛT DE QUEUE DE BŒUF
BOULETTES AUX ÉPINARDS • RAIFORT

Pour moi, rien de tel qu'un bon bouillon épais avec d'appétissantes boulettes de légumes! L'idéal, c'est d'obtenir une sauce dense, colorée, et une viande fondante, qui contrasteront avec les boulettes aux épinards vert tendre.

POUR 6 À 8 PERSONNES

Pour le ragoût
- 5 cuil. à soupe de sucre semoule
- Quelques clous de girofle
- 50 cl de bière de type *bitter ale*
- 2 cuil. à soupe de sauce Worcestershire
- 400 g de tomates olivette
- 2 kg de queue de bœuf
- Sel et poivre du moulin
- 2 carottes épluchées et grossièrement hachées

- 2 branches de céleri épluchées et grossièrement hachées
- 2 oignons pelés et coupés en quatre
- 2 brins de romarin frais effeuillés
- 2 feuilles de laurier fraîches
- 1 cuil. à soupe de condiment au raifort

Pour les boulettes
- 200 g de pousses d'épinard

- 1 noix muscade
- 75 g de beurre doux
- 500 g de farine avec levure incorporée
- 1 grosse cuil. à café de moutarde en poudre
- ½ cuil. à café de bicarbonate de soude
- 1 bonne pincée de sel

Placez une grande cocotte sur feu moyen; mettez-y le sucre et les clous de girofle. Laissez caraméliser pendant quelques minutes, jusqu'à ce que le sucre soit bien doré. Ajoutez la bière, la sauce Worcestershire et les tomates. Portez à ébullition. Déposez la queue de bœuf, secouez la cocotte énergiquement puis assaisonnez généreusement. Mettez les carottes, le céleri et les oignons dans le robot, ajoutez 1 bonne pincée de sel et quelques tours de moulin à poivre, le romarin et le laurier. Mixez finement le tout. Versez ce mélange dans la cocotte, remuez puis couvrez hermétiquement à l'aide d'un couvercle ou de 2 feuilles de papier d'aluminium. Baissez le feu et laissez mijoter doucement pendant 4 à 5 h - mélangez de temps en temps et ajoutez un peu d'eau si nécessaire.

Placez les épinards dans le robot nettoyé et mixez-les finement. Râpez la moitié de la noix muscade, ajoutez tous les ingrédients des boulettes et mixez de nouveau, jusqu'à ce que le mélange forme de fines miettes. Versez 10 à 15 cl d'eau froide de manière à obtenir une pâte épaisse. Posez-la sur un plan de travail fariné et façonnez un boudin. Coupez-le en petites tranches (pour une trentaine de petites boulettes, qui sont à mon goût plus savoureuses que les grosses boulettes de la photo). Confectionnez des boulettes et couvrez-les d'un linge humide en attendant la fin de la cuisson du ragoût.

Quand la chair de la queue de bœuf se détache facilement de l'os, la viande est cuite. Vous pouvez soit procéder à l'ancienne en servant la viande sur l'os, soit la présenter désossée. C'est une question de goût! Remettez la viande dans la cocotte, ajoutez un peu d'eau puis incorporez 1 cuil. à soupe de condiment au raifort avant de déposer les boulettes dans la sauce. Couvrez à l'aide d'un couvercle ou d'une feuille de papier d'aluminium et laissez cuire 25 à 30 min - les boulettes doivent gonfler tout en restant moelleuses et appétissantes. N'hésitez pas à en casser une pour tester. Servez le tout avec quelques cuillerées de condiment au raifort. Un pur délice!

P.-S.: si vous préférez des boulettes tendres et moelleuses à cœur, croustillantes et dorées en surface, vous pouvez les cuire au four, en enfournant la cocotte (sans son couvercle) à 180 °C (th. 6) pour 25 à 30 min.

Une viande très tendre, une sauce épaisse et colorée, des boulettes aux épinards moelleuses... À table !

En hiver, rien de tel que de préparer une belle tourte ou un généreux ragoût...

... de s'emmitoufler, de sortir dans le froid, de grelotter puis de rentrer se réchauffer autour d'un bon repas fumant.

SUBLIME OIE RÔTIE

En Grande-Bretagne, l'oie a longtemps été une volaille de choix réservée aux grandes occasions familiales. Mais avec l'arrivée sur le marché de dindes en provenance d'Amérique, les ventes d'oie ont très vite chuté : les élevages de dindes, moins contraignants, plus intensifs et, bien sûr, nettement plus rentables, sont à l'origine de la prédominance de cette volaille sur les étals... L'oie est tombée en désuétude. Elle est pourtant savoureuse, et le mode de cuisson que je vous présente permet de la déguster quand bon vous semble. Elle pourra facilement se conserver quelques jours dans le plat de cuisson, au réfrigérateur. Tant que la chair est recouverte de graisse, elle est protégée et conserve son goût et sa fraîcheur. Quand vous souhaitez la réchauffer, glissez-la dans le four chaud et faites-la cuire 30 min, jusqu'à ce qu'elle soit bien chaude et croustillante. Vous pouvez conserver la graisse dans un bocal, au réfrigérateur : ajoutez-en un peu dans des pommes de terre (ou tout autre légume-racine) cuites au four, c'est délicieux !

POUR 8 À 10 PERSONNES

- 6 bâtons de cannelle
- 6 étoiles d'anis
- 2 cuil. à café de clous de girofle
- 1 tronçon de 2,5 cm de gingembre frais, épluché et coupé en fines rondelles
- Sel et poivre du moulin
- 1 belle oie élevée en plein air (4 à 5 kg), coupée en deux dans le sens de la longueur par votre boucher
- 2 oranges coupées en rondelles
- Vinaigre de vin rouge

Préchauffez le four à 240 °C (th. 8) et libérez assez de place dans le réfrigérateur pour y stocker un grand plat à four. Pilez 3 bâtons de cannelle, 3 étoiles d'anis, 1 cuil. à café de clous de girofle et le gingembre en rondelles dans un mortier, avec 1 bonne pincée de sel et 1 tour de moulin à poivre. Frottez la peau de l'oie avec ce mélange. Placez la volaille coupée en deux – peau sur le dessus – dans un grand plat à bords hauts, avec la cannelle, l'anis et les clous de girofle restants. Enfournez, réduisez immédiatement la température à 160 °C (th. 5-6) et laissez cuire 3 h 30 à 4 h (en fonction de la taille du volatile), en arrosant de jus de cuisson une ou deux fois. Au bout de 2 h, ajoutez les tranches d'orange.

Lorsque la volaille est cuite, la chair doit se détacher facilement de l'os. Retirez-la du four et arrosez-la de jus de cuisson aux épices pour bien l'imprégner – cette étape est très importante. Laissez-la refroidir, puis badigeonnez-la de graisse refroidie. Couvrez le plat de film alimentaire et placez-le au réfrigérateur. Vous pouvez l'y laisser 2 à 3 jours, à condition que la chair soit bien recouverte de graisse solidifiée.

Un peu avant de servir, préchauffez le four à 190 °C (th. 6-7). Déposez la volaille sur une planche, versez une grande partie de la graisse du plat de cuisson dans un bocal hermétique et conservez-le au réfrigérateur, pour préparer des légumes sautés par exemple. Remettez l'oie dans le plat de cuisson, la peau sur le dessus, et réchauffez-la au four environ 30 min. Une fois la cuisson terminée, posez-la sur la planche. Déchiquetez la chair des cuisses et coupez la poitrine en tranches pour que chacun puisse prélever le morceau qui lui fait envie. Versez un bon filet de vinaigre de vin rouge dans le plat et mélangez avec la graisse restante, pour déglacer les morceaux ayant attaché au fond. Versez sur la viande et dégustez ce plat savoureux. Vous pouvez aussi servir l'oie en lanières, mélangées avec une bonne salade, ou dans des wraps à la laitue iceberg. Régalez-vous !

Notre viande est exceptionnelle car nos bêtes sont élevées dans les plus beaux pâturages du monde.

JARRET D'AGNEAU À LA GUINNESS
SAUCE LIÉE BIEN FONCÉE • MENTHE FRAÎCHE

Le jarret d'agneau est un pur délice que l'on fait cuire jusqu'à ce que la chair se détache et que les saveurs se développent. La réussite de cette recette tient autant à la consistance épaisse de sa sauce qu'au fondant de la viande. Arroser les oignons avec une bonne bière brune ou une Guinness donne une saveur inégalée au plat. Comme vous aurez assez de sauce pour 10 jarrets, n'hésitez pas à inviter du monde! Il suffira d'ajouter quelques jarrets et un peu de bouillon si nécessaire... Mais surtout, n'oubliez pas l'huile à la menthe et les oignons nouveaux, ce sont eux qui font toute la différence!

POUR 6 PERSONNES

- 3 oignons rouges pelés
- Huile d'olive
- Sel et poivre noir du moulin
- 2 poignées de raisins secs
- 3 grosses cuil. à soupe de marmelade avec des morceaux
- 1 cuil. à soupe bombée de ketchup

- 2 cuil. à soupe de sauce Worcestershire + un peu en accompagnement
- 20 cl de Guinness ou de bière brune
- 6 jarrets d'agneau de 350 g chacun
- 8 brins de romarin frais
- 1 l de bouillon de poule bio

Pour servir
- Purée de pommes de terre et de céleri-rave (voir p. 334)
- 1 petit bouquet de menthe fraîche
- Quelques cuil. à soupe d'huile d'olive ou de colza
- 2 oignons nouveaux pelés
- Vinaigre de cidre

Émincez les oignons et mettez-les dans une grande sauteuse (26 cm de diamètre), avec un filet d'huile d'olive, 1 bonne pincée de sel et quelques tours de moulin à poivre. Faites cuire sur feu moyen à vif en mélangeant régulièrement, jusqu'à ce que les oignons commencent à caraméliser. Ajoutez les raisins secs, la marmelade, le ketchup, la sauce Worcestershire et la bière. Mélangez bien et laissez mijoter doucement.

Mettez les jarrets d'agneau dans une grande poêle (30 cm de diamètre), sur feu moyen à vif, avec un filet d'huile d'olive - procédez en plusieurs fois si nécessaire. Retournez-les régulièrement. Lorsqu'ils sont dorés, ajoutez les feuilles de romarin et faites-les revenir, sans les laisser brûler. Transvasez les jarrets dans une sauteuse puis versez-y le jus de cuisson et le romarin. Arrosez de bouillon, couvrez et baissez le feu. Laissez mijoter doucement pendant 3 h, jusqu'à ce que la viande se détache de l'os. Retournez les jarrets au bout de 1 h 30 pour qu'ils cuisent uniformément. Une trentaine de minutes avant la fin de la cuisson, commencez à préparer la purée de pommes de terre et de céleri-rave.

Lorsque les jarrets d'agneau sont cuits, déposez-les délicatement sur un plat, en veillant à ce que la chair reste intacte. Fouettez la sauce jusqu'à obtention d'une consistance homogène, puis mettez-la sur feu doux afin de la faire réduire. Réservez quelques feuilles de menthe pour la présentation et pilez le reste rapidement dans un mortier, avec 1 bonne pincée de sel et l'huile d'olive ou de colza; versez dans un petit bol. Émincez les oignons nouveaux, déposez-les dans un ramequin avec les feuilles de menthe fraîches réservées, arrosez de vinaigre et ajoutez 1 pincée de sel.

Présentez la purée de pommes de terre et de céleri-rave dans un plat, surmontée des jarrets - encore une fois en veillant à ne pas détacher la viande. Ajoutez un filet de vinaigre et de sauce Worcestershire dans la sauce. À l'aide d'une louche, arrosez-en l'agneau et versez le reste dans une saucière. Parsemez le plat des oignons nouveaux et de quelques feuilles de menthe fraîche, arrosez d'huile à la menthe (en évitant les jarrets) et servez.

La côte de Gower est sublime — sous le soleil, on dirait même la Caraïbe ! Comment résister à un barbecue ?

SURF & TURF À LA GALLOISE
AGNEAU AU BARBECUE • HOMARD POCHÉ

POUR 10 PERSONNES

Pour le surf
- Sel
- 1 petit bouquet d'aneth frais
- 1 petit bouquet de persil plat frais
- 1 piment rouge frais
- 1 cuil. à soupe de poivre en grains
- 3 citrons
- 5 homards vivants de 1 kg chacun
- 125 g de beurre

Pour le turf
- 1 petit bouquet de romarin frais effeuillé
- 4 gousses d'ail pelées
- Sel et poivre du moulin
- Huile d'olive
- Vinaigre de vin rouge
- 1 gigot d'agneau ciselé (demandez à votre boucher dc le faire)
- 1 grosse poignée de feuilles de menthe fraîche
- 1 piment rouge frais

L'agneau et le homard se marient merveilleusement avec les salades d'été comme celle de la page 90. Et si vous pouvez faire mariner l'agneau la veille afin de développer ses saveurs, c'est encore mieux! Pour bien cuire le homard, une marmite de 20 l de contenance est nécessaire – il faudra peut-être en louer ou en acheter une. Regardez sur Internet pour vous en procurer une au meilleur prix!

Pour le surf

Remplissez la marmite d'eau aux trois quarts et salez (la salinité doit être proche de celle de l'eau de mer). Portez à ébullition puis ajoutez les herbes, le piment, le poivre, le jus de 2 citrons et les demi-citrons pressés. Vous pouvez maintenant tuer les homards en enfonçant une brochette dans la petite croix située derrière la tête. Si vous n'êtes pas sûr de vous, jetez-les simplement dans l'eau bouillante et couvrez (n'ôtez pas les élastiques autour des pinces). Après 5 min de cuisson, éteignez le feu et laissez les homards dans l'eau. Ils seront cuits à la perfection au bout de 15 min, et resteront chauds et savoureux pendant 40 min.

Avant de servir les homards, déposez un bol dans le bouillon en le laissant flotter. Mettez-y le beurre, 1 pincée de sel et un filet de jus de citron. Laissez fondre le tout. Coupez les homards au milieu afin d'obtenir deux belles moitiés (vous pouvez consulter la vidéo explicative sur *www.jamieoliver.com/how-to*). Jetez l'estomac et cassez les pinces à l'aide du dos d'un couteau. Trempez rapidement un pinceau à pâtisserie dans le beurre fondu et badigeonnez la chair des homards.

Pour le turf (idéalement, il doit avoir mariné quelques heures ou toute une nuit)

Pilez les feuilles de romarin, l'ail, 1 bonne pincée de sel et de poivre dans un mortier. Ajoutez 4 cuil. à soupe d'huile d'olive et un peu de vinaigre. Étalez cette pâte sur le gigot ciselé (vous pouvez demander à votre boucher de le faire, mais vous pouvez apprendre cette technique en consultant la vidéo sur *www.jamieoliver.com/how-to*).

Après avoir fait mariner la viande quelques heures ou toute la nuit, allumez le barbecue. Incisez-la, mettez-la sur le feu et laissez-la cuire 15 min. Retournez-la régulièrement et badigeonnez-la souvent de beurre pour lui donner une belle couleur. Si vous n'avez pas de barbecue, vous pouvez la faire cuire 35 min à feu très vif sur une poêle-gril d'au moins 25 × 30 cm.

La sauce (pour une viande sublime et incroyablement juteuse)

Émincez la menthe et le piment sur une grande planche à découper. Arrosez d'un peu d'huile d'olive et de vinaigre, et mélangez le tout. Retournez la viande dans la sauce pour l'enrober et la parfumer. Coupez-la en lanières de 1 cm d'épaisseur sur la planche à découper. Trempez de nouveau dans la sauce à la menthe et servez.

Quelle différence entre du porc de qualité et du porc bon marché ! Il suffit de débourser un peu plus pour vraiment se régaler !

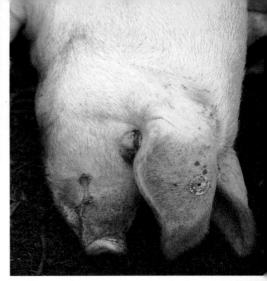

THE CUTS

TENDERLOIN - BONELESS CHOPS
BONE IN CHOPS
SPARE RIB BONED & ROLLED
BELLY SLICES 8
LOIN ON THE BONE - LOIN BONED AND ROLLED
GAMMON - DICED PORK
SAUSAGES

THE CRIBBS HERD

MARK'S GLOUCESTER
OLD SPOTS

THE CUTS

BONED & ROLLED WHOLE BELLY
LIVER - KIDNEY
SAUSAGE MEAT - 5ozBURGERS
8 **BONED & ROLLED LEG**
DRY CURED BACON
QUARTER PIG - HALF PIG
WHOLE PIG

PEDIGREE PORK DELIVERED TO YOU DOOR
JUST CALL MARK ON   07836 661 640
WWW.MARKSGLOUCESTEROLDSPOTS.CO.UK

Les cochons de Bristol

À Bristol, j'ai rencontré Mark Hook, qui élève des porcs de race gloucester old spot avec amour et respect. Un magnifique exemple d'élevage en plein air !
www.marksgloucesteroldspots.co.uk

J'ai aussi rencontré Ryan Coghlan, qui fabrique des saucisses récompensées par de nombreux prix. Sa société, The Sausage Fest, travaille suivant d'anciennes méthodes pour produire de délicieuses saucisses.
www.thesausagefest.co.uk

SUPERBE RÔTI DE PORC

... CUISINÉ AU LAURIER ET AU VINAIGRE !

Voici une recette de porc... épique, mais qui mérite vraiment qu'on l'essaie. Ne soyez pas étonné à la vue des quantités de laurier et de vinaigre nécessaires à cette préparation, et surtout, faites-moi confiance... Au fil de la cuisson, le vinaigre réduit pour imprégner la viande de son parfum intense. Prévoyez une bonne quantité de viande, même si vous n'êtes que quatre, car vous pouvez accommoder les restes pour confectionner de bonnes salades et de délicieux sandwichs.

POUR 10 PERSONNES

- 1 rôti de porc fermier dans le filet de 2 kg, avec la couenne
- Huile d'olive
- 2 cuil. à café de sel
- 2 cuil. à café de poivre moulu
- 2 cuil. à café de graines de fenouil
- 1 noix muscade
- 20 feuilles de laurier fraîches
- 2 oignons rouges pelés et grossièrement hachés
- 25 cl de vinaigre de cidre de qualité

Préchauffez le four à 240 °C (th. 8). Incisez le gras du rôti en croisillons de 1 cm de profondeur, espacés de 2 cm. Arrosez d'un peu d'huile d'olive, frottez avec le sel, le poivre et les graines de fenouil, puis saupoudrez généreusement de noix muscade râpée.

Versez un peu d'huile d'olive dans un plat à four et mettez-le sur feu vif – ce plat doit être adapté au format du rôti, pour éviter que le liquide s'évapore trop vite et que les oignons brûlent. Mettez-y la viande, couenne vers l'intérieur. Faites-la dorer 4 min (la couenne doit être croquante). Soulevez le rôti à l'aide de pincettes pour répartir les feuilles de laurier et les oignons hachés dans le fond du plat. Retournez-le ensuite, couenne sur le dessus, puis arrosez de vinaigre. Enfournez, réduisez la température à 200 °C (th. 6-7) et laissez cuire 1 h 20. Arrosez la viande deux ou trois fois en cours de cuisson. Veillez à maintenir le niveau de liquide dans le plat ; si le vinaigre s'évapore trop vite, n'hésitez pas à ajouter un peu d'eau.

Vous allez maintenant cuisiner un bon accompagnement, idéalement un féculent. Je pense, par exemple, à une purée de pommes de terre (voir p. 334) à la mode britannique, à du riz, de la polenta, du risotto au fromage, des haricots blancs... Préparez également une salade verte, ou des légumes verts cuits à la vapeur.

Lorsque le rôti est cuit, retirez la couenne à l'aide d'un couteau. Si vous avez choisi une pièce de porc de qualité, vous pouvez poser cette couenne dans un plat et l'enfourner pour 5 à 10 min afin de la faire dorer – veillez à ne pas la laisser brûler. Déposez la viande sur une planche à découper. Versez la graisse du plat – mais pas le jus – dans un petit pichet et conservez-la pour une utilisation ultérieure. Jetez le laurier. Remettez le jus de cuisson sur le feu, ajoutez 25 cl d'eau et portez à ébullition. Réduisez le feu et laissez mijoter jusqu'à réduction, en veillant à décoller les morceaux attachés au fond du plat. À l'aide d'un couteau bien aiguisé, découpez le rôti le plus finement possible, en effectuant un long mouvement de va-et-vient. Disposez les tranches en éventail sur un plat de service et arrosez-les d'un peu de jus. Coupez ou cassez à la main la couenne croustillante et répartissez-la sur le plat.

POITRINE DE PORC CROUSTILLANTE
... À LA SAUCE DOUCE AU CIDRE ET AUX OIGNONS

Cette recette est d'une simplicité enfantine. Elle vous garantit une viande fondante, une couenne croustillante à souhait, et une sauce à la crème et au cidre absolument sublime. Pour peu que vous dénichiez du cidre britannique (ou un bon cidre breton ou normand) et du porc fermier (ce qui se trouve de plus en plus facilement), vous allez vous régaler. Accompagnez la viande d'une purée de pommes de terre et de légumes verts de saison, vous obtiendrez un repas riche en saveurs et en textures.

POUR 8 À 10 PERSONNES

- 1 petite poignée de sauge fraîche
- 1 cuil. à soupe de poivre blanc
- Sel
- Huile d'olive
- 4 oignons blancs pelés

- 2 kg de poitrine de porc fermier
- 50 cl de cidre fermier
- 2 cuil. à café de moutarde à l'ancienne
- 10 cl de crème liquide

- 2 cuil. à soupe de cassonade (facultatif)

Préchauffez le four à 160 °C (th. 5-6). Pilez les feuilles de sauge dans un mortier, avec le poivre et quelques pincées de sel, jusqu'à obtention d'une pâte verte. Arrosez d'huile d'olive pour délayer le tout. Mélangez bien.

Coupez les oignons en rondelles de 1 cm d'épaisseur. Disposez-les au fond d'un plat adapté à la taille de la pièce de viande. Incisez la couenne tous les 2 cm, arrosez d'huile à la sauge et faites-la pénétrer à la main. Placez la viande sur les oignons, couenne vers le haut. Salez, poivrez et versez un peu plus de la moitié du cidre dans le plat. Couvrez avec 2 feuilles de papier d'aluminium, puis enfournez pour 3 h 30, jusqu'à ce que la viande se détache. Vérifiez en cours de cuisson et arrosez d'un peu de cidre si nécessaire.

Une fois que la viande est cuite, disposez-la dans un autre plat. Mettez le four en position gril, en sélectionnant la puissance maximale. Enfournez la poitrine à mi-hauteur et laissez la couenne dorer joliment – la cuisson étant très variable d'un appareil à l'autre, surveillez de près. Il arrive que certaines parties gonflent et se colorent avant les autres. Je les recouvre alors de petits morceaux de papier d'aluminium pour ralentir le processus.

Pendant ce temps, dégraissez patiemment les oignons, en veillant à ne pas retirer le jus maigre. Mettez le plat sur feu moyen, incorporez la moutarde et mouillez avec un peu d'eau. Portez doucement à ébullition, baissez le feu et laissez mijoter pendant 5 min. Versez la crème, puis poursuivez la cuisson 10 à 15 min supplémentaires, jusqu'à ce que la sauce épaississe et nappe la cuillère.

J'aime beaucoup glacer légèrement les viandes. Pour cela, versez la cassonade dans un bol et mouillez avec un peu de cidre. Remuez jusqu'à obtention d'un mélange homogène. Versez ce mélange sur la poitrine, étalez-le et enfournez pour quelques minutes. Lorsque la surface se met à briller, qu'elle devient encore plus croustillante et appétissante, retirez la viande du four et laissez-la reposer. Ensuite, tranchez-la et servez-la sur un lit d'oignons et de crème. Accompagnez de quelques feuilles de pourpier, pour compenser la richesse de la viande.

JAMBON BRAISÉ ET LAQUÉ

PURÉE DE POIS CASSÉS • LÉGUMES DE PRINTEMPS • MOUTARDE

POUR 8 PERSONNES (AVEC DES RESTES DE VIANDE)

Pour le jambon
- 1 jambon fermier de 1,8 kg, avec la couenne
- 4 grains de poivre noir
- 4 grains de poivre blanc
- 3 ou 4 feuilles de laurier fraîches
- 1 petit bouquet de persil
- 1 petit bouquet d'aneth
- 2 clous de girofle
- 2 oignons blancs de taille moyenne pelés et coupés en deux
- ½ pot de marmelade avec des morceaux

Pour la purée de pois cassés
- 275 g de pois cassés jaunes
- 1 petite pomme de terre épluchée
- 1 petit oignon pelé
- 1 petit bouquet d'herbes aromatiques (romarin, sauge, thym, laurier)
- 2 clous de girofle
- Moutarde Colman's (ou Savora)
- Sel et poivre du moulin
- Quelques noix de beurre

Pour les légumes
- 400 g de jeunes carottes épluchées et nettoyées
- 400 g de pommes de terre nouvelles
- 1 bulbe de fenouil nettoyé et coupé en 6 quartiers, partie verte réservée
- 200 g de fèves fraîches ou surgelées (environ 1 kg avant épluchage)
- 200 g de haricots d'Espagne parés et coupés en morceaux
- 200 g de petits pois frais (avec la cosse) ou surgelés

Cette recette m'a été inspirée par le jambon braisé et la purée de pois cassés dont je me régalais enfant. Ma version en diffère un peu, parce que je laque le jambon pour lui donner du caractère et un parfum inhabituel; en revanche, ma recette de purée de pois cassés est assez traditionnelle. Ce sont là des saveurs typiquement britanniques, pour un plat chaleureux et nourrissant qui a rassasié bien des estomacs affamés à l'époque où les hivers étaient rigoureux et les budgets vraiment très serrés...

La veille, déposez la viande dans un grand faitout et couvrez-la d'eau. Jetez les pois cassés dans une casserole d'eau froide. Laissez tremper toute la nuit. Le jour même, mettez un morceau de mousseline ou un torchon (environ 80 × 80 cm) dans un grand saladier. Égouttez les pois cassés et versez-les dans ce saladier. Ajoutez la pomme de terre coupée en dés de 1 cm de côté, l'oignon émincé, les herbes et les clous de girofle. Relevez les coins pour former un ballot serré et fermez avec de la ficelle de cuisine. Réservez.

Égouttez la viande et couvrez-la d'eau fraîche. Ajoutez le poivre, les herbes, les clous de girofle, les oignons et le ballot de pois cassés. Portez à ébullition, écumez la surface puis couvrez. Baissez le feu et laissez mijoter 1 h 20. Un peu avant la fin de la cuisson, préchauffez le four à 180 °C (th. 6).

Quand la viande est tendre (n'hésitez pas à la goûter), débarrassez-la délicatement dans un grand plat à four. Retirez la ficelle, détachez la couenne et jetez-la. Entaillez profondément le porc, puis badigeonnez de marmelade. Enfournez pour 30 à 35 min, en arrosant régulièrement, jusqu'à ce que le jambon soit doré et caramélisé.

Pendant ce temps, mettez une passoire au-dessus d'une grande casserole, sur feu moyen à vif. Versez le bouillon dans la passoire. Jetez le contenu de cette dernière et portez le bouillon à ébullition. Ajoutez les carottes, les pommes de terre et le fenouil. Laissez cuire 20 à 25 min, jusqu'à ce que les légumes soient tendres. Ajoutez les fèves, les haricots et le ballot de pois cassés pour les 5 dernières min, et les petits pois au dernier moment.

Lorsque la viande est dorée et qu'un glaçage brillant s'est formé sur sa croûte, déposez-la sur une planche à découper. Versez 2 louchées de bouillon dans le plat à four, portez à ébullition sur le feu et déglacez les sucs de cuisson. Incorporez 1 cuil. à café de moutarde, salez, poivrez. Laissez épaissir. Versez la sauce dans une saucière. Égouttez les légumes en réservant le bouillon, puis disposez-les dans un plat. Versez 2 louchées de bouillon, salez et poivrez si nécessaire. Ouvrez le ballot de purée de pois cassés et versez le tout dans un saladier. Incorporez le beurre et 1 cuil. à café de moutarde à la fourchette. Si nécessaire, ajoutez un peu de bouillon pour détendre la purée. Assaisonnez et retirez les tiges d'herbes aromatiques. Servez avec le jambon laqué et les légumes de printemps, sans oublier la moutarde et la sauce!

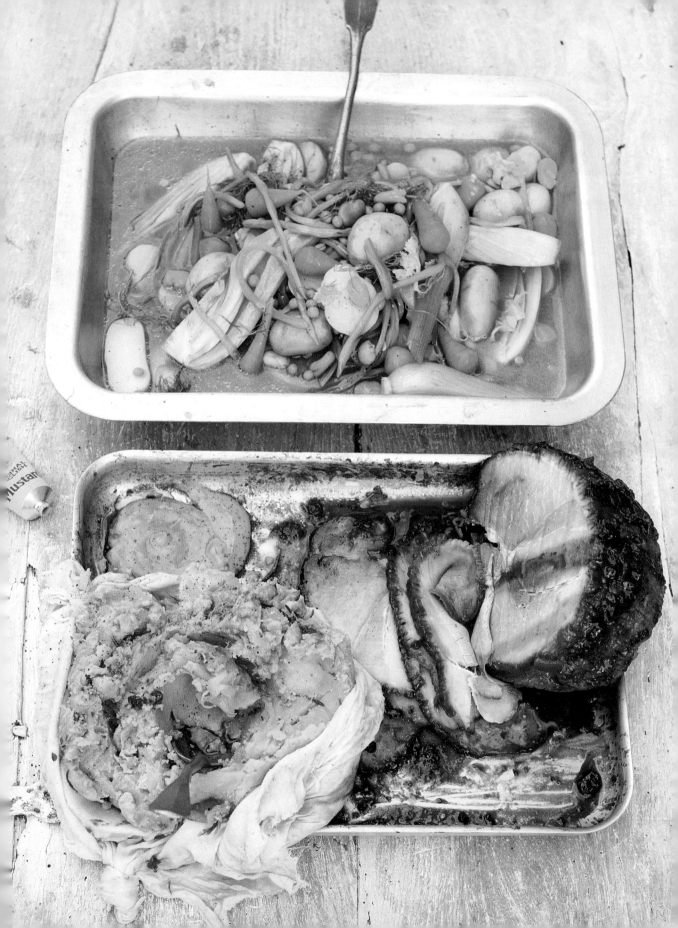

THIS PLAQUE
WAS ERECTED ON
10TH OCTOBER 1997 TO MARK
100 YEARS OF MANUFACTURING
LEA & PERRINS
WORCESTERSHIRE SAUCE
AT MIDLAND ROAD.
WORCESTER

Lea & Perrins

La sauce Worcester-shire est confection-née dans une toute petite fabrique. Plusieurs histoires racontent la naissance de ce condiment particulier. Voici l'une d'elles : un aristocrate, passionné par l'Inde, possédait une recette secrète. Il a demandé aux chimistes John et William Perrins de la réaliser pour lui. Cette sauce a remporté un tel succès qu'elle entre dans la composition de nombreuses spécialités, du bloody mary aux toasts au fromage.

QUALITY

STARTS
WITH
YOU !

SANDWICH AU BŒUF À LA SAUCE WORCESTERSHIRE

Voici l'un des meilleurs déjeuners qui soient : ma famille en raffole ! Il est préparé avec de la poitrine, l'un des morceaux de bœuf les moins chers – un très bon point quand le budget est serré. Comment le décrire ? Il s'agit d'une viande tendre, juteuse et parfumée, coupée en fines tranches et présentée en sandwichs dans du bon pain moelleux, avec de la moutarde et les légumes au vinaigre – on ne peut pas faire plus simple ! En plus, vous aurez très certainement des restes pour les jours suivants. Autre avantage non négligeable : vous pouvez préparer la viande en 3 minutes le matin pour la laisser simplement mijoter jusqu'à l'heure du déjeuner. Je vous assure, vous n'en reviendrez pas tant c'est bon !

POUR 10 PERSONNES

Pour le bœuf
- 1 kg de poitrine de bœuf déroulée
- 1 flacon de sauce Worcestershire (15 cl)
- 4 oignons coupés en deux

- 4 branches de céleri coupées en deux dans le sens de la longueur
- 4 brins de romarin frais
- 4 feuilles de laurier fraîches
- Sel et poivre du moulin

Pour servir
- 1 miche de pain blanc moelleux
- De la moutarde anglaise, de la moutarde à l'ancienne, du condiment au raifort, etc.

Mettez la poitrine de bœuf et tous les ingrédients dans une grande casserole, sans oublier le flacon entier de sauce Worcestershire. Ajoutez 1 cuil. à soupe bombée de sel, puis recouvrez d'eau (2,5 cm au-dessus de la viande). Couvrez et laissez mijoter doucement pendant 2 h 30 pour une viande juteuse et facile à découper, 3 h pour une viande très tendre et 4 à 5 h pour une viande se détachant facilement. Il n'y a pas de durée de cuisson idéale – c'est selon votre goût. Ensuite, éteignez le feu et conservez au chaud dans la casserole, avec le bouillon, jusqu'au moment de servir.

Pour faire des sandwichs absolument sublimes (le sandwich est un art, croyez-moi), préparez la salade de concombre de la p. 90. Ensuite, mettez le pain dans un four chaud pour 10 min, afin de le réchauffer – il doit être croustillant autour et moelleux à l'intérieur. Coupez des tranches de 1 cm d'épaisseur à l'aide d'un couteau à pain, puis reconstituez la miche et posez-la au milieu de la table, avec la salade de concombre, la moutarde et les condiments. Coupez la poitrine de bœuf en tranches fines ou déchiquetez-la. Disposez-la sur un plat de service, arrosez de sauce tant qu'elle est bien chaude. Un pur délice !

P.-S. : le bouillon est vraiment délicieux ! N'hésitez pas à le conserver au réfrigérateur ou même à le congeler pour l'utiliser ultérieurement. Ce serait un sacrilège de le jeter ! Il peut servir de base à la soupe à l'oignon, au bouillon écossais (voir p. 54), ou même de fond de sauce pour un rôti dominical.

ÉTAT SAUVAGE

Je tenais beaucoup à ce que ce chapitre figure dans mon livre, parce que les Britanniques sont (et ont toujours été) un peuple de chasseurs. La variété des aliments que l'on trouve dans la nature est incroyable : faisans, perdrix, cailles, pigeons, lapins, chevreuils, herbes, fleurs, noix, champignons... Hélas, à l'époque de la révolution industrielle, les Anglais ont cessé de transmettre leur connaissance de la nature. En revanche, les membres des communautés originaires d'Italie et d'Europe de l'Est qui vivent aujourd'hui en Grande-Bretagne sont toujours capables de reconnaître les différentes richesses qu'offrent les bois et sous-bois. Ce sont donc eux qui, aujourd'hui, cueillent les champignons et les revendent à des chefs (qui ignorent qu'ils pourraient les trouver eux-mêmes à un jet de pierre !). Autres temps, autres mœurs : autrefois, on partait relever les pièges, puis on échangeait ses prises. C'était il n'y a pas si longtemps : je me souviens que les gens amenaient souvent du gibier au pub de mon père, qu'ils troquaient contre quelques pintes. De nos jours, il est si facile de se procurer de la viande au supermarché que la chasse n'a plus de raison d'être. Pourtant, ce que nous offre la nature a souvent un goût caractéristique et particulier, qu'il s'agisse de l'ail, des champignons ou d'un pigeon, par exemple. Tentez de vous procurer ce type de produits sur un marché fermier, et profitez des recettes qui suivent !

FILET DE CHEVREUIL SAISI

RISOTTO ÉCOSSAIS • HACHIS DE FAISAN DORÉ

POUR 8 À 10 PERSONNES

Pour le risotto d'orge perlé
- 3 gros poireaux
- Quelques noix de beurre
- Quelques brins de thym frais, feuilles à part
- Huîle d'olive
- Sel et poivre du moulin
- 500 g d'orge perlé
- 2 l de bouillon de poulet bio
- 80 g de *cream cheese* de type Philadelphia
- 80 g de cheddar râpé de bonne qualité
- 1 petite pincée de persil plat frais

Pour le hachis
- 4 tranches de bacon fumé de bonne qualité
- 4 brins de romarin frais
- ½ rutabaga épluché et coupé en deux
- 2 oignons rouges épluchés et coupés en deux
- 1 grosse carotte épluchée
- 3 navets (environ 350 g) épluchés
- 4 poitrines de faisan (environ 400 g) sans la peau
- 200 g de foies de poulet
- 2 bonnes cuil. à soupe de marmelade d'oranges amères

Pour le chevreuil
- 6 ou 7 baies de genièvre
- Vinaigre de vin rouge
- 700 g de filet de chevreuil dégraissé (demandez à votre boucher de vous le préparer)

Cette recette se fonde sur trois ingrédients différents, qui s'assemblent progressivement pour former un plat au goût équilibré, original et très subtil. L'orge perlé se transforme en une sorte de risotto écossais, et j'aime beaucoup le préparer de cette façon. J'utilise du faisan dans le hachis, mais vous pouvez tout à fait choisir un autre gibier à plumes ou même du porc, de l'agneau ou du bœuf.

Préchauffez le four à 200 °C (th. 6-7). Nettoyez et émincez les poireaux, puis faites-les revenir dans une grande poêle profonde sur feu moyen, avec 2 noix de beurre, les feuilles de thym et un filet d'huile d'olive. Assaisonnez et laissez cuire environ 15 min. Incorporez l'orge perlé et la moitié du bouillon, couvrez et poursuivez la cuisson 20 min. Versez ensuite le reste du bouillon, une louchée à la fois, en remuant et en attendant que la précédente soit absorbée. Faites cuire encore 40 à 50 min, jusqu'à obtention de la consistance souhaitée.

Parallèlement, préparez le hachis. Émincez le bacon et les feuilles de 2 brins de romarin. Faites-les revenir dans une très grande poêle profonde (au moins 30 cm de diamètre) sur feu moyen, avec un peu d'huile d'olive. Pendant la cuisson, découpez le rutabaga, les oignons rouges, la carotte et les navets en dés de 1 à 2 cm de côté, en les jetant dans la poêle au fur et à mesure. Salez et poivrez généreusement, sans oublier de remuer régulièrement. Faites cuire environ 30 min, jusqu'à ce que les légumes commencent à ramollir. (N'oubliez pas de surveiller le risotto.) Déposez les feuilles de 2 brins de romarin dans un mortier, ajoutez les baies de genièvre, 1 bonne pincée de sel et de poivre, puis écrasez le tout jusqu'à obtention d'une pâte. Ajoutez un peu d'huile olive et un soupçon de vinaigre, mélangez, étalez sur le filet de chevreuil et réservez.

Assaisonnez bien les poitrines de faisan et les foies de poulet, puis découpez-les en dés de 1 cm de côté et incorporez-les à la poêlée de légumes. Augmentez la température, remuez bien et faites cuire 5 à 10 min, jusqu'à ce que la viande commence à dorer. Goûtez et assaisonnez l'orge perlé. Si le risotto est assez moelleux, laissez-le sur feu doux et ajoutez une noix de beurre, les fromages et le persil haché, puis couvrez. S'il est encore trop ferme, incorporez un peu de bouillon et patientez.

Environ 20 min avant de servir, versez un peu d'huile d'olive dans une grande poêle sur feu vif. Déposez-y le filet de chevreuil et faites-le cuire environ 17 min en le retournant toutes les 2 min, jusqu'à ce que la viande soit à point. Attention, elle ne doit être que légèrement colorée ; si elle est trop cuite, elle sera dure. Déposez-la sur une assiette chaude et frottez-la avec un peu de beurre pour l'assouplir. Le hachis doit avoir une belle couleur foncée : c'est le moment d'incorporer la marmelade pour le rendre brillant. Découpez finement le chevreuil et dressez-le sur une assiette, avec le hachis et le risotto. Accompagnez d'une salade verte.

Savoureux et nourrissant, le gibier à plume trônait déjà sur les tables de fête de nos ancêtres.

À la chasse

En Écosse, le gibier varié vit dans des paysages magnifiques. Je me suis bien amusé à jouer les rabatteurs le temps d'une battue. Si vous visitez le pays, adressez-vous à l'organisation NOBS afin de participer à une partie de chasse. C'est l'occasion de passer une journée au grand air et de rapporter quelques oiseaux à la maison.

www.nobs.org.uk

SUBLIME FAISAN

GRATIN DE FENOUIL CRÉMEUX • ALLUMETTES DE POMME

N'importe quel gibier à plumes ou volaille serait délicieux dans cette recette, mais je la trouve parfaite avec du faisan, de la pintade ou du poulet. Si vous le pouvez, choisissez des oiseaux bien dodus chez le boucher. Le gratin de fenouil et de pommes de terre mérite qu'on le prépare en quantité : je vous conseille d'en manger la moitié avec la viande et de garder le reste pour vous régaler le lendemain.

POUR 6 PERSONNES

Pour le faisan
- Huile d'olive ou de colza
- 2 faisans dodus (environ 800 g chacun) découpés en filets, cuisses et pilons (demandez à votre boucher de vous les préparer)
- Sel et poivre du moulin
- 1 noix muscade
- 4 tranches de bacon fumé de bonne qualité émincées
- Quelques noix de beurre
- 2 gousses d'ail épluchées et pressées

- 4 brins de romarin frais, feuilles à part
- 20 cl de jus de pomme de bonne qualité
- 1 pomme verte croquante
- 2 grosses poignées de cresson lavé et essoré
- ½ citron
- 1 cuil. à café de miel liquide

Pour le gratin de fenouil crémeux
- 600 g de pommes de terre bintje lavées

- 2 bulbes de fenouil (environ 400 g)
- 1 oignon blanc épluché
- 4 gousses d'ail épluchées
- 2 feuilles de laurier fraîches
- 65 cl de bouillon de poulet bio
- 25 cl de yaourt nature à 0 % de matières grasses
- 1 cuil. à soupe de moutarde
- 100 g de cheddar fraîchement râpé

Préchauffez le four à 180 °C (th. 6). Faites chauffer une grande casserole (environ 24 cm de diamètre) sur feu vif et versez un filet d'huile d'olive. Ajoutez les pilons et les cuisses de faisan, salez, poivrez et parsemez de noix muscade râpée. Laissez cuire environ 12 min, en retournant la viande à intervalles très réguliers, jusqu'à ce qu'elle soit dorée.

Émincez les pommes de terre (j'aime bien laisser la peau), le fenouil et l'oignon au robot ou à la main. Déposez-les dans une cocotte. Réduisez l'ail en purée et incorporez-le, avec les feuilles de laurier et de la noix muscade râpée. Versez le bouillon et assaisonnez. Couvrez, portez à ébullition et laissez frémir environ 20 min, jusqu'à ce que les légumes soient tendres.

La viande devrait maintenant être prête : retirez autant de matière grasse que possible puis ajoutez le bacon haché et les filets de faisan, peau vers le bas. Faites revenir pendant 4 min, puis ajoutez une petite noix de beurre, l'ail et les feuilles de romarin. Versez le jus de pomme et enfournez pour environ 25 min – la viande de faisan étant très délicate, il est important de respecter ce temps de cuisson.

Quand les légumes sont prêts, transvasez-les dans un plat à four. Mélangez rapidement le yaourt et la moutarde dans un petit saladier et versez-les en filet sur le gratin avant de le recouvrir de fromage. Enfournez-le pour qu'il cuise en même temps que le faisan – il est prêt lorsqu'il est doré et qu'il fait des bulles.

Découpez la pomme en bâtonnets que vous mélangerez dans un saladier avec le cresson, le jus du demi-citron, trois fois son volume d'huile, du sel et du poivre. Découpez la poitrine de faisan sur une planche, ainsi que les pilons et les cuisses. Recouvrez de jus de viande et de miel. Servez avec votre délicieux gratin crémeux et régalez-vous.

LAPIN AU CITRON RÔTI AU MIEL
... ET SES ÉTONNANTES BROCHETTES D'ABATS

Lapin d'élevage ou lièvre, dans les deux cas, la viande est délicieuse. Cependant, le premier étant plus tendre que le second, je vous le recommande pour cette recette. Vous en trouverez à des prix très abordables chez le boucher. Demandez-lui de vous garder les abats puis de découper la viande en deux épaules, deux pattes et quatre morceaux de râble. Néanmoins, c'est très facile à faire, n'hésitez pas à consulter le site *www.jamieoliver. com/how-to* (*How to joint a rabbit*) pour en savoir plus.

POUR 4 PERSONNES

- 1 lapin sans la peau et découpé, abats inclus (demandez à votre boucher de vous le préparer)
- 4 tranches de bacon fumé de bonne qualité
- Huile d'olive
- Sel et poivre du moulin
- 2 bonnes cuil. à soupe de moutarde en poudre

- ½ à 1 piment séché, pour assaisonner
- 1 noix muscade
- 1 cuil. à café rase de piment de la Jamaïque moulu
- 25 g de cheddar
- Piment de Cayenne
- 1 poignée de thym frais
- 4 gousses d'ail entières

- 1 citron découpé en quartiers
- 1 cuil. à soupe de miel liquide
- Une noix de beurre
- 2 à 3 cuil. à soupe de sauce Worcestershire

Préchauffez le four à 180 °C (th. 6). Déposez les morceaux de lapin dans un grand saladier. Découpez le bacon en lardons et ajoutez-les à la viande. Incorporez un filet d'huile d'olive, salez et poivrez généreusement. Parsemez de moutarde en poudre, de piment séché, d'un tiers de la noix muscade râpée et du piment de la Jamaïque. Mélangez bien pour que la viande s'imprègne de toutes les saveurs.

Récupérez les morceaux de râble et étalez-les à plat sur une planche. Recouvrez de cheddar, de quelques pincées de piment de Cayenne, piquez-les de quelques feuilles de thym puis roulez-les et fixez-les avec un cure-dent. Versez de l'huile d'olive dans une grande poêle antiadhésive (d'un diamètre d'environ 30 cm), puis déposez-y le contenu du saladier ainsi que les morceaux de râble et le thym restant. Ajoutez les gousses d'ail pressées. Faites cuire environ 5 min à feu vif, en retournant la viande régulièrement pour qu'elle soit bien dorée. Déposez le tout dans un plat (20 × 30 cm environ), avec des quartiers de citron et 1 louchée d'eau. Recouvrez d'une feuille de papier d'aluminium et enfournez pour 1 h, jusqu'à ce que le lapin soit tendre. Utilisez alors une pince pour presser le jus du citron sur la viande sans vous brûler, puis jetez l'écorce. Recouvrez d'un peu de miel, augmentez la température du four à 200 °C (th. 6-7) et enfournez pour encore 5 min, afin que le citron et le miel se fondent dans la viande.

Découpez le foie, les reins, les poumons et le cœur du lapin en deux et piquez-les sur 1 ou 2 brochettes en bois ou en métal. Faites chauffer la poêle précédemment utilisée sur feu vif, avec une noix de beurre et un filet d'huile d'olive. Faites cuire les brochettes 2 min de chaque côté. Lorsqu'elles sont dorées, recouvrez-les de 2 à 3 cuil. à soupe de sauce Worcestershire et de quelques pincées de piment de Cayenne. Servez avec le lapin rôti et de beaux légumes. Bon appétit !

BOLOGNAISE DE LAPIN DE 12 HEURES

Voici une superbe déclinaison de la célèbre sauce que nous aimons tous. Un seul petit lapin vous permettra d'obtenir quatorze portions de sauce, ce qui en fait un plat abordable. Et surtout, il ne faudra que 3 minutes environ de préparation avant de l'enfourner pour qu'il se transforme comme par magie en une sauce délicieuse. Vous pourrez ensuite la congeler pour savourer ce grand classique italo-britannique à toute occasion. Vous n'aimez pas le lapin ? Eh bien essayez ce plat. Il est peu coûteux, savoureux et facile à faire... Convaincu ?

POUR 14 PORTIONS

- 3 tranches de bacon fumé de qualité, grossièrement hachées
- Huile d'olive
- 2 feuilles de laurier fraîches
- 2 brins de romarin frais
- 1 lapin entier, sans la peau (demandez à votre boucher de vous le préparer), avec les abats
- 1 tête d'ail entière (vous ôterez la première couche)
- 2 poireaux lavés

- 2 carottes lavées
- 2 branches de céleri lavées
- 2 oignons rouges non épluchés, lavés
- 20 g de cèpes séchés
- 800 g de tomates pelées en conserve
- 50 cl de bière légère
- 2 cuil. à soupe de concentré de tomate

- Sel et poivre du moulin
- 1 noix muscade
- ½ citron
- Quelques brins de thym frais

Pour servir (pour 6 personnes)
- 500 g de pâtes, de type pennes ou spaghettis
- Parmesan ou cheddar râpé
- Huile d'olive extra-vierge
- Quelques brins de thym frais

Préchauffez le four à 110 °C (th. 3-4). Dans la plus grande cocotte possible, faites dorer le bacon haché avec un filet d'huile d'olive, sur feu moyen. Ajoutez-y ensuite les feuilles de laurier, les brins de romarin, le lapin entier et recouvrez-le des abats. Déposez la tête d'ail entière, les poireaux, les carottes, le céleri et les oignons, puis ajoutez les cèpes séchés, les tomates pelées, la bière et le concentré de tomate. Recouvrez d'eau (environ 1 l). Portez à ébullition, poivrez généreusement, salez. Râpez finement la moitié de la noix muscade, couvrez puis enfournez la cocotte pour 12 h.

Quand le ragoût est cuit, laissez-le refroidir. Enfilez une paire de gants de caoutchouc propres. Attrapez des petites poignées de la préparation et jetez-les dans une casserole propre après avoir ôté les os et la peau des légumes. Éliminez les herbes et effilochez la viande soigneusement, déposez-la dans la casserole. Broyez les légumes et les abats du bout des doigts. Versez le liquide restant dans la casserole, en le filtrant le plus possible. Goûtez et rectifiez l'assaisonnement. Râpez finement le zeste de ½ citron et déposez quelques brins de thym pour parfumer la sauce. Répartissez-la entre plusieurs sacs en plastique alimentaire et congelez-la ou placez-la au réfrigérateur.

Lorsque vous voudrez servir votre bolognaise au lapin, faites tout simplement réchauffer une petite quantité de sauce par personne sur feu moyen (prévoyez environ 80 g de pâtes sèches par convive). Pour cette recette, je préfère les spaghettis et les pennes. Faites cuire les pâtes dans de l'eau salée en respectant le temps de cuisson indiqué sur l'emballage. Égouttez-les en réservant une petite louchée d'eau de cuisson. Incorporez-la à votre sauce pour la fluidifier, puis ajoutez 1 bonne poignée de fromage. Goûtez pour vérifier l'assaisonnement. Servez sans attendre, avec du fromage râpé, un filet d'huile d'olive vierge extra et quelques brins de thym frais.

La péninsule de Cowal, en Écosse, est l'un des plus beaux endroits du monde...

STEAK AU POIVRE SAISI
CHAMPIGNONS SAUVAGES • CRESSON

Les pâturages de Grande-Bretagne, abondamment arrosés (la météo anglaise n'est pas une légende...), permettent de produire l'une des meilleures viandes de bœuf du monde. Cette recette simple lui rend hommage et l'associe à d'autres superbe ingrédients que l'on trouve à profusion dans les bois et dans les champs de notre pays : les champignons sauvages. Inutile de se demander pourquoi on marie depuis des années le steak, les champignons sauvages, les herbes fraîches et le cresson : c'est tellement bon! De mon point de vue, c'est le dîner idéal pour un vendredi soir. Si vous aimez votre viande à point, le repas sera prêt en 10 minutes. Pour cette recette, je choisis un gros steak chez le boucher, que je découpe ensuite en deux, ce qui me paraît le meilleur choix – mais vous pouvez bien sûr préparer deux petits steaks si vous le souhaitez.

POUR 2 PERSONNES

- Sel et poivre du moulin
- 400 g de faux-filet
- Huile d'olive
- 2 cuil. à soupe de bon porto
- Une noix de beurre
- 3 bonnes poignées (environ 250 g) de champignons variés

(petits champignons de Paris, cèpes, champignons roses, pleurotes), lavés et émincés
- 1 gousse d'ail épluchée et émincée
- Quelques brins de thym frais
- 2 cuil. à soupe de crème légère

- 1 citron
- 1 bonne poignée de cresson
- Moutarde

Placez une grande poêle à fond épais ou une poêle-gril sur feu très vif, jusqu'à ce qu'elle soit brûlante. Salez et poivrez la viande, enrobez-la d'huile d'olive. Déposez les steaks dans la poêle avec un peu d'huile d'olive et retournez-les toutes les minutes, jusqu'à la cuisson souhaitée. À vous de voir comme vous l'aimez, sachant que pour un steak de 25 cm environ, il faudra prévoir 2 à 3 min sur chaque face pour une cuisson à point. Prolongez ou réduisez ce temps selon que vous préférez votre viande saignante ou bleue, voire juste saisie par un simple aller-retour sur le gril. Ajoutez le porto (ne vous inquiétez pas s'il flambe) puis incorporez une noix de beurre dès qu'il n'y a plus de flammes. Remuez pour déglacer tous les sucs. Débarrassez la viande et le jus sur une assiette.

Essuyez rapidement la poêle avec du papier absorbant et replacez-la sur le feu, avec un filet d'huile d'olive. Ajoutez les champignons, remuez et faites-les cuire environ 2 min. Incorporez alors l'ail émincé et les feuilles de thym. Continuez de remuer pendant encore 2 min, jusqu'à ce que les champignons commencent à dorer, puis versez la crème. Secouez la poêle pour bien enrober les champignons, assaisonnez et terminez par un trait de jus de citron; ôtez du feu.

Découpez la viande en tranches de 0,5 cm d'épaisseur, en retirant le gras, puis répartissez-la entre les assiettes, avec le jus de cuisson et les champignons. Arrosez rapidement le cresson avec le jus de ½ citron, pour une note fraîche et acidulée, et déposez-en 1 belle pincée sur chaque assiette. Servez accompagné de moutarde et de pain croustillant, pour saucer le jus de cuisson.

La cueillette des champignons sauvages

Je suis allé cueillir des champignons avec Toby Gritten, chef et propriétaire du pub Pump House à Bristol. Il m'a montré à quel point les forêts environnantes regorgent de champignons sauvages, de fruits, d'orties, de fleurs et d'oseille. Dans son restaurant, Toby utilise en partie des ingrédients qu'il trouve en forêt. Je trouve que c'est une façon amusante et intelligente de cuisiner : c'est un vrai chef et j'admire son approche des produits qu'il cueille lui-même, ainsi que sa façon de s'approprier certaines de nos recettes traditionnelles. À la tombée du jour, nous avons préparé ensemble quelques champignons. Un régal.

www.the-pumphouse.com

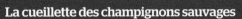

SANDWICH DE STEAK VOLANT

OIGNONS CARAMÉLISÉS • MOUTARDE • *COTTAGE CHEESE*

Les pigeons ont généralement mauvaise réputation, mais à l'état sauvage, ces délicieux oiseaux (et non les bestioles que l'on trouve en ville!) possèdent une viande des plus savoureuses (elle doit être impérativement cuite à point). Il m'est arrivé de mettre de la poitrine de pigeon dans du bon pain et d'entendre les gens me dire que c'était le meilleur sandwich à base de steak qu'ils aient jamais mangé! Voici donc comment je m'y prends...

POUR 4 PERSONNES

- 2 oignons rouges épluchés et émincés
- Huile d'olive
- Sel et poivre blanc
- 1 cuil. à café de sucre de canne blond
- 2 brins de thym frais, feuilles à part

- 4 cuil. à soupe de vinaigre de vin rouge
- 1 pain ciabatta
- 2 brins de romarin frais, feuilles à part
- 1 noix muscade râpée
- 4 poitrines de pigeon avec la peau

- 2 feuilles de laurier fraîches
- Sauce Worcestershire
- Moutarde
- 1 bonne poignée de cresson
- *Cottage cheese*

Préchauffez le four à 180 °C (th. 6). Faites revenir les oignons dans une grande poêle sur feu moyen, avec de l'huile d'olive, du sel et du poivre blanc, le sucre et les feuilles de thym. Couvrez et laissez cuire 30 min en remuant de temps en temps. Découvrez, augmentez le feu, mélangez bien les oignons puis incorporez le vinaigre et remuez de nouveau. Prolongez la cuisson à découvert, jusqu'à ce que les oignons soient bien caramélisés et légèrement dorés.

Enfournez le pain. Ciselez les feuilles de romarin et mettez-les dans un saladier. Ajoutez un filet d'huile d'olive, du sel, du poivre et un peu de noix muscade, puis la viande. Enrobez-la bien de ce mélange. Faites chauffer une grande poêle antiadhésive sur feu vif. Versez un filet d'huile d'olive puis déposez-y les feuilles de laurier et la viande (peau vers le bas). Faites cuire environ 2 min 30 sur la peau et 1 min de l'autre côté, pour que la viande soit tendre et juste à point. Attention, si vous prolongez la cuisson, elle sera dure et moins savoureuse. Ôtez du feu, ajoutez un trait de sauce Worcestershire et mélangez la viande avec le jus de cuisson. Déposez-la sur une planche et découpez-la en tranches fines.

Sortez le pain du four, ouvrez-le à l'aide d'un couteau à dents, déposez-le sur une planche et étalez autant de moutarde que vous le souhaitez sur l'un des côtés (vous pouvez aussi ajouter un peu de beurre, mais je trouve que le jus de cuisson suffit). Déposez 1 bonne poignée de cresson ainsi que les oignons. Disposez les tranches de pigeon dans le sandwich puis ajoutez quelques petites touches de *cottage cheese* sur la viande et sur les côtés. Refermez-le et appuyez pendant quelques secondes, pour que le pain absorbe le jus de cuisson. Je plante souvent un couteau au centre du sandwich, d'abord pour le maintenir, mais aussi parce que ça fait plus rustique quand je l'apporte à table. Accompagnez d'une bonne pinte de bière anglaise.

PERDRIX GLACÉES
BOULETTES DE FARCE • DÉLICIEUSES LENTILLES

Les bons bouchers ont toujours du gibier à plumes de saison. Peut-être avez-vous déjà vu ces petits oiseaux dans la vitrine de votre commerçant, en vous demandant ce que vous pourriez en faire. Tout ce que je peux vous dire, c'est qu'il faut se lancer. Je vous propose donc une recette assez simple et pourtant très savoureuse. La perdrix n'est pas un gibier à plumes ordinaire : son goût se rapprocherait presque de celui d'une volaille, mais avec davantage de finesse, de douceur et de parfum. Cuisiner des perdrix est un bon moyen de se familiariser avec la cuisson du gibier, j'espère que cette recette vous en convaincra.

POUR 4 PERSONNES

- 1 oignon rouge épluché et finement haché
- Huile d'olive
- Vinaigre de vin rouge
- Sel et poivre du moulin
- 4 perdrix
- Quelques brins de romarin et de thym frais

- 12 tranches très fines de poitrine fumée ou de pancetta de bonne qualité
- 4 saucisses de Toulouse ou de Cumberland de très bonne qualité
- 250 g de lentilles du Puy
- 1,3 l de bouillon de poulet bio (facultatif)

- 2 ou 3 gousses d'ail entières épluchées
- Quelques feuilles de laurier fraîches
- Confiture de myrtilles de bonne qualité
- Huile d'olive vierge extra
- 200 g de pousses d'épinard lavées
- Yaourt nature

Préchauffez le four à 200 °C (th. 6-7). Faites revenir l'oignon dans une poêle moyenne, avec un filet d'huile d'olive, un peu de vinaigre de vin rouge, 1 pincée de sel et de poivre. Faites cuire 10 à 15 min à feu moyen. Remuez de temps en temps tout en préparant vos perdrix. Frottez-les avec de l'huile d'olive, du sel et du poivre, puis remplissez-les de thym, de romarin et bardez-les avec 3 tranches de poitrine chacune. Faites tenir l'ensemble avec de la ficelle à rôti (rendez-vous sur *www.jamieoliver.com/how-to*, *How to prepare a partridge* pour être guidé). Ne vous inquiétez pas si le résultat n'est pas très esthétique, ce n'est pas ce qui compte le plus. Déposez les perdrix dans un plat à four.

Videz les saucisses de leur chair puis façonnez-en 3 petites boules que vous disposerez tout autour des perdrix. Faites cuire au four 30 min environ, jusqu'à ce que la viande soit bien dorée. Dès que vous enfournez la volaille, ajoutez les lentilles dans la poêle des oignons et versez suffisamment de bouillon ou d'eau pour les recouvrir à hauteur de 2,5 cm (soit environ 1,3 l). Écrasez l'ail et incorporez-le aux lentilles en même temps que les feuilles de laurier. Portez à ébullition, baissez le feu et laissez frémir pendant la durée de cuisson de la volaille, jusqu'à ce que les lentilles soient fondantes. Si nécessaire, ajoutez 1 louchée de bouillon ou d'eau.

Lorsque les perdrix sont prêtes, sortez-les du four. Déposez 1 cuil. à soupe de confiture de myrtilles dans un coin du plat et diluez-la dans le jus de cuisson. Lorsqu'elle est bien liquide, étalez-la sur les perdrix et les boulettes, puis remettez au four pour quelques minutes, afin de caraméliser la viande. Vérifiez vos lentilles, elles doivent maintenant avoir la consistance souhaitée. Assaisonnez-les généreusement de sel, de poivre, d'un filet de vinaigre et d'huile d'olive vierge extra.

Déposez les pousses d'épinard dans un plat, puis les lentilles chaudes, et recouvrez des perdrix et des boulettes. Arrosez de jus de cuisson, versez un peu de yaourt sur les lentilles et dégustez.

Ce sont les petits morceaux croustillants collés au fond du plat les plus savoureux...

Oubliez donc la politesse et dégustez-les avec les doigts !

BROCHETTES DE CAILLES RÔTIES
DÉLICIEUSE ÉCRASÉE DE CÉLERI-RAVE ET DE FENOUIL

La caille a beau être un petit oiseau, avec cette recette, on en obtient de grandes choses. Ce plat est original et surprenant. Lorsque vous monterez les brochettes, veillez à ce que les parties qui ont besoin de davantage de cuisson, comme les ailes et les cuisses, soient placées aux extrémités, et mettez les blancs au centre, là où ils seront mieux protégés. Ne serrez pas trop les morceaux, pour que la chaleur puisse circuler et faire croustiller la viande de façon homogène. Cette recette est sympa à préparer mais surtout à savourer. Demandez à votre boucher de détailler les cailles en deux ailes et deux blancs. Vous vous en lécherez les doigts!

POUR 4 PERSONNES

- 1 céleri-rave épluché et découpé en dés de 2 cm de côté
- 1 bulbe de fenouil épluché et découpé en dés de 2 cm de côté
- Une noix de beurre
- 2 brins de thym frais, feuilles à part

- Huile d'olive
- Sel et poivre du moulin
- 4 saucisses de Cumberland (ou de Toulouse) de bonne qualité
- 4 tranches épaisses de poitrine fumée de bonne qualité
- ½ pain au levain
- 1 grosse poire ou 2 petites
- 4 cailles découpées en morceaux

- 8 feuilles de laurier fraîches
- 8 gousses d'ail
- 4 brins de romarin frais, feuilles à part
- 1 noix muscade
- 4 cuil. à soupe de miel liquide, pour caraméliser
- Vinaigre de cidre
- Yaourt nature
- 4 longues piques à brochettes

Préchauffez le four à 240 °C (th. 8). Déposez les dés de céleri et de fenouil dans une cocotte, avec le beurre, les feuilles de thym, un filet d'huile d'olive, 1 bonne pincée de sel et de poivre ainsi que 20 cl d'eau. Couvrez en laissant toutefois passer un peu d'air et laissez cuire 1 h à feu moyen, en remuant toutes les 10 min et en écrasant les légumes au fur et à mesure.

Découpez les saucisses et les tranches de poitrine en trois puis placez-les dans un saladier. Ajoutez le pain taillé en morceaux de 2,5 cm de côté. Coupez chaque poire en quartiers dans le sens de la longueur, puis divisez les quartiers en deux pour obtenir 8 morceaux; déposez-les dans le saladier, avec les cailles, les feuilles de laurier, les gousses d'ail légèrement pressées, le romarin haché, 1 bonne pincée de sel et de poivre. Versez un généreux filet d'huile d'olive, râpez la noix muscade puis mélangez le tout.

Commencez et terminez chaque brochette avec une aile de caille, et alternez les ingrédients (pain, feuille de laurier, blanc, saucisse, poire... vous avez compris!) pour que les parfums se mêlent pendant la cuisson. Déposez les brochettes dans un plat à four, enfournez en haut de l'appareil (après les premières 30 min de cuisson des légumes) et laissez rôtir 20 min, en retournant de temps en temps. À la fin de la cuisson, sortez les brochettes du four, arrosez-les d'un filet de miel et d'un peu de vinaigre de cidre, puis remettez-les au four pour encore quelques minutes, jusqu'à ce qu'elles soient caramélisées.

Déposez les brochettes sur une assiette de service et versez un peu d'eau dans le plat de cuisson. Grattez rapidement les sucs de cuisson pour obtenir une sauce épaisse à laquelle vous ajouterez 3 cuil. à soupe de yaourt. Versez le contenu du plat sur les brochettes, terminez d'écraser le céleri et le fenouil puis servez le tout avec quelques légumes de saison frais, comme des épinards, des haricots verts ou des fèves.

GUMES

En Grande-Bretagne, où quatre saisons bien distinctes se succèdent (avec un printemps souvent tardif), les légumes mûrissent lentement, ce qui leur permet de développer toute leur saveur. Une fois à maturité, ce sont de véritables délices pour les gourmets. Je vous propose ici quelques recettes que j'aime préparer et dont ma famille se régale tout au long de l'année. Asperges, haricots d'Espagne, pommes de terre, poireaux, épinards... à vous de sublimer ces végétaux appétissants. Une fois accommodés, ils peuvent être servis en accompagnement d'une autre recette de cet ouvrage, mais selon moi, ils se suffisent bien souvent à eux-mêmes.

CHOU ROUGE AU LARD CROUSTILLANT

Voici une recette qui réhabilite enfin le chou rouge! Très facile à réaliser, elle transformera votre chou émincé au robot en un mets délicat. C'est un plat idéal pour les journées d'automne et d'hiver – j'en prépare d'ailleurs une version très proche à Noël. Vous pouvez réchauffer les restes dans les 2 ou 3 jours qui suivent et les intégrer à toutes sortes de dîners sur le pouce.

POUR 6 PERSONNES, EN ACCOMPAGNEMENT

- ½ chou rouge (environ 800 g)
- Huile d'olive
- 6 tranches de poitrine fumée émincées
- 2 brins de romarin frais
- Sel et poivre du moulin
- 2 cuil. à soupe de sucre de canne blond
- Vinaigre de vin rouge
- Une grosse noix de beurre
- Miel liquide

Retirez les feuilles abîmées du chou. Ôtez-en la base puis découpez-le en quartiers. Émincez-les à la main ou au robot.

Faites chauffer un filet d'huile d'olive dans une grande cocotte, à feu vif. Jetez-y la poitrine émincée. Ajoutez les feuilles du romarin, 1 petite pincée de sel et 1 grosse pincée de poivre. Faites cuire 5 à 10 min sans cesser de remuer, jusqu'à ce que la poitrine soit croustillante et légèrement dorée, puis réservez-la dans un saladier. Laissez la graisse dans la cocotte. Ajoutez-y le sucre et, sur feu doux, mélangez jusqu'à ce qu'il caramélise. Versez quelques traits de vinaigre de vin rouge et le chou émincé. Incorporez la poitrine, remuez et mélangez bien.

Ajoutez encore un peu de vinaigre et 1 bonne louchée d'eau; recouvrez de papier d'aluminium. Laissez cuire 30 à 40 min à feu moyen en remuant de temps en temps, jusqu'à ce que le chou soit fondant – si nécessaire, versez un peu d'eau de temps à autre. Incorporez le beurre et quelques cuill. à soupe de miel liquide. Goûtez, rectifiez l'assaisonnement et servez.

Nombreux sont ceux – surtout les enfants – qui font la grimace devant une assiette de choux de Bruxelles. À mon avis, ce légume doit sa mauvaise réputation au fait qu'il est rarement bien cuisiné, devenant alors un accompagnement triste et spongieux. Moi, j'adore les choux de Bruxelles, et je vous livre ici l'une des meilleures façons de les accommoder. Mon truc? Préparer une base très savoureuse et être attentif à la cuisson des choux pour qu'ils gardent leur parfum tout en étant tendres et fondants. Ce plat simple à réaliser se marie avec tout, du poisson à la volaille en passant par les viandes rouges. Vous pouvez également servir les restes le lendemain, en salade. Allez, essayez! Si vous êtes de ceux qui font la grimace, j'espère que vous changerez d'avis.

POUR 6 PERSONNES

- Huile d'olive
- 2 saucisses de Cumberland (ou chipolatas) de bonne qualité
- 1 oignon blanc pelé
- Quelques brins de thym frais

- 1 grosse cuil. à soupe de graines de fenouil
- 500 g de choux de Bruxelles débarrassés des premières feuilles

- 2 grosses cuil. à café de miel liquide
- 2 à 3 cuil. à soupe de vinaigre de cidre ou de vin blanc
- Sel et poivre du moulin

Versez un filet d'huile d'olive dans une grande poêle. Quand elle est chaude, ajoutez la chair des saucisses et écrasez-la progressivement avec une cuillère en bois. Émincez l'oignon, au robot ou au couteau, puis ajoutez-le dans la poêle, avec les feuilles du thym et les graines de fenouil. Laissez cuire à feu moyen, en remuant régulièrement et en surveillant toutes les 10 min environ, jusqu'à ce que vous obteniez des oignons fondants et de petits morceaux de saucisse.

Pendant ce temps, émincez les choux de Bruxelles, au robot ou au couteau, et réservez-les. Ajoutez le miel et le vinaigre de cidre dans la poêle; salez, poivrez. Faites cuire encore quelques minutes, jusqu'à ce que le mélange soit doré et caramélisé (surveillez bien la cuisson), puis déposez-y les choux de Bruxelles; salez, poivrez de nouveau. Versez 15 cl d'eau, couvrez et laissez frémir 10 min à feu moyen – jusqu'à ce que les choux soient tendres. Servez après avoir mélangé délicatement.

P.-S. : pour en faire un accompagnement mémorable, à Noël par exemple, ajoutez quelques airelles séchées et des marrons.

REINE DES PURÉES À L'IRLANDAISE

Voici peut-être l'un des meilleurs plats de pommes de terre au monde, qui plus est très facile à réaliser. Le secret de cette recette, qui nous a été transmise par nos frères et sœurs irlandais, réside dans le mariage inattendu de différentes saveurs de légumes et d'herbes. Le poireau et les ciboules infusent dans le lait avec du sel et du poivre, et on ajoute ensuite des herbes fraîches comme la livèche (qui ressemble aux feuilles de céleri) ou le cresson. Assaisonnez bien, incorporez quelques noisettes de beurre et vous obtiendrez une variante de purée de pommes de terre très savoureuse. Elle accompagnera n'importe quel plat et peut s'associer à d'autres délices tels des asperges à la vapeur, des œufs pochés, des champignons à la crème ou quelques tranches d'un bon saumon fumé. C'est aussi une excellente recette végétarienne.

POUR 6 PERSONNES

- 1 kg de pommes de terre de type bintje
- 2 tiges de ciboule
- 1 poireau
- 15 cl de lait
- 1 feuille de laurier
- Sel et poivre du moulin
- 50 g de beurre
- 1 petite poignée de cresson
- 1 petite poignée de feuilles de persil plat frais ciselées
- 1 petite poignée de feuilles de céleri ou de livèche grossièrement hachées

Portez une grande casserole d'eau salée à ébullition. Épluchez les pommes de terre. Découpez-les en morceaux de 2,5 cm de côté et plongez-les dans la casserole : laissez-les cuire à petits bouillons pendant environ 12 à 15 min, ou jusqu'à ce qu'elles soient tendres.

Pendant ce temps, lavez les ciboules et le poireau. Coupez les extrémités des tiges, puis découpez-les le plus finement possible. Placez-les dans une casserole, avec le lait, le laurier, 1 bonne pincée de sel et de poivre, et le beurre. Portez à ébullition, baissez le feu et laissez frémir doucement 7 à 8 min – durant lequelles les herbes vont infuser.

Quand les pommes de terre sont cuites, égouttez-les et laissez-les refroidir quelques minutes dans une passoire. Replacez-les dans la casserole et écrasez-les avec un presse-purée, en incorporant le lait infusé au fur et à mesure. Quand la purée a la consistance souhaitée, goûtez-la et rectifiez l'assaisonnement si nécessaire. Hachez grossièrement le cresson, en retirant les tiges épaisses et en réservant quelques jolies feuilles pour la présentation. Incorporez-le à la purée.

Juste avant de servir, réchauffez cette petite merveille à couvert, avec le persil et la plupart des feuilles de céleri. Parsemez du cresson et des feuilles restants, et savourez !

ASPERGES BLANCHIES
ŒUFS POCHÉS • SAUMON FUMÉ FRAIS

Croyez-le ou non, pendant des années, je ratais presque systématiquement les œufs pochés. Ils éclataient, ils n'étaient pas terribles... Mais finalement, j'ai fini par acquérir le tour de main. J'ai appris à créer une spirale dans l'eau puis à y déposer l'œuf au milieu. Toutefois, si vous cuisinez pour plusieurs personnes, l'opération devient délicate. Voici donc une nouvelle méthode pour obtenir des œufs pochés parfaits à chaque fois : il suffit d'enfermer l'œuf dans du film étirable avec quelques herbes... et d'avoir confiance en soi.

POUR 4 PERSONNES

- 2 noix de beurre
- Sel et poivre du moulin
- 2 citrons
- Huile d'olive
- Piment séché en poudre

- Les feuilles jaunes de 1 bulbe de céleri
- Quelques branches d'estragon frais
- 4 gros œufs de poule élevée en plein air

- 500 g d'asperges parées
- 8 tranches de saumon fumé (environ 240 g)

Remplissez une casserole de taille moyenne d'eau à mi-hauteur. Salez généreusement et portez à ébullition. Couvrez avec un grand saladier qui ne doit pas toucher l'eau. Déposez-y le beurre, 1 pincée de sel et de poivre ainsi que le jus de 1 citron.

Ce qui va suivre semble compliqué, mais en réalité, c'est un jeu d'enfant. Il faut juste respecter les consignes... Découpez 8 feuilles de film étirable de bonne qualité en carrés d'environ 40 cm de côté. Prenez 4 tasses à café ou 4 petits bols et frottez-en les bords avec de l'huile d'olive. Placez deux couches de film dans chaque bol et appuyez délicatement pour en tapisser l'intérieur. Graissez légèrement le film avec votre doigt, les œufs seront plus faciles à démouler. Déposez-y 1 petite pincée de sel, de poivre et de piment en poudre, puis placez les feuilles de céleri et d'estragon dans chaque bol, en essayant de bien répartir les saveurs.

Cassez délicatement les œufs sur le film étirable puis appuyez doucement sur le jaune pour le centrer dans le blanc (sans le casser). Rassemblez le film étirable et faites un nœud pour obtenir une poche parfaite et bien scellée (comme si vous veniez d'acheter un poisson rouge). Retirez le saladier (le beurre doit avoir fondu) et déposez les œufs dans l'eau bouillante, en même temps que les asperges. Pour un gros œuf, comptez 5 à 6 min de cuisson dans une eau légèrement frémissante. Recouvrez du saladier ou d'un couvercle, puis sortez les asperges au bout de 3 à 4 minutes, égouttez-les et mélangez-les rapidement avec le beurre citronné.

Disposez 2 tranches de saumon fumé sur chaque assiette. Au bout de 5 minutes, sortez l'un des œufs et vérifiez sa texture, qui doit être proche de celle de la mozzarella. Si ce n'est pas le cas, prolongez la cuisson de 1 min.

Répartissez les asperges sur les assiettes. Découpez le film étirable aux ciseaux puis prélevez délicatement les œufs avec une cuillère à soupe et déposez-les sur les asperges. Vous obtenez – normalement... – des œufs parfaitement pochés, mais aussi imprégnés de la saveur des herbes et des épices. Percez les œufs pour libérer le jaune et servez avec des quartiers de citron.

Ce que j'aime avec les asperges, c'est qu'elles cuisent rapidement et s'intègrent parfaitement à toutes les cuisines du monde...

Incroyables asperges

Billy Byrd est producteur d'asperges – ou producteur d'herbes, comme il se surnomme lui-même – à Evesham, dans le Worcestershire. Il classifie ses asperges en 3 catégories : ordinaires, bonne qualité et produits de compétition. Les photos montrent la puissance de ce légume qui, en dépit d'une année très sèche, parvient à sortir du sol en soulevant la terre.

ASPARAGUS
FOR SALE

FRESH
FRUIT
&
VEG

QUATRE ÉTONNANTES RECETTES D'ASPERGES

Les asperges, premiers légumes du printemps, sont un véritable délice. Ces petites recettes rapides figurent parmi mes préférées. Essayez-les, elles sont toutes plus délicieuses les unes que les autres.

POUR 4 PERSONNES, EN ACCOMPAGNEMENT OU EN ENTRÉE

Asperges à la vapeur et sauce tomate express

Faites bouillir 2,5 cm d'eau dans une grande casserole. Pendant ce temps, prélevez les feuilles de 4 brins de **romarin frais**, coupez 4 tranches de **poitrine fumée** en lardons et 4 grosses **tomates mûres** en deux. Râpez la chair des tomates et jetez le reste. Déposez 500 g d'**asperges** nettoyées et parées dans une passoire que vous poserez au-dessus de la casserole d'eau bouillante. Couvrez, avec un couvercle ou du papier d'aluminium, et laissez cuire 3 à 4 min, jusqu'à ce que les asperges soient tendres. Parallèlement, faites chauffer une grande poêle. Versez-y un filet d'**huile d'olive** et les lardons. Quand ils sont croustillants, ajoutez les feuilles de romarin et poursuivez la cuisson pendant environ 40 s ; réservez sur une assiette. Ajoutez une noisette de **beurre** dans la poêle, puis les tomates, portez à ébullition et assaisonnez bien. Déposez les asperges sur un plat de service, recouvrez-les de sauce tomate chaude, parsemez de lardons croustillants et de romarin, et servez.

Tartines d'asperges et de champignons à la sauce Worcestershire

Épluchez et émincez 4 gousses d'**ail**. Chauffez une grande poêle à feu vif et versez-y un filet d'**huile d'olive**. Faites griller 4 belles tranches de **pain** au grille-pain. Découpez 2 poignées de **champignons** lavés et 500 g d'**asperges** nettoyées en petits morceaux. Ajoutez-les dans la poêle, avec l'ail, et faites revenir environ 4 min. Ciselez 1 petite poignée de **persil plat frais** et jetez-le dans la poêle, avec 8 cuil. à soupe de **sauce Worcestershire** et 2 noix de **beurre**. Ôtez du feu et remuez pendant environ 30 s, jusqu'à ce que la sauce ait réduit. Assaisonnez puis déposez la garniture sur les tranches de pain chaud et parsemez de persil.

Asperges grillées beurre-citron et copeaux de fromage

Faites chauffer une poêle-gril à feu vif. Déposez-y 500 g d'**asperges** nettoyées et parées. Retournez-les et faites-les légèrement griller 2 à 3 min de chaque côté, jusqu'à ce qu'elles soient tendres, puis déposez-les dans un grand saladier, avec une noix de **beurre**, un bon trait de **jus de citron**, 1 pincée de **sel** et de **poivre**. Répartissez sur les assiettes ou disposez sur un grand plat de service. Mélangez 2 grosses poignées de **salade** avec un peu d'**huile d'olive vierge extra**, 1 pincée de sel et de poivre ainsi qu'un filet de jus de citron. Utilisez un couteau économe pour réaliser de jolis copeaux de **fromage** (cantal, tome de chèvre ou, si vous connaissez une bonne épicerie britannique, lancashire ou ticklemore). Servez.

Salade d'asperges crues à la menthe, pousses d'épinard et petits pois frais

Déposez 2 grosses poignées de **pousses d'épinard** lavées et 2 grosses poignées de **petits pois** fraîchement écossés dans un saladier. Ajoutez 1 poignée de feuilles de **menthe fraîche** ciselées, puis 8 grosses **asperges** crues nettoyées, parées et découpées en rubans à l'aide d'un couteau économe. Salez, poivrez. Ajoutez le **jus de 1 citron** et trois fois son volume d'**huile d'olive vierge extra**. Parsemez de 1 petite poignée de **fromage de chèvre doux**, mélangez et servez.

Faciles à faire pousser, les légumes tels que les courges et les citrouilles se conservent très longtemps. Leur feuillage est semblable à une dentelle qui habille votre jardin.

GRATIN DE POIREAUX CROUSTI-CRÉMEUX

Envie d'un gratin facile à réaliser ? Voici la recette qu'il vous faut. Elle accommodera toutes sortes de légumes, du fenouil ou du céleri-rave émincé aux petits navets en passant par les échalotes et la ciboule. Un plat de légumes devrait normalement être au menu de chaque repas familial ; s'il est aussi croustillant, riche et crémeux que celui-ci, le succès est assuré.

POUR 4 PERSONNES, EN ACCOMPAGNEMENT

- 1 tranche de poitrine fumée émincée
- 2 cuil. à soupe d'huile de colza ou d'olive
- 1 feuille de laurier frais
- 350 g de jeunes poireaux
- Sel et poivre du moulin
- 25 cl de bouillon de volaille bio
- 5 cuil. à soupe de crème légère
- 50 g de cheddar (ou de tout autre bon fromage émietté)
- 1 gousse d'ail pelée
- 3 tranches épaisses de pain blanc rassis écrouté
- 1 petite poignée de feuilles de thym frais

Préchauffez le four à 200 °C (th. 6-7). Faites chauffer une poêle de taille moyenne à feu pas trop vif. Déposez-y la poitrine, l'huile et la feuille de laurier ; laissez rissoler quelques minutes.

Pendant ce temps, nettoyez les poireaux : retirez les feuilles abîmées, coupez-les en deux dans le sens de la longueur et lavez-les bien. Découpez-les ensuite en tronçons de 2 cm et placez-les dans la poêle. Mélangez, salez et poivrez généreusement. Versez le bouillon et la crème, portez à ébullition et laissez frémir environ 10 min. Baissez le feu et incorporez une bonne partie du fromage écrouté. Le mélange doit vous sembler un peu liquide : ne vous inquiétez pas, il va épaissir au four. Mixez l'ail, le pain et les feuilles de thym jusqu'à obtention d'une chapelure parfumée.

Si votre poêle est adaptée, placez-la directement dans le four après y avoir disposé la chapelure. Sinon, versez les poireaux dans un plat en terre d'environ 20 × 25 cm. Parsemez de chapelure et du fromage restant, et faites cuire 30 à 40 min en haut du four, ou jusqu'à ce que le gratin soit doré et croustillant.

HARICOTS CROQUANTS
... ET LEUR TERRIBLE SAUCE TOMATE ÉPICÉE

Je ne sais pas pourquoi, je suis complètement fou des haricots d'Espagne. Le jardinier du roi Charles Iᵉʳ les importa d'Amérique centrale au début du XVIIᵉ siècle. Au départ, ils étaient cultivés pour leurs qualités ornementales, mais aujourd'hui, c'est leur goût qu'on adore. Je trouve cependant qu'ils sont méconnus et sous-estimés. Pour moi, c'est un légume assez subtil que l'on peut se contenter de servir avec une simple noisette de beurre et une pincée de sel ; néanmoins, il y a plein d'autres choses intéressantes à faire avec. Ici, j'ai eu l'idée d'une sauce à laquelle je mélange les haricots à peine cuits, mais vous pouvez également les faire revenir dans du beurre, de l'ail et du piment.

POUR 4 À 6 PERSONNES

- 6 tomates moyennes mûres
- 3 tiges de ciboule
- 3 filets d'anchois à l'huile
- Une noix de beurre
- Huile d'olive
- Sel et poivre du moulin
- 450 g de haricots d'Espagne
- Huile d'olive vierge extra

Découpez les tomates en deux et râpez-les délicatement pour obtenir une sorte de coulis. Émincez les ciboules et les anchois puis faites-les revenir dans une poêle chaude, avec le beurre, un filet d'huile d'olive, 1 pincée de sel et de poivre. Secouez la poêle de temps à autre, puis ajoutez les tomates. Lorsque le mélange bouillonne, assaisonnez, baissez le feu et laissez mijoter 5 à 8 min, jusqu'à ce que la sauce commence à épaissir ; ôtez du feu. (N'hésitez pas à relever davantage la sauce avec un soupçon de sauce Worcestershire ou de Tabasco.)

Pendant que la sauce cuit, portez une grande casserole d'eau salée à ébullition. Émincez les haricots dans leur longueur. Faites-les bouillir rapidement, pendant environ 4 min, jusqu'à ce qu'ils soient tendres et savoureux, puis égouttez-les. Réchauffez la sauce tomate, versez-la dans un plat et déposez les haricots par-dessus. Arrosez d'un filet d'huile d'olive vierge extra et servez sans attendre.

HARICOTS BLANCS VITE FAITS

Voici un plat de haricots simple à réaliser quand vous êtes pris par le temps. Il se marie avec presque tous les légumes ou les herbes, qu'il s'agisse de blettes, de chou frisé, de chou vert ou même de roquette, de persil ou de basilic haché (improvisez avec ce que vous avez), et il accompagnera à merveille une viande grillée ou un poulet.

POUR 6 À 8 PERSONNES, EN ACCOMPAGNEMENT

- 2 bocaux de 500 g environ de haricots blancs
- 12 tomates cerise découpées en quartiers
- Beurre
- Vinaigre de vin blanc
- 1 cuil. à soupe de purée de tomates séchées
- Tabasco
- 100 g de pousses d'épinard, de blettes ou de chou émincé
- Sel et poivre du moulin

Faites cuire les haricots et leur jus dans une casserole sur feu moyen. Ajoutez 1 pincée de sel, portez à ébullition puis baissez le feu et laissez frémir quelques minutes. Incorporez les tomates cerise, une noix de beurre, un filet de vinaigre de vin blanc, la purée de tomates et 1 ou 2 gouttes de Tabasco. Écrasez une partie des haricots avec un presse-purée ou un mixeur plongeant et mélangez pour donner une consistance crémeuse au plat. Portez de nouveau à ébullition, baissez le feu et laissez frémir 10 min, jusqu'à ce que la sauce soit épaisse et parfumée.

Juste avant de servir, ajoutez les légumes verts et laissez-les réduire. Prévoyez 1 min seulement pour les épinards, 2 min pour les blettes et 5 min environ pour le chou. Rectifiez l'assaisonnement et servez.

P.-S. : vous pouvez également, après avoir incorporé les légumes, déposer la préparation dans un plat à gratin, la parsemer de chapelure et d'un peu de fromage fraîchement râpé, puis la faire gratiner au four préchauffé à 180 °C (th. 6).

La fin des haricots n'est pas pour demain ! Vous verrez, on vous en redemandera...

QUATRE RECETTES DE PURÉES

Neeps and tatties

Remplissez une grande casserole d'eau froide, ajoutez 1 bonne pincée de **sel** et faites chauffer à feu vif. Épluchez 1 gros **rutabaga** (environ 1kg) et découpez-le en cubes de 2cm de côté. Quand l'eau bout, faites-le cuire 15 min. Pendant ce temps, épluchez 1kg de **pommes de terre** et découpez-les en cubes de 2,5cm de côté. Ajoutez les pommes de terre dans la casserole et poursuivez la cuisson 10 à 15 min, jusqu'à ce que tous les légumes soient tendres. Égouttez, laissez l'eau s'évaporer pendant 1 min puis écrasez le tout au presse-purée, avec 1 pincée de sel et de **poivre blanc**, ainsi qu'une 1 noix de **beurre**.

Pommes de terre et fenouil à la chapelure au thym

Remplissez une grande casserole d'eau froide, ajoutez 1 bonne pincée de **sel** et faites chauffer à feu vif. Ôtez les feuilles de 5 bulbes de **fenouil** et réservez-les. Découpez la base de chaque bulbe, retirez les tiges et les parties abîmées puis découpez-les en 10 quartiers. Épluchez 1kg de **pommes de terre** et coupez-les en cubes de 2,5cm de côté. Quand l'eau bout, ajoutez-y le fenouil et les pommes de terre; laissez cuire 15 à 20 min, jusqu'à ce que les légumes soient tendres. Pendant ce temps, faites revenir 1 poignée de **chapelure** dans un peu d'**huile d'olive**, 3 à 5 min à feu vif. Dès qu'elle est croustillante, incorporez-y 1 petite poignée de feuilles de **thym frais** et ôtez du feu. Égouttez les légumes, laissez-les sécher 1 min puis écrasez-les avec 1 pincée de sel et de **poivre**, ainsi que quelques noix de **beurre**. Parsemez de chapelure, de feuilles de fenouil et arrosez d'un petit filet d'**huile d'olive vierge extra**.

Pommes de terre et céleri-rave

Remplissez une grande casserole d'eau froide, ajoutez 1 bonne pincée de **sel** et faites chauffer à feu vif. Prévoyez 1,4kg de **céleri-rave** entier pour obtenir 1kg de légumes à cuire. Épluchez le céleri et 1kg de **pommes de terre**, puis découpez le tout en cubes de 2,5cm de côté. Quand l'eau bout, ajoutez le céleri et les pommes de terre; faites-les cuire 15 à 20 min, jusqu'à ce qu'ils soient tendres. Égouttez, laissez l'eau s'évaporer pendant 1 min puis remettez-les dans la casserole vide et écrasez-les bien. Ajoutez 1 cuillerée de **crème allégée**, une noix de **beurre**, 1 pincée de sel et de **poivre**. Goûtez et rectifiez l'assaisonnement, puis couvrez la purée pour la garder au chaud. Si vous voulez qu'elle soit vraiment lisse, mixez-la au robot – sans trop insister, sinon elle deviendrait collante.

Pommes de terre et topinambours à l'huile de laurier

Remplissez une grande casserole d'eau froide, ajoutez 1 pincée de **sel** et faites chauffer à feu vif. Épluchez 1kg de **pommes de terre** et découpez-les en morceaux de 2,5cm de côté. Coupez le sommet et la base de 1kg de **topinambours**, puis épluchez-les et découpez-les en morceaux de 2cm de côté, en les jetant dans l'eau au fur et à mesure. Faites-les cuire 5 min, puis ajoutez les pommes de terre et poursuivez la cuisson 15 à 20 min, jusqu'à ce que les légumes soient tendres. Égouttez et laissez l'eau s'évaporer complètement. Pendant ce temps, écrasez 2 feuilles **de laurier** et 1 pincée de sel dans un mortier. Retirez les tiges, ajoutez 4 cuil. à soupe d'**huile d'olive** et un trait de **vinaigre de vin blanc**. Mélangez, goûtez et assaisonnez, puis réservez. Replacez les légumes dans la casserole puis écrasez-les grossièrement avec quelques noix de **beurre** ainsi que 1 bonne pincée de sel et de **poivre**. Servez arrosé d'un filet d'huile de laurier.

Neeps and tatties

Pommes de terre et fenouil à la chapelure au thym

Pommes de terre et céleri-rave

Pommes de terre et topinambours à l'huile de laurier

ÉPINARDS CRÉMEUX AU FOUR

Peu compliqué à réaliser, ce plat est étonnant, fondant et délicieux. Il s'accordera particulièrement bien avec une viande grillée ou du poulet. Vous pouvez remplacer les épinards par du chou, des blettes, des petits pois, des fèves et même, croyez-le ou non, de la scarole ou de la laitue iceberg... Tout ce qui est vert, en somme! Même si j'adore les épinards frais, de nombreux chefs vous diront qu'avec la crème, mieux vaut utiliser des épinards surgelés. Je suis d'accord avec eux. Ils sont déjà déshydratés et bien denses, ce qui vous donnera un crémeux vraiment agréable. Bon appétit!

- Huile d'olive
- Une grosse noix de beurre
- 4 gousses d'ail
- 1 oignon rouge
- 1 tomate moyenne

- 1 noix muscade entière
- 450 g d'épinards surgelés ou 3 sachets de 200 g de pousses d'épinard, nettoyées
- 15 cl de crème légère

- 50 g de chapelure
- 50 g de cheddar

Allumez le gril du four, à température maximale. Faites chauffer un filet d'huile d'olive et le beurre dans une grande casserole, à feu moyen. Épluchez et découpez l'ail et l'oignon aussi finement que possible. Versez-les dans la casserole et faites revenir environ 5 min, sans les laisser se colorer. Ajouter la tomate tranchée, puis râpez le quart de la noix muscade par-dessus.

Faites cuire à feu moyen pendant encore 5 min, puis ajoutez les épinards, un peu d'eau et la crème - si vous utilisez des épinards frais, incorporez-les au fur et à mesure pour qu'ils réduisent. Couvrez et laissez cuire 5 min, en remuant de temps à autre. Lorsque la préparation a épaissi et est appétissante, disposez-la dans un plat à gratin (environ 22 × 15 cm et 6 cm de profondeur).

Parsemez de chapelure et de fromage râpé, puis placez sous le gril pour 5 à 8 min, jusqu'à ce que le gratin soit bien doré.

Les épinards à la crème se marient avec à peu près tout, et vos convives voudront tous finir le plat. Pensez toujours à en prévoir pour vous.

Les desserts

Les desserts britanniques sont des douceurs parfois insolites, mais toujours goûteuses et parfumées. Ils ont un petit quelque chose de gai, de convivial et qui en met plein la vue. Et s'ils sont si savoureux, c'est en partie grâce aux épices que les Britanniques ont rapportées de leurs lointains voyages. Ce que j'aime le plus, c'est qu'ils sont particulièrement simples à réaliser, ne nécessitant ni précision ni rigueur. Inutile de vous mettre la pression lorsque vous les préparez! En anglais, ces desserts sont appelés «puddings», un terme qui englobe des gourmandises à la fois nourrissantes, tremblotantes, héroïques et fantastiques! Vous retrouverez certaines de ces caractéristiques tout au long de ce chapitre, ainsi que de nombreuses recettes qui feront la joie de vos convives. Elles sont souvent riches, certes, mais s'accorder un petit plaisir de temps en temps ne peut pas faire de mal!

PUDDING D'ÉTÉ AU SUREAU
… LE DESSERT PRÉFÉRÉ DE TOM, ALICE ET THIBAULT AEDY

Tom, Alice et Thibault ont de chouettes parents qui ont fait de généreux dons à l'Ecology Trust, à l'Aspinall Foundation et à la Rainforest Alliance. Comme ils me répètent sans cesse à quel point ils adorent l'un de mes desserts aux fruits rouges, j'ai eu envie de leur dédier cette recette. En Grande-Bretagne, l'été est attendu avec impatience, et ce pudding le célèbre dignement. N'hésitez pas à y ajouter du cassis, des mûres ou quelques fraises des bois. Les fruits devant rendre suffisamment de jus pour imprégner le pain, il est important de ne pas trop les faire cuire. Rendez-vous sur la page *www.jamieoliver. com/how-to* (*How to assemble a summer pudding*) pour vous lancer dans la réalisation de cette gourmandise en toute confiance !

POUR 8 À 10 PERSONNES

- Huile
- 1 miche de pain blanc
- 4 cuil. à soupe de gelée ou de confiture de cassis sans pépins
- 1 kg de fruits rouges frais mélangés : fraises, framboises et mûres

- 4 pêches mûres
- 1 feuille de laurier
- 100 g de sucre semoule
- 1 gousse de vanille fendue en deux dans la longueur
- 2 oranges
- 1 citron

- Liqueur de fleur de sureau
- *Clotted cream*, crème épaisse ou glace, en accompagnement (facultatif)

Huilez un moule à pudding ou un joli saladier d'une contenance de 1,5 l puis chemisez-le avec du film étirable, en faisant se superposer deux bandes et en comblant bien les espaces vides. Laissez dépasser du moule une bonne largeur de film. Découpez 12 tranches de pain d'environ 1 cm d'épaisseur et écroûtez-les. Tartinez-les d'une couche épaisse de confiture ou de gelée puis déposez-en 10 dans le fond et sur les bords du moule, confiture vers l'intérieur, en les superposant très légèrement. Réservez 2 tranches.

Placez une poignée de fruits au réfrigérateur : ils serviront à décorer le pudding. Équeutez les fraises, coupez les plus grosses en deux et déposez-les dans une casserole avec les fruits rouges restants. Découpez les pêches en deux et dénoyautez-les, puis taillez-les en petits morceaux et mettez-les dans la casserole, avec le laurier, le sucre, la gousse et les graines de vanille. Ajoutez le jus des oranges et du citron faites chauffer environ 5 min à feu moyen.

Quand les fruits commencent à ramollir, disposez-les dans le moule à l'aide d'une écumoire, après avoir retiré le laurier et la gousse de vanille ; réservez le jus de cuisson. Entre chaque louchée de fruits, versez 1 cuil. à soupe de liqueur de fleur de sureau (soit environ 4 au total). Pressez l'ensemble avec le dos de la cuillère, pour obtenir une préparation compacte. Posez les deux tartines restantes, confiture vers l'intérieur, et, si nécessaire, comblez les espaces vides avec un peu de pain. Pressez de nouveau la surface et recouvrez avec le film étirable que vous avez laissé dépasser du moule. Déposez une petite assiette du diamètre du saladier sur le pudding et posez un objet lourd par-dessus. Laissez toute une nuit au réfrigérateur. Filtrez le jus des fruits à travers un tamis et faites-le frémir 8 à 10 min à feu doux dans une petite casserole, jusqu'à obtention d'un sirop brillant. Versez dans une carafe, laissez refroidir, couvrez et mettez au réfrigérateur.

Le lendemain, découvrez le pudding et retournez-le sur un plat de service. Démoulez-le délicatement avec le film étirable. Retirez le film, recouvrez du sirop et parsemez de fruits rouges frais. Servez avec de la crème épaisse ou de la glace et savourez…

PARFAITES POIRES POCHÉES
SAUCE AUX MÛRES • CRÈME ÉPAISSE

On dit parfois que les desserts à base de fruits ne sont pas aussi festifs qu'un gâteau ou un pudding. Pour ma part, je trouve que ces poires pochées et leur sauce sucrée aux mûres sont un véritable délice, elles permettent de terminer un bon dîner sur une note très raffinée. Les mûres apportent de la richesse et une légère acidité qui se marie bien avec la douceur des poires. Et pourquoi pas des myrtilles ou des framboises? Les fruits rouges prennent dans l'assiette des allures de petits bijoux et sont un régal aussi pour les yeux. À la fin de l'été, on trouve des mûres dans les ronces au bord des routes et dans les haies. Ouvrez les yeux et profitez-en pour cueillir des fruits bien mûrs! Petite astuce : si vous utilisez vos propres fruits, ajoutez quelques feuilles de mûrier dans le sirop, ça parfume la sauce à merveille. Allez-y, essayez...

POUR 8 PERSONNES

- 1 l de jus de pomme ou de cidre de bonne qualité
- 200 g de sucre roux
- 3 ou 4 feuilles de laurier fraîches
- 1 gousse de vanille fendue en deux dans la longueur
- 2 clous de girofle
- 1 petit citron ou 1 orange
- 8 poires fermes (williams)
- 150 g de mûres sauvages
- *Clotted cream*, crème fouettée, glace ou crème anglaise, en accompagnement (facultatif)

Faites chauffer le jus de pomme (ou le cidre) avec le sucre, le laurier, la gousse de vanille grattée, les clous de girofle et quelques morceaux d'écorce de citron (ou d'orange) dans une poêle à bords hauts, sur feu vif. Laissez cuire 5 min, jusqu'à ce que le sucre soit dissous et que vous obteniez un sirop léger et fluide.

Pendant ce temps, épluchez délicatement les poires, si possible en laissant les queues. Déposez-les dans la poêle hors du feu, en les enrobant bien – attention à ne pas vous brûler. Humidifiez une feuille de papier sulfurisé et placez-la au-dessus des poires afin de les recouvrir entièrement. Faites frémir environ 20 min à feu doux : les fruits doivent être souples mais conserver leur forme (ils sont prêts quand la lame d'un couteau s'enfonce facilement jusqu'au cœur).

À l'aide d'une écumoire, déposez les poires au centre d'un joli plat de service et enfournez à très basse température pour qu'elles restent au chaud. Faites réduire le sirop 30 min à feu vif ; il doit être assez épais pour napper le dos d'une cuillère. Remuez de temps en temps afin qu'il n'accroche pas. Incorporez les mûres et faites cuire 5 min. Sortez le plat de service du four et recouvrez délicatement les poires du sirop aux mûres. Déposez un peu de *clotted cream*, de crème fouettée ou de glace sur le côté du plat puis placez-le au centre de la table.

Les trifles et les desserts sont source de bonheur et de gaieté – on le voit bien sur cette photo. Pour l'anecdote une fois le cliché pris, tout le monde s'est jeté dessus !

RÉJOUISSANTS TRIFLES

La version du trifle à l'ancienne de ma mère est un trésor exhumé du passé. Quant au trifle Wimbledon, c'est un hommage amusant à l'une de nos grandes institutions sportives.

Trifle rétro de ma mère

POUR 14 PERSONNES

- 440 g de gâteau roulé à la vanille, découpé en tranches de 2 cm d'épaisseur
- 500 g de fraises émincées
- 12,5 cl de Cointreau
- 135 g de jelly à la fraise
- 63 cl de lait entier

- 4 cuil. à soupe de sucre blanc
- 1 sachet de 35 g de flan à la fraise
- 135 g de jelly à l'orange
- 3 conserves de 330 g de mandarines (ou tout autre fruit au choix), égouttées

- 50 cl de crème pâtissière prête à l'emploi
- 30 cl de crème fleurette bien froide
- 1 cuil. à café d'extrait de vanille
- Vermicelles de couleur

Tapissez le fond d'un plat en verre (environ 30 cm de diamètre) de gâteau, en faisant se chevaucher les tranches. Recouvrez de fraises puis de Cointreau. Dissolvez la jelly à la fraise dans 30 cl d'eau bouillante, ajoutez 30 cl d'eau froide et mélangez. Quand la préparation est froide, versez-la lentement sur le biscuit et réfrigérez 3 h. Lorsque la jelly a pris, mélangez 3 cl de lait, 2 cuil. à soupe de sucre et le sachet de flan dans un saladier. Mettez 60 cl de lait dans une casserole et portez-le doucement à ébullition. Incorporez-le au flan puis replacez dans la casserole et faites bouillir sans cesser de remuer. Transvasez dans le saladier et laissez refroidir. Versez lentement le flan sur la jelly à la fraise et réfrigérez 3 h.

Préparez la jelly à l'orange de la même façon que la jelly à la fraise. Pendant qu'elle refroidit, déposez vos mandarines sur le flan. Recouvrez lentement de jelly à l'orange et laissez prendre 3 h. Étalez délicatement la crème pâtissière sur la jelly. Fouettez la crème fleurette avec l'extrait de vanille jusqu'à ce qu'elle soit ferme et étalez-la délicatement sur la crème pâtissière. Réfrigérez 1 nuit avant de servir décoré de vermicelles.

Trifle Wimbledon

POUR 12 PERSONNES

- 250 g de pain d'épice découpé en tranches de 1 cm d'épaisseur
- 100 g de fraises équeutées
- 3 brins de menthe fraîche

- 9 feuilles de gélatine
- 20 cl de Pimm's (apéritif anglais) ou de liqueur de fruits
- 55 cl de limonade bien fraîche

- 6 cuil. à café de sucre semoule
- Extrait de vanille
- Le zeste de 1 citron
- 30 cl de crème fleurette froide

Répartissez le pain d'épice entre 12 verrines. Coupez les fraises en deux et mettez-les dans les verrines. Ciselez dessus quelques feuilles de menthe, laissez 1 h au réfrigérateur. Immergez la gélatine 3 min dans un peu d'eau. Faites chauffer une casserole sur feu doux et versez-y le Pimm's. Dès qu'il est chaud, déposez-y la gélatine égouttée. Fouettez pour qu'elle se dissolve. Versez la limonade dans la casserole, remuez puis répartissez lentement entre les verrines pour que la gelée recouvre les fraises. Placez 2 h au réfrigérateur.

Quand la gelée a pris, écrasez les feuilles de menthe restantes avec le sucre et réservez. Ajoutez un peu d'extrait de vanille et le zeste de citron dans la crème fleurette et fouettez jusqu'à ce qu'elle forme des pics. Répartissez la crème citronnée sur les trifles et recouvrez de sucre à la menthe.

PUDDING VAP' CHOCOLAT-ORANGE

Quand ma mère me demandait ce que je voulais manger lorsque nous avions quelque chose à fêter, je lui réclamais ce dessert, l'un de mes préférés. Il est à la fois léger, chocolaté, orangé... avec une sauce qui dégouline ! Je suis ravi de vous transmettre cette recette maternelle pour que vous la proposiez à ceux que vous aimez. Je l'ai légèrement adaptée – il paraît que tous les fils font ça –, mais je suis certain que vous allez l'adorer.

POUR 8 À 10 PERSONNES

Pour la sauce au chocolat noir
- 100 g de beurre doux
- 100 g de golden syrup (au rayon cuisine du monde) ou de miel liquide
- 100 g de chocolat noir de bonne qualité (70 % de cacao), en morceaux
- 2 cuil. à soupe de lait

Pour le gâteau
- 50 g de chocolat noir (70 % de cacao)
- 100 g de beurre doux ramolli + un peu pour beurrer
- 85 g de sucre blond
- 200 g de farine avec levure incorporée
- Le zeste et le jus de 1 orange
- 1 gros œuf de poule élevée en plein air
- 3 cuil. à soupe rases de cacao en poudre
- 8 cuil. à soupe de lait
- Fruits de saison tendres et crème fleurette (facultatif)

Votre première mission consiste à préparer la sauce au chocolat : dans un moule à pudding d'une capacité de 1,5 l ou dans un saladier, déposez tous les ingrédients de la sauce. Prenez une casserole suffisamment grande pour contenir ce moule et versez-y quelques centimètres d'eau chaude : votre bain-marie est prêt. Faites fondre le chocolat à feu moyen et remuez délicatement jusqu'à obtention d'une consistance bien lisse. Éteignez le feu, ôtez le moule de la casserole et faites-le tourner délicatement sur lui-même pour le tapisser entièrement de sauce. Réservez.

Hachez grossièrement le chocolat en petits morceaux et jetez-les dans un grand saladier, avec les autres ingrédients. Remuez bien puis versez le tout dans le moule enduit de sauce au chocolat. Beurrez une petite feuille de papier sulfurisé et placez-la sur le moule, face beurrée vers le gâteau. Recouvrez maintenant entièrement le moule de papier d'aluminium. Maintenez l'ensemble en l'entourant d'environ 2 m de ficelle, faites un double nœud puis attachez la ficelle de l'autre côté du moule, afin de former une poignée qui vous permettra de le soulever plus facilement (rendez-vous sur *www.jamieoliver.com/how-to* pour une démonstration en images). Déposez-le dans la casserole précédemment utilisée. Versez-y de l'eau – elle doit arriver à mi-hauteur du moule – et couvrez. Portez à ébullition, baissez le feu et laissez frémir 2 h. Ajoutez de l'eau de temps à autre, pour maintenir un niveau constant.

À la fin de la cuisson, retirez le moule avec précaution. Coupez la ficelle, ôtez le papier d'aluminium et le papier sulfurisé. Recouvrez d'un plat de service et retournez délicatement l'ensemble pour démouler le gâteau. Raclez la sauce restante à l'aide d'une spatule. Servez avec des fruits de saison et un soupçon de crème fouettée.

RIZ AU LAIT À LA RHUBARBE

Dans le Yorkshire, il existe une petite région connue sous le nom de «Triangle de la Rhubarbe». C'est là qu'est produite la quasi-totalité de la rhubarbe britannique – appréciée et exportée dans toute l'Europe. C'est aussi dans cette région que l'on trouve la *Yorkshire forced rhubarb*, cultivée à l'abri de la lumière. Étonnamment, cette variété donne une rhubarbe particulièrement rose, tendre et naturellement sucrée, à condition de la cuisiner en compote. Dans cette recette, j'utilise assez peu de sucre, pour un bon équilibre entre le crémeux du riz au lait et l'acidité de la compote. Pour un dessert encore plus onctueux, vous pouvez ajouter 1 cuil. à soupe de crème épaisse (ou fouettée) juste avant de servir. Succulent!

POUR 6 À 8 PERSONNES

Pour le riz au lait
- 200 g de riz rond
- 1,2 l de lait demi-écrémé
- 2 gousses de vanille
- 4 cuil. à soupe de sucre semoule

Pour la compote de rhubarbe
- 3 cuil. à soupe de sucre blond
- 1 orange
- 1 citron
- 2 feuilles de laurier fraîches
- 6 cl de Pimm's (ou de liqueur de fraise)

- 500 g de rhubarbe épluchée et découpée en tronçons de 2 cm
- 400 g de fraises équeutées et découpées en 4

Versez le riz et le lait dans une grande casserole antiadhésive d'environ 25 cm de diamètre. Fendez la vanille dans le sens de la longueur, grattez pour recueillir les graines et déposez le tout dans la casserole, ainsi que le sucre. Faites frémir 20 à 30 min sur feu moyen, en remuant régulièrement.

Préparez la compote : versez le sucre dans une grande casserole, faites chauffer sur feu moyen puis ajoutez des morceaux d'écorce d'orange et de citron. Incorporez le jus de l'orange, le laurier et le Pimm's. Attention, l'alcool risque de flamber – ce n'est pas gênant, attendez que les flammes s'éteignent. Ajoutez la rhubarbe puis laissez-la compoter 5 min à couvert, jusqu'à ce qu'elle soit tendre. (À vous de voir si vous voulez des morceaux tendres, une vraie compote ou un mélange des deux.) Ajoutez les fraises et faites cuire encore 3 à 4 min sans couvrir, jusqu'à ce qu'elles ne soient plus qu'à peine fermes. Retirez le laurier, les écorces d'orange et de citron, puis versez la compote sur le riz au lait.

P.-S. : s'il vous en reste, réchauffez ce dessert le lendemain. Sinon, je le congèle dans des petits pots, à sortir 30 min avant de servir. Et hop! voilà une glace très originale.

HONEYCOMB

SAUCE AU CHOCOLAT TIÈDE • FRUITS ROUGES D'ÉTÉ

Le *honeycomb* («rayon de miel») est l'une de ces préparations un peu mystérieuses que l'on croit avoir oubliées alors qu'il suffit d'un rien pour les réaliser. Cette recette est un peu magique : préparez un caramel chaud en 1 minute puis, quelques secondes après avoir incorporé le bicarbonate, vous obtenez une mousse qui crépite et pétille dans la casserole! Si c'est vraiment amusant à faire, mieux vaut tout de même avoir un thermomètre de cuisson pour surveiller la température du caramel (150 °C). Quand il sera froid, vous pourrez le briser en morceaux, le servir avec un bol de chocolat fondu et créer ainsi vos propres bouchées et mignardises au chocolat. Proposez-les donc lors d'une fête... et regardez-les disparaître à vue d'œil! Vous pouvez également les découper en petits morceaux et les parsemer sur une glace, pour une décoration croustillante et gourmande.

POUR 10 PERSONNES

- 1 cuil. à café bombée de bicarbonate de soude (environ 8 g)
- 250 g de sucre blond
- 2 cuil. à soupe bombées de miel liquide
- 100 g de chocolat noir de bonne qualité (environ 70 % de cacao) fondu, en accompagnement (facultatif)
- 150 g de framboises fraîches, en accompagnement (facultatif)

Chemisez un plat à four profond (environ 25 × 35 cm) de papier sulfurisé préalablement graissé. Pesez le bicarbonate et réservez-le, vous en aurez besoin rapidement quand le sucre aura atteint la température souhaitée. Dans une casserole de taille moyenne, profonde et à fond épais, mélangez le sucre, le miel et 5 cl d'eau. Faites chauffer jusqu'à ce que le mélange atteigne 150 °C. Quoi qu'il advienne, ne touchez et ne goûtez surtout pas le caramel, vous risqueriez de vous brûler - mieux vaut également éloigner les enfants de la pièce.

Dès que le caramel atteint la bonne température, éteignez le feu et ajoutez le bicarbonate en fouettant rapidement pour l'incorporer. Il va tout de suite mousser : c'est normal. Versez prudemment le mélange dans le plat à four et secouez-le légèrement pour le répartir en une couche bien régulière (encore une fois, attention à ne pas vous brûler avec le caramel chaud). Laissez refroidir puis découpez en petites bouchées. Servez accompagné de chocolat fondu et de framboises fraîches.

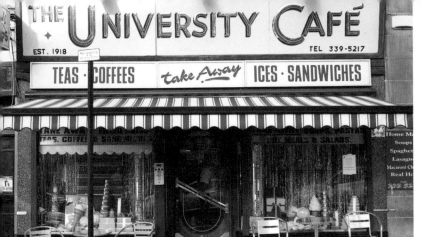

Le University Café

J'adore cet endroit, un café à l'ancienne sur Byres Road, à Glasgow, tenu par une famille d'origine italienne. Le directeur artistique de mes livres, John Hamilton, venait ici quand il était petit. Je suis prêt à parier que rien n'a changé depuis... Les glaces sont extra, le café est bon, et les douceurs sont présentées dans de magnifiques bocaux.

Ici, ils servent la glace à la cuillère au lieu d'utiliser une machine. Sans chichis et efficace !

ARCTIC ROLL À L'ANCIENNE

Dans les années 1960 et 1970, avoir au congélateur un dessert glacé que l'on pouvait servir à tout moment était le comble du chic. Simple mais beau, ce gâteau roulé a fait son apparition un peu partout – dans les restaurants, les cantines et même au menu des hôpitaux – à la même époque. S'il possède aujourd'hui une image un peu ringarde, je suis convaincu que le préparer avec une confiture de qualité et l'associer à une bonne glace ainsi que quelques friandises émiettées, c'est facile et cela le rend bien plus amusant. Roulez le tout, placez au congélateur pour quelques heures et vous obtiendrez un dessert sucré et acidulé, croustillant et doux. Que demander de plus ?

POUR 14 PERSONNES

Pour le biscuit
- 3 gros œufs de poule élevée en plein air
- 100 g de sucre blanc + un peu pour saupoudrer
- 75 g de farine
- Quelques noix de beurre, pour le moule

- 1 grosse cuil. à café de cacao en poudre

Pour la garniture
- 2 × 50 cl de crème glacée de bonne qualité, à la vanille et au chocolat

- 300 g de confiture de fraises ou de framboises de bonne qualité
- 1 sachet de Maltesers, écrasés

Pour la décoration
- 200 g de fruits rouges frais
- Le jus de ½ citron

Préchauffez le four à 180 °C (th. 6). Sortez la glace du congélateur et placez-la au réfrigérateur pour qu'elle commence à ramollir. Mettez les œufs et le sucre dans le bol d'un mixeur et fouettez jusqu'à ce que la préparation ait doublé de volume. Ajoutez ensuite la farine tamisée et mélangez lentement, en soulevant la pâte avec une spatule. Beurrez un moule à pâtisserie (environ 26 × 36 cm), chemisez-le de papier sulfurisé que vous graisserez également. Versez la moitié de la pâte dans le moule, sans l'étaler uniformément ; incorporez le cacao à la pâte restante et utilisez ce mélange pour combler les espaces vides. Avec une cuillère, dessinez des S et des cercles afin de marbrer la préparation – veillez à ne pas laisser de trous. Enfournez pour 12 à 15 min, au milieu du four.

Graissez une autre feuille de papier sulfurisé et saupoudrez-la de sucre. Retirez le gâteau du four et retournez-le sur le papier. C'est très facile à faire, mais si vous avez besoin d'un peu d'aide, rendez-vous sur la page *www.jamieoliver.com/how-to* (*How to roll an arctic roll*) pour visionner ce geste. Retirez délicatement la première feuille de papier et tant que la pâte est encore tiède et souple, roulez-la en un long boudin – avec la seconde feuille de papier. Laissez refroidir pendant environ 20 min.

Quand le gâteau a refroidi, déroulez-le et étalez la moitié de la confiture sur toute la surface. Répartissez de grosses cuillerées de glace de manière aléatoire, sans oublier de laisser une marge de 5 ou 6 cm aux extrémités pour pouvoir sceller la pâte. Remettez ce dont vous n'avez pas besoin au congélateur. Ajoutez quelques cuillerées à café de confiture puis parsemez de bonbons chocolatés un peu écrasés. Lissez le tout en couche épaisse à l'aide d'une spatule.

Roulez de nouveau le gâteau, mais cette fois sans le papier sulfurisé. Si la garniture s'échappe, replacez-la à l'intérieur. Fermez les extrémités et pressez le gâteau pour obtenir un long boudin homogène. Placez-le pour 3 h au congélateur. Sortez-le environ 5 à 10 min avant de le servir pour qu'il soit plus facile à trancher. Découpez chacune des extrémités et servez avec des fruits d'été mélangés, citronnés et sucrés.

Je n'aurais jamais cru avoir mon propre camion de glaces, alors quand j'ai eu celui-ci pour L'Italie de Jamie... Happy days !

PETITS CHEESECAKES AUX AGRUMES
CITRON • CLÉMENTINE • ORANGE • PAMPLEMOUSSE

Ces petites verrines contiennent quatre ou cinq bouchées exceptionnelles. Pour les confectionner, je me suis inspiré du traditionnel *British lemon posset*. À l'origine, il s'agissait d'une boisson chaude à base de lait ou de crème datant de l'époque médiévale. C'est ensuite devenu un dessert crémeux, frais, proche du sabayon, délicieux mais assez riche. Parfois, pour satisfaire une envie de dessert, il suffit simplement de marier différentes saveurs et de les assembler en quelques portions harmonieuses. Pour ces petites verrines, j'ai utilisé une base de cheesecake afin de leur donner un croquant contrastant avec la garniture crémeuse. J'utilise des *digestive biscuits*, mais en France, vous les remplacerez avantageusement par des spéculoos, des sablés ou des shortbreads.

Que vous le serviez en verrines ou dans des tasses à café, c'est un dessert simple et élégant comme je les aime. Quand vous maîtriserez la recette, vous pourrez préparer la moitié de la verrine avec un jus et le reste avec un autre, afin d'obtenir différentes couches, ou encore mélanger les agrumes comme le citron vert et le citron ou le pamplemousse et l'orange. Laissez votre créativité s'exprimer!

POUR 8 À 10 PETITES VERRINES

Pour la base biscuitée
- 50 g d'amandes mondées
- 5 spéculoos
- 30 g de beurre doux fondu

Pour la garniture crémeuse
- 8 à 10 citrons ou 3 à 4 oranges (pour obtenir 20 cl de jus)
- 100 g de sucre blond

- 1 gousse de vanille fendue en deux et grattée
- 60 cl de crème épaisse

Faites dorer les amandes à sec dans une poêle antiadhésive; laissez-les refroidir. Écrasez les biscuits et les amandes dans un saladier, en utilisant l'extrémité d'un rouleau à pâtisserie ou un pilon, puis incorporez le beurre fondu. Mélangez bien. Répartissez cette base entre les différents verres, verrines ou tasses. Tassez le mélange avec le dos d'une cuillère ou votre pouce, puis placez au réfrigérateur.

Lavez les fruits de votre choix. Prélevez délicatement de fines lamelles de zeste à l'aide d'un économe, en évitant la partie blanche de l'écorce (c'est très important). Pressez les fruits pour obtenir 20 cl de jus, filtrez-le et réservez-le.

Dans une casserole, mélangez le sucre, le zeste, le jus ainsi que la vanille et ses graines, puis portez à frémissements sur feu moyen. Remuez délicatement jusqu'à ce que le sucre soit dissous et que vous obteniez un sirop épais - comptez environ 14 à 16 min. Hors du feu, incorporez la crème. Remettez sur feu très doux et laissez frémir doucement pendant environ 10 min, en remuant, jusqu'à ce que les saveurs infusent et donnent une couleur légèrement pastel au mélange, qui doit être épais et brillant.

Sortez les verrines du réfrigérateur. Passez la crème au chinois pour en retirer la gousse de vanille et le zeste, puis répartissez le mélange entre les différentes verrines. Recouvrez de film étirable et placez au réfrigérateur pour environ 2 h avant de servir.

TARTE D'ECCLEFECHAN
SOUPÇON DE WHISKY • CRÈME AU GINGEMBRE

Les tartes et les gâteaux laissent souvent de merveilleux souvenirs dans l'esprit des gens : vous allez voir, la recette qui suit ne fait pas exception. Bon, d'accord, il s'agit là de pure gourmandise, mais ce sont ces petites douceurs qui rendent la vie plus sympa ! La garniture de cette tarte est superbe et la pâte étonnamment légère, elle craque et fond sous la dent. Voici donc mon interprétation d'une recette traditionnelle (qui porte le nom d'un charmant village du Sud de l'Écosse). Elle doit sa richesse et sa saveur aux fruits secs : vous en trouverez de toutes sortes dans les supermarchés, alors laissez libre cours à votre imagination !

POUR 12 PARTS

Pour la pâte
- 250 g de farine + un peu pour saupoudrer
- 125 g de beurre doux en dés
- Sel
- 5 cl de whisky

Pour la garniture
- 150 g de beurre doux à température ambiante
- 150 g de sucre roux

- 3 gros œufs de poule élevée en plein air
- 15 cl de crème épaisse
- 1 cuil. à soupe bombée de mélasse
- 300 g de fruits secs variés (raisins, airelles, cerises, myrtilles…)
- 1 cuil. à café de gingembre confit émincé

- 1 citron
- 1 orange

Pour servir
- 15 cl de crème fleurette bien froide
- 1 cuil. à soupe de sirop de gingembre confit
- Whisky
- Mélasse

Préchauffez le four à 180 °C (th. 6). Dans un saladier, mélangez la farine, le beurre et 1 pincée de sel. Pressez les ingrédients entre vos doigts, sans trop les travailler. Incorporez le whisky et rassemblez la pâte sans la pétrir. Recouvrez-la de film étirable et placez-la au réfrigérateur pour au moins 15 min.

Saupoudrez un plan de travail propre et un rouleau à pâtisserie de farine puis étalez la pâte (elle doit avoir l'épaisseur d'une pièce de 1 euro). Enroulez-la délicatement autour du rouleau et déroulez-la sur un moule à tarte à fond amovible de 25 cm de diamètre. Percez-la avec une fourchette, humidifiez une feuille de papier sulfurisé et recouvrez-en le moule. Remplissez-le entièrement de riz cru et faites cuire 10 min dans le bas du four, pour éviter que la pâte se rétracte. Ôtez le papier sulfurisé et le riz, puis prolongez la cuisson pendant 5 min (gardez le riz pour une prochaine cuisson à blanc).

Pendant ce temps, travaillez le beurre et le sucre au robot ou à la main, jusqu'à obtention d'une crème. Incorporez les œufs un à un. Une fois le mélange bien lisse, ajoutez la crème. Sortez le fond de tarte du four et tapissez-le de mélasse. Parsemez de fruits secs et de gingembre, puis ajoutez quelques morceaux de zeste de citron et celui de ½ orange. Recouvrez de crème puis secouez légèrement le moule pour répartir le tout de manière uniforme. Faites cuire au four 30 à 35 min, jusqu'à ce que la tarte soit dorée et que la crème ait la consistance d'un flan.

Laissez refroidir environ 30 min. Au moment de servir, fouettez la crème avec 1 cuil. à soupe de sirop de gingembre et un soupçon de whisky. Versez un filet de mélasse, puis décorez chaque part d'un peu de crème.

FLAPJACK CRUMBLE

Voici le principe – et aussi le challenge : on prend deux choses que l'on aime beaucoup et on essaie de les combiner pour en faire une recette géniale. D'où l'idée saugrenue de cet imposant et sublime *flapjack crumble*! J'ai beau apprécier les crumbles traditionnels, de temps en temps, j'aime bien proposer une recette inattendue. Les convives commencent par poser des questions, avant de s'enthousiasmer pour cette version détournée de leur dessert favori. J'adore ça.

POUR 10 À 12 PERSONNES

Pour la base de flapjack
- 50 g de mélange de fruits à coque (noisettes ou noix)
- 1 morceau de gingembre confit
- 125 g de beurre doux + un peu pour le moule
- 3 cuil. à soupe de golden syrup (au rayon cuisine du monde) ou de miel liquide
- 175 g de gros flocons d'avoine
- 75 g de mélange de fruits secs (abricots, griottes, raisins ou myrtilles) hachés

Pour la garniture aux pommes
- 1 pomme à cuire épluchée et épépinée
- 6 pommes à croquer épluchées et épépinées
- 100 g de sucre roux
- 1 bonne pincée de cannelle moulue
- 1 noix muscade
- 1 soupçon de brandy ou de gin
- 300 g de mûres

Pour le crumble
- 75 g de beurre doux froid, coupé en dés de 1 cm de côté
- 100 g de farine
- 100 g de sucre roux
- 1 orange
- Crème glacée de bonne qualité, crème pâtissière ou yaourt nature, en accompagnement
- Le zeste de 1 orange, pour décorer

Préchauffez le four à 180 °C (th. 6). Écrasez les noix avec l'extrémité d'un rouleau à pâtisserie et hachez grossièrement le gingembre confit. Faites fondre le beurre et le golden syrup sur feu doux. Dans un grand saladier, mélangez l'avoine, les noix, le gingembre et les fruits secs, puis recouvrez du beurre et mélangez pour bien enrober les flocons d'avoine. Versez le mélange dans un moule graissé d'environ 24 cm de large et 6 cm de profondeur. Tassez-le avec le dos d'une cuillère, dans le fond et sur les côtés, pour obtenir un fond de tarte d'une épaisseur homogène de 0,5 cm. Enfournez pour 20 min. Ne vous inquiétez pas si la pâte se rétracte légèrement, vous pourrez la remettre en forme avec le dos d'une cuillère tant qu'elle sera chaude.

Pendant ce temps, découpez chaque pomme en douze et déposez les morceaux dans une grande casserole à fond épais. Faites chauffer sur feu moyen. Ajoutez le sucre, la cannelle, de la noix muscade râpée et un bon trait de brandy ou de gin. Couvrez et laissez réduire 5 min, jusqu'à ce que les fruits ramollissent. Découvrez et prolongez la cuisson pendant encore 5 min, pour que la sauce épaississe. Quand les pommes sont prêtes, incorporez les mûres et ôtez du feu.

Dans un saladier propre, préparez votre crumble en mélangeant le beurre, la farine et le sucre jusqu'à obtention d'un sable grossier. Incorporez le zeste de l'orange sans trop travailler l'appareil et réservez.

Versez les fruits sur la base de *flapjack*. Parsemez de crumble puis enfournez pour 50 min : des bulles doivent apparaître sur les bords du moule, et la croûte doit être dorée. Servez tiède, avec une boule de bonne crème glacée, de la crème pâtissière ou du yaourt nature et un peu de zeste d'orange.

GÂTEAU AUX POMMES AUX ÉPICES

Ce gâteau caramélisé, tendre et délicieux, est un hommage à la ville de Bristol. Je l'ai amélioré en y intégrant des épices. Ma rencontre avec une famille guyanaise adorable, qui utilise toutes ces épices dans son ragoût, m'a inspiré cette recette. J'ai donc décidé d'accentuer les saveurs de ce gâteau plutôt classique avec de la cannelle, du gingembre et du clou de girofle. Les épices sont arrivées dans le pays à l'époque coloniale *via* le port de Bristol, et elles font aujourd'hui partie intégrante de la cuisine anglaise. N'hésitez pas à préparer ce dessert avec des poires, des coings ou des pêches. Et si vous n'avez pas de mélasse sous la main, 2 cuil. à soupe de golden syrup ou de miel feront l'affaire.

POUR 14 PARTS

Pour la sauce au caramel
- 200 g de beurre doux coupé en dés, à température ambiante + un peu pour le moule
- 200 g de sucre blond
- 2 cuil. à soupe de mélasse
- 1 cuil. à café rase de cannelle moulue
- 1 cuil. à café rase de gingembre moulu
- 1 pincée de clou de girofle moulu

- 3 cuil. à soupe de *clotted cream* ou de crème fraîche

Pour le gâteau
- 6 ou 7 pommes à croquer moyennes (royal gala ou braeburn), épépinées et coupées en quartiers
- 125 g de beurre doux à température ambiante
- 125 g de sucre blond

- 2 gros œufs de poule élevée en plein air
- 225 g de farine avec levure incorporée
- ½ cuil. à café rase de bicarbonate de soude
- 20 cl de cidre brut de bonne qualité
- 2 oranges

Beurrez la base et les côtés d'un moule à manqué de 24 cm de diamètre et chemisez-le de papier sulfurisé. Préchauffez le four à 180 °C (th. 6). Déposez les dés de beurre dans une poêle suffisamment grande pour contenir toutes les pommes. Ajoutez le sucre, la mélasse et les épices, faites cuire doucement. Baissez le feu et laissez frémir en remuant de temps en temps, jusqu'à ce que la sauce commence à épaissir. Incorporez les pommes dans le caramel et laissez cuire quelques minutes pendant que vous préparez le gâteau – sans oublier de surveiller le feu et de remuer de temps en temps, pour que le mélange n'accroche pas.

Travaillez le beurre et le sucre jusqu'à obtention d'une crème, puis incorporez les œufs un à un, en mélangeant au fur et à mesure. Ajoutez la moitié de la farine tamisée, le bicarbonate et le cidre (si la préparation n'est pas homogène, ce n'est pas grave). Remuez bien puis versez la farine tamisée restante et le zeste des oranges. Mélangez de nouveau.

Tapissez la lèchefrite de papier sulfurisé (au cas où du caramel coulerait pendant la cuisson). Déposez les pommes au fond du moule, en couche régulière (réservez le caramel pour plus tard) puis recouvrez de pâte à gâteau. Secouez légèrement le moule pour répartir le mélange puis placez-le sur la lèchefrite et enfournez à mi-hauteur pour 35 à 40 min. Au bout de 35 min, insérez une lame de couteau au centre du gâteau : si elle ressort propre, le gâteau est prêt ; sinon, prolongez la cuisson de 5 min environ.

Quand le gâteau est cuit, laissez-le refroidir 10 min (pas plus, sinon vous ne pourrez pas le démouler). Réchauffez le caramel à feu doux et incorporez la crème. Pour ne pas vous brûler, retirez le caramel qui a débordé du moule, recouvrez ce dernier d'une assiette et retournez-la rapidement. Démoulez, découpez des parts et servez avec la sauce au caramel.

BOMBE CHOCOLATÉE

Je trouve vraiment génial de pouvoir confectionner un gâteau à l'avance et de le conserver au congélateur jusqu'à ce qu'on en ait besoin. C'est particulièrement pratique pendant les fêtes, et c'est d'ailleurs à ce moment-là que je prépare cette recette. Pour moi, c'est une sorte de croisement entre un dessert d'été et un *arctic roll*, un vrai dessert à l'ancienne. Comme il s'agit juste d'assembler des ingrédients, tout le monde est capable de le faire, et si vous avez quelqu'un à la maison qui refuse de bouger le petit doigt parce qu'il ne sait pas cuisiner, voici de quoi le mettre à contribution !

POUR 10 PARTS

- 2 bacs de 50 cl de glace à la vanille de bonne qualité
- 1 panettone de 1 kg
- 12,5 cl de xérès
- 3 cuil. à soupe rases de confiture de framboises
- 25 g de pistaches entières
- 75 g de cerises en bocal, égouttées
- 40 g de clémentines confites (ou de tout autre fruit confit) émincées
- 2 clémentines, l'une épluchée et découpée en quartiers, l'autre entière
- 200 g de chocolat noir de bonne qualité (70 % de cacao) haché

Sortez la glace du congélateur pour qu'elle ramollisse pendant la préparation de la bombe. Chemisez un moule à pudding d'une capacité de 2 l avec 3 couches de film étirable. À l'aide d'un couteau à dents, découpez 4 disques de panettone de 2 cm d'épaisseur, puis coupez-les en deux. Conservez le reste du panettone pour une prochaine fois. Disposez 6 morceaux de panettone en couche uniforme pour tapisser le moule et pressez-les légèrement. Imbibez-les de xérès puis tartinez-les de confiture avec le dos d'une cuillère.

Versez la totalité du premier bac de glace dans le moule et étalez-la en couche épaisse. Parsemez de pistaches, de cerises et de fruits confits, puis ajoutez une couche de clémentine. Versez le contenu du second bac de glace – étalez rapidement, pour éviter que la glace fonde complètement – puis disposez le reste du panettone, sans laisser de trous. Imbibez une nouvelle fois de xérès et recouvrez le moule de film étirable. Posez une assiette par-dessus et lestez-la d'un poids, pour tasser un peu la préparation. Placez au congélateur pour toute une nuit ou plus longtemps (veillez à poser sur l'assiette un objet pouvant supporter un long séjour au froid).

Lorsque vous êtes prêt à servir, faites fondre le chocolat au bain-marie, à feu très doux. Pendant ce temps, démoulez le gâteau sur un joli plat de service. Ajoutez quelques morceaux de zeste de clémentine dans le chocolat, que vous verserez au sommet du gâteau pour qu'il se mette à couler doucement. Vous avez alors environ 10 min avant que la sauce ne se fige : à vos cuillères !

ONCTUEUSE MOUSSE AU CHOCOLAT
SOUPÇON DE BRANDY • BELLES CERISES MÛRES

Mettre dans ce livre une recette au chocolat vraiment simple et facile à réaliser me semblait une évidence. Au départ, j'ai pensé qu'un petit dessert chocolaté léger et crémeux était toujours très apprécié. Mais les apprentis avec qui je travaille dans mon restaurant le Fifteen devaient assister à un séminaire sur le chocolat le jour où nous avons pris en photo certaines recettes de l'ouvrage. Quand ils sont revenus en portant une mousse toute simple sur un plateau, je me suis dit qu'il y a vraiment du bon à retourner aux fondamentaux en utilisant du chocolat au lait plutôt qu'un chocolat noir plus tendance. J'ai donc préparé cette version de la mousse au chocolat en y ajoutant du brandy et quelques cerises fraîches – mais je pense que le rhum et le sirop de gingembre confit seraient également délicieux, de même que le whisky et l'orange. Le chocolat a cette extraordinaire faculté de sublimer les saveurs qu'on lui associe, alors profitez-en. Évitez simplement de trop fouetter!

POUR 12 POTS

Pour la mousse
- 250 g de chocolat au lait de bonne qualité
- 50 cl de crème fleurette bien froide
- 50 g de sucre semoule
- 2,5 cl de brandy

En accompagnement
- 50 g de chocolat au lait de bonne qualité (à conserver au réfrigérateur)
- 200 g de cerises, de framboises ou de fraises

Cassez le chocolat destiné à la mousse et placez-le dans un grand saladier en verre résistant à la chaleur. Posez celui-ci au-dessus d'une casserole d'eau frémissante, en évitant que le fond touche l'eau, et laissez fondre le chocolat. Quand il est soyeux et lisse, ôtez immédiatement du feu et laissez refroidir pendant environ 5 min.

Fouettez la crème et le sucre, puis incorporez le brandy. Lorsque le mélange est ferme, versez progressivement le chocolat et continuez de fouetter jusqu'à ce qu'il soit à peine mélangé – pas trop longtemps, c'est essentiel.

Versez la préparation au chocolat dans de jolies tasses, des verres ou des coupelles, ou utilisez une poche à douille pour la répartir comme bon vous semble. (On trouve des poches à douille sur Internet et dans les grands magasins, mais vous pouvez également en bricoler une en découpant l'un des angles d'un sac en plastique alimentaire.) Dans tous les cas, veillez à faire refroidir la préparation au réfrigérateur pendant quelques heures avant la dégustation.

Au moment de servir, râpez le chocolat qui était au réfrigérateur avec un couteau ou un économe et parsemez-en chaque mousse. Savourez accompagné de fruits de saison (cerises, fraises ou framboises) et, pourquoi pas, d'une petite touche de crème fouettée au sommet de la mousse.

BONNIE CRANACHAN

Quand les Écossais célèbrent un événement, comme la légendaire *Burns Night* où ils rendent hommage au poète Robert Burns autour d'un *haggis* et d'un bon whisky, tous les ingrédients de ce dessert sont souvent disposés sur la table en attendant d'être associés. J'adore le *Bonnie cranachan*, à la fois parce qu'il est délicieux et étonnant, comme une sorte de sundae à l'écossaise, mais aussi parce que le whisky et la crème vont particulièrement bien ensemble : ils font ressortir le goût des framboises fraîches ainsi que le croustillant de l'avoine. La version traditionnelle utilise de la crème épaisse (ou un mélange de crème et de fromage écossais appelé *crowdie*) ; moi, j'ai choisi de la remplacer par du yaourt pour obtenir une version toujours aussi crémeuse mais un peu plus digeste.

POUR 6 PERSONNES

- 500 g de framboises ou de fraises surgelées (ou les deux)
- 1 brin de romarin frais
- 3 cuil. à soupe de miel liquide
- 1 orange
- 100 g de flocons d'avoine concassés ou entiers
- 100 g d'amandes effilées
- 1 gousse de vanille

- 15 cl de crème fleurette bien froide
- 2 cuil. à soupe de sucre ou de mélasse
- 15 cl de yaourt à 0 % de matières grasses
- Un peu de whisky
- 150 g de framboises fraîches (ou de tout autre fruit d'été)

Dans une casserole, mélangez les fruits rouges surgelés, le romarin, 1 cuil. à soupe de miel ainsi que le zeste et le jus de l'orange. Portez à ébullition puis baissez le feu et laissez frémir 10 min, jusqu'à obtention d'un sirop épais. Retirez le brin de romarin, versez dans un bol et laissez refroidir.

Pendant ce temps, faites griller l'avoine à sec dans une poêle de taille moyenne. Laissez-la dorer environ 5 min (les flocons ne doivent pas attacher), puis réservez-la dans un deuxième bol. Remettez la poêle sur le feu, versez-y le miel restant et les amandes effilées. Mélangez pendant quelques minutes, jusqu'à ce que les amandes soient légèrement dorées et caramélisées, puis déposez le tout dans un troisième bol.

Coupez la gousse de vanille en deux dans le sens de la longueur et grattez l'intérieur. Dans un saladier, versez la crème et le sucre, ajoutez les graines de vanille et mélangez jusqu'à ce que la crème forme des pics ; incorporez le yaourt et le whisky. Versez dans un joli bol de présentation, recouvrez de film étirable et placez au réfrigérateur avec les fruits en compote. Passez à table et savourez la première partie de votre dîner.

Au moment du dessert, amenez tous les ingrédients : les fruits rouges en compote, l'avoine, les amandes et la crème ainsi qu'un bol de framboises fraîches, quelques cuillères et des ramequins. Ensuite, chacun s'amusera à préparer son propre dessert, en superposant les ingrédients, ou tout simplement en mélangeant le tout.

Crème épaisse, vanille et whisky : cette association donne un résultat délicieux.

DIMENTS

Ce chapitre est très important à mes yeux, parce qu'au cœur de chaque recette de ce livre, il y a un condiment. Que serait une salade sans son filet de vinaigre? Un agneau sans sa sauce à la menthe? Un roast-beef sans une touche de sauce au raifort? Voilà une longue et très ancienne histoire d'amour! Conserver des fruits et des légumes sous forme de chutneys et de confitures était une pratique répandue bien avant l'apparition des congélateurs et des réfrigérateurs; la moutarde est un produit ancien, et nos ancêtres médiévaux appréciaient déjà la menthe ou le raifort! Il est intéressant de constater que nos goûts sont toujours les mêmes. Parcourez ces pages, elles vous prouveront qu'il est facile de réaliser la plupart des condiments qui rendront votre cuisine unique et extraordinaire.

LE MEILLEUR PICCALILLI

Cette formidable saumure transforme des légumes du jardin en un accompagnement à la sublime saveur indienne. La Grande-Bretagne entière s'est enthousiasmée pour cette méthode dont certaines recettes furent rédigées dès le milieu du XVIIIᵉ siècle! Sans me vanter, je pense que ce piccalilli-là est le meilleur que je connaisse. Il accompagne à merveille une multitude de plats, qu'il s'agisse d'une *pie* au porc, d'un *ploughman's lunch* ou d'un sandwich au jambon. Même si, aujourd'hui, on a généralement peu de temps pour cuisiner, je pense que consacrer 2 heures par an à la réalisation de cette recette s'impose. Une préparation maison surpassera toujours les produits achetés en magasin ! Gardez quelques bocaux et donnez les autres à vos proches, ils vont adorer.

POUR ENVIRON 3 L (OU 12 GROS POTS DE CONFITURE)

- 1 petit chou-fleur découpé en fleurettes
- 1 brocoli découpé en fleurettes (pas trop petites)
- 2 bulbes de fenouil découpés en cubes de 1 cm de côté
- 4 piments rouges frais émincés
- 2 piments verts frais émincés
- 200 g de haricots verts fins équeutés et découpés en petits morceaux
- 225 g de haricots d'Espagne équeutés et découpés en tronçons en biais de 1 cm

- 300 g d'échalotes épluchées et découpées en huit
- 1 oignon rouge épluché et grossièrement haché
- 4 cuil. à soupe de sel
- 4 cuil. à soupe d'huile d'olive ou de colza
- 2 cuil. à soupe rases de graines de moutarde
- 2 cuil. à soupe rases de cumin moulu
- 2 cuil. à soupe rases de curcuma
- 2 cuil. à soupe d'origan séché
- 1 noix muscade entière

- 3 gousses d'ail épluchées et émincées
- 4 feuilles de laurier
- 1 poignée de feuilles de kaloupilé
- 2 cuil. à soupe rases de moutarde en poudre
- 2 cuil. à soupe rases de farine
- 20 cl de vinaigre de vin blanc
- 4 cuil. à soupe de sucre semoule
- 2 pommes équeutées
- 2 mangues mûres

Préparez tous vos légumes comme indiqué dans la liste d'ingrédients, puis placez-les dans un grand saladier, avec le sel, et recouvrez-les d'eau froide. Laissez-les tremper 1 ou 2 h dans un endroit frais. Pendant ce temps, sur feu moyen, faites chauffer une casserole suffisamment profonde pour contenir tous les légumes. Versez-y l'huile, les graines de moutarde, le cumin, le curcuma et l'origan, et laissez cuire en remuant pendant quelques minutes, jusqu'à ce que les arômes se développent. Râpez la noix muscade, ajoutez l'ail émincé, déchirez les feuilles de laurier et de kaloupilé. Incorporez la moutarde en poudre et la farine, puis versez le vinaigre et le sucre. Poursuivez la cuisson en remuant.

Quand la sauce commence à faire des bulles, râpez les pommes entières. Ajoutez-les dans la casserole sans cesser de remuer. Coupez les mangues en deux, ôtez le noyau, taillez la chair en dés et incorporez-les progressivement au mélange.

Égouttez bien vos légumes et versez-les dans la casserole. Mélangez délicatement, pour mêler toutes les saveurs, et laissez cuire environ 7 à 10 min, pas plus! De cette façon, les légumes seront croquants quand vous les dégusterez. Goûtez-en un et rectifiez l'assaisonnement. N'hésitez pas à ajouter du piment si nécessaire, il faut que le mélange surprenne. Quand vous parvenez au résultat souhaité, répartissez le piccalilli dans les pots stérilisés et fermez bien les couvercles. Stockez-les dans un endroit frais et laissez reposer environ 1 mois avant de goûter.

Les tourtes au porc de Melton Mowbray

J'ai été ravi de rencontrer les membres de la boucherie F. Bailey & Son à Melton Mowbray, dans le Leicestershire. Cette petite équipe confectionne des *pies* (tourtes) au porc épatantes, depuis très longtemps. C'est formidable de voir Scott, de la quatrième génération, travailler les produits locaux. Ces artisans possèdent leurs propres abattoirs et l'atelier de confection des *pies* se trouve juste à côté. Du travail à l'ancienne!

Une bonne vieille pie au porc artisanale, un repas facile à transporter.

SAUCES DU DIMANCHE MIDI

Aucun repas dominical n'est réussi sans de délicieuses sauces. Les quatre recettes qui suivent sont des grands classiques des tables britanniques, et je les adore. Bien sûr, vous pouvez les acheter au supermarché, mais elles sont si faciles à confectionner que vous pouvez en préparer une ou deux pendant que votre viande cuit au four. Chaque sauce est prévue pour 8 personnes : allez, lancez-vous !

Sauce du verger

Lavez et découpez 2 **pommes bramley** (ou des granny-smith) en quartiers – vous pouvez également utiliser des poires, des coings, ou un mélange de ces trois fruits. Ôtez les trognons, coupez en dés de 1 cm de côté et placez-les dans une casserole, avec 3 cuil. à soupe bombées de **sucre semoule**, un peu de **noix muscade** et le jus de ½ **citron**. Faites compoter lentement les pommes jusqu'à obtention de la consistance souhaitée (purée ou mélange de morceaux souples et croquants). Goûtez et sucrez si nécessaire, mais n'oubliez pas qu'il ne s'agit pas d'un dessert. On doit ressentir l'acidité des pommes lorsque l'on déguste cette sauce avec des viandes grasses comme du rôti de porc (elle accompagne également à merveille le jambon froid ou le fromage).

Sauce aux airelles

Dans une casserole, mélangez 4 cuil. à soupe de sucre, le jus de 1 **orange**, 2 **feuilles de laurier**, 2 **clous de girofle** et quelques pincées de **gingembre moulu**. Portez à ébullition, laissez frémir à feu doux puis incorporez 350 g d'**airelles surgelées**. Mélangez bien et poursuivez la cuisson pendant environ 10 min à feu doux, en ajoutant un peu d'eau si nécessaire. Lorsque les airelles sont tendres, retirez les clous de girofle et le laurier à l'aide d'une écumoire, goûtez et sucrez si nécessaire (cette sauce doit être légèrement acide, pas trop sucrée). N'hésitez pas à écraser une partie des airelles pour donner à la préparation une texture un peu granuleuse, ou à les réduire en purée au robot. Servez en accompagnement d'un plat de dinde, de poulet ou de viande froide.

Sauce à la menthe fraîche

Lavez 1 poignée de **menthe fraîche** puis séchez-la dans un torchon propre. Prélevez les feuilles et hachez-les finement. Placez-les ensuite dans un saladier, avec quelques bonnes pincées de **sel** et quelques cuillerées à café de **sucre semoule**. Recouvrez d'eau bouillante. Incorporez 4 cuil. à soupe de **vinaigre de vin blanc** et mélangez bien. Sucrez si nécessaire et servez en accompagnement d'un rôti d'agneau.

Sauce classique au pain

Épluchez et émincez 1 petit **oignon**. Faites-le revenir 10 min dans une poêle avec 1 noisette de **beurre**, 1 **feuille de laurier** et 2 **clous de girofle**. Ajoutez 30 cl de **lait** et 2 tranches épaisses de **pain blanc** écroûtées et coupées en morceaux. Portez le tout à frémissements pour encore 10 min, puis retirez le laurier et les clous de girofle à l'aide d'une écumoire. Assaisonnez avec 1 cuil. à soupe de **moutarde**, 1 pincée de **sel** et du **poivre** du moulin. Si nécessaire, ajoutez un peu de lait pour assouplir la sauce. Portez de nouveau à frémissements et remuez jusqu'à obtention de la consistance souhaitée. Plus vous mélangerez et plus la sauce sera lisse ; plus vous la ferez cuire, plus elle sera riche et épaisse. Je l'adore avec du poulet rôti et, bien sûr, avec la dinde de Noël.

Sauce aux airelles

Sauce du verger

Sauce à la menthe fraîche

Sauce classique au pain

CONSERVE DE PIMENTS EXPRESS

Voici une superconserve de piments qui se garde environ 1 année et relève toutes sortes de plats, du riz au poisson et aux salades en passant par les sauces, les sandwichs et les plateaux de fromages. Il m'arrive même de prélever 1 ou 2 louchées de saumure et de l'incorporer dans un ragoût ou un curry. Quand les piments sont mûrs et abondants, récoltez-en une grande quantité et conservez-les dans un vinaigre salé et sucré, pour les utiliser quand bon vous semble. C'est très simple : procurez-vous 500 g de **piments frais** (vous pouvez les mélanger ou préparer de petites quantités de variétés de couleurs différentes – vous serez surpris de constater que les saveurs sont également différentes). Retirez les queues vertes (supprimez les graines si vous voulez que la préparation soit moins piquante), puis émincez les piments au robot. Remplissez une conserve fermant hermétiquement au fur et à mesure (essayez de ne pas toucher les piments avec vos doigts, pour ne pas vous brûler : utilisez une cuillère). Ajoutez 3 cuil. à café de **sucre**, 3 cuil. à café de **sel**, 1 poignée de **menthe fraîche** (facultative), versez 50 cl du **vinaigre** de votre choix pour recouvrir les piments puis fermez. Secouez bien le bocal pendant 1 min afin de dissoudre le sel et le sucre, puis placez-le dans un endroit frais et sec. Les piments n'ont besoin que de 1 journée de marinade avant d'être consommés.

SAUCE AU RAIFORT RAPIDE

J'adore préparer mon propre raifort. Coup de chance, cette recette ne prend que 3 min...
Épluchez, râpez, remuez et c'est bon. Prévoyez de répartir la sauce entre plusieurs petits
pots pour avoir de quoi tenir toute l'année. J'aime bien y ajouter un peu de crème fraîche
et la tartiner dans des sandwichs, des hamburgers, ou la servir avec un plateau de viande
froide. Essayez également d'en ajouter 1 cuillerée dans un ragoût d'agneau ou de bœuf.
Avec les quantités qui suivent, vous obtiendrez 50 cl de sauce, soit 6 pots de taille moyenne.
Pensez à stériliser ces derniers avant de les remplir (rendez-vous sur la page *www.
jamieoliver.com/how-to* pour en savoir plus). Épluchez 350 g de **raifort frais** et râpez-le le plus
finement possible au robot. Placez-le dans un saladier, avec 20 g de **sel**, 25 cl de **vinaigre de
vin blanc** et 25 cl d'**eau**, et mélangez bien. Goûtez : la préparation doit être très relevée, salée
et vinaigrée. Versez-la dans les pots, en rajoutant du vinaigre si elle n'est pas assez liquide.
Vous avez maintenant du raifort concentré. Vous pouvez utiliser ce délicieux condiment
en le mélangeant à du yaourt, de la mayonnaise ou de la crème afin de préparer des sauces
étonnantes à servir avec des salades, un steak, un rôti de bœuf ou du poisson fumé.

NAIRN'S
AFTERNOON TEA
OATCAKES

Avoir un placard ou le garde-manger rempli de pickles et de conserves égaye vraiment votre cuisine.

STORK MARGARINE

Rowntree's
Cocoa

HALF POUND NET

STONE'S
SUPERIOR
S
KNIFE POWDER

BIRD'S
BAKING POWDER

MERVEILLEUSES MOUTARDES

Réaliser votre propre moutarde, vous n'y aviez sans doute jamais pensé! En ce qui me concerne, j'adore ça, et je ne me lasse pas de réfléchir à toutes les associations possibles. Certaines des recettes qui suivent seront meilleures après quelques jours de repos au réfrigérateur, le temps que les saveurs se développent. N'hésitez pas à diviser les quantités par deux, mais il me semble plus judicieux d'en préparer une fois dans l'année pour ne plus s'en soucier. Pensez à stériliser les bocaux avant de les remplir (rendez-vous sur la page *www. jamieoliver.com/how-to* pour en savoir plus).

Moutarde à l'ancienne à la bière et au miel *(pour 3 pots de taille standard)*
Pour cette recette, utilisez un pot à confiture de taille standard pour mesurer les ingrédients. Dans un grand saladier, versez 1 pot de **graines de moutarde noire** et 1 pot de graines de **moutarde jaune**. Ajoutez 1,5 pot d'une bonne **bière** locale, 1 cuil. à café de **curcuma** et 1 cuil. à café d'**aneth séché**. Mélangez, couvrez et laissez reposer une nuit entière. Le lendemain, égouttez les graines au-dessus d'un saladier afin de récupérer la bière. Mixez les graines avec 3 cuil. à soupe de **miel liquide**, ½ cuil. à soupe de **sel** et ½ pot de **vinaigre de vin rouge**: actionnez le robot quelques minutes si vous voulez un mélange grumeleux, plus longtemps si vous préférez une préparation lisse. Incorporez un peu de bière si nécessaire, jusqu'à obtention de la consistance souhaitée. Goûtez une dernière fois et rectifiez l'assaisonnement si nécessaire. Répartissez dans les pots, fermez-les et placez au réfrigérateur.

Moutarde anglaise express *(pour 1 pot de taille standard)*
Cette recette est très facile à réaliser avec de la **moutarde en poudre**, je vous conseille donc d'en préparer une petite quantité quand vous en avez besoin. Dans un saladier, mélangez 2 cuil. à soupe de **vinaigre de vin blanc ou rouge** de bonne qualité et 4 cuil. à soupe d'**eau**. Ajoutez 6 cuil. à soupe de **miel liquide** et quelques pincées de **sel**, puis incorporez la moutarde en poudre et remuez jusqu'à obtention de la consistance souhaitée. Goûtez, assaisonnez et servez.

Moutarde de l'Essex *(pour 3 pots de taille standard)*
Épluchez et émincez 1 **oignon**; épluchez et émincez 8 gousses d'**ail**. Placez-les dans une poêle, avec 25 cl d'**eau**, 25 cl de **vinaigre de cidre**, 12 **grains de poivre**, 2 cuil. à café de **miel liquide**, 4 cuil. à café rases de **sel**, quelques feuilles de **laurier** et de la **ciboulette**, de l'**estragon** ou du **persil frais**, au choix. Portez à ébullition, baissez le feu et laissez frémir 10 min. Passez au chinois et ajoutez suffisamment de **moutarde en poudre** pour que le mélange épaississe (prévoyez environ 250 à 300 g). Goûtez et salez si nécessaire. Transférez dans un récipient hermétique. Cette moutarde est meilleure après 1 ou 2 jours de repos.

Moutarde noire *(pour 3 pots de taille standard)*
Mixez 2 pots de 30 cl de **graines de moutarde noire** jusqu'à obtention d'une fine poudre (il faudra peut-être travailler par petites quantités). Faites cuire 3 poignées de **raisins secs** et ½ pot de **vinaigre balsamique** à feu doux. Ajoutez-les dans le mixeur. Incorporez ½ pot d'**eau**, 10 cuil. à soupe de **sauce Worcestershire**, 1 grosse cuil. à soupe de **miel liquide** et quelques cuil. à café rases de **sel**. Mixez pendant 1 min, en versant un peu d'eau si nécessaire. Lorsque vous obtenez une consistance de moutarde, répartissez-la dans les pots, couvrez et placez au réfrigérateur. Attention: à ce stade, le goût de la moutarde n'est pas très bon; attendez quelques jours et elle développera des arômes uniques que vous allez adorer.

DÉLICIEUX VINAIGRES PARFUMÉS

Savoir parfumer un vinaigre quel qu'il soit est un atout important – mais sous-estimé – dans l'art culinaire. La plupart des produits que nous aimons (les légumes en saumure, le ketchup, les sauces) contiennent soit un filet, soit une bonne rasade de vinaigre. Cependant, ils sont souvent confectionnés avec un produit médiocre. Pourtant, en investissant dans un vinaigre de très bonne qualité que vous aromatiserez par la suite, vous ne pouvez que vous faire plaisir à long terme.

Les recettes proposées ici sont amusantes et rapides à préparer : vos étagères vont se garnir peu à peu de jolis mélanges acides. Vous apprendrez à les connaître, comme les personnages d'un film, et je vous promets qu'il ne vous faudra pas longtemps pour savoir instinctivement quel élixir convient à quelle recette. Mieux vaut utiliser ces vinaigres dans l'année, sinon les parfums risquent de s'estomper.

MÉTHODE DE BASE : utilisez une bouteille ou un récipient hermétique propre doté d'un couvercle, ajoutez l'ingrédient de votre choix (voir ci-dessous) puis recouvrez de vinaigre. C'est tout ! J'aime bien utiliser des sprays que j'achète dans le commerce pour pouvoir vaporiser une brume parfumée sur un poulet rôti à peine sorti du four.

Vinaigre des prés : ajoutez des herbes ou des fleurs (**estragon, aneth, feuilles de fenouil, fleurs de pissenlit, lavande, pétales de rose, pensées, fleurs de sureau**) dans la bouteille, recouvrez du vinaigre de votre choix et laissez reposer 1 mois.

Vinaigre aux piments frais : laissez des **piments habanero** infuser quelques semaines dans le vinaigre de votre choix.

Vinaigre aux piments séchés : mélangez toutes sortes de piments séchés, comme des **piments ancho fumés** et des **piments de Cayenne**, et recouvrez du vinaigre de votre choix.

Vinaigre aux fruits rouges : cueillez quelques poignées de fruits de saison mûrs (**fraises, framboises, cassis, mûres**), mettez-les en bouteille ensemble ou séparément, recouvrez-les du vinaigre de votre choix et laissez infuser environ 1 mois.

Vinaigre épicé victorien : dans une poêle chaude, faites griller quelques pincées de **cannelle en poudre**, de **cinq-épices**, de **piment de la Jamaïque**, de **graines de moutarde**, de **grains de poivre noir** et blanc ainsi que des **écorces d'orange** et de **citron**. Laissez refroidir, versez dans une bouteille et recouvrez du vinaigre de votre choix.

Vinaigre au miel : après avoir utilisé l'essentiel du **miel** d'un rayon, recouvrez-le tout simplement de vinaigre et utilisez le mélange au bout de quelques semaines.

Vinaigre aux abricots : après avoir mangé un **abricot** ou une **pêche**, brisez le noyau pour récupérer l'amande et mettez-la en bouteille avec 2 **abricots secs**, recouvrez de vinaigre et laissez reposer 1 mois.

Vinaigre aux feuilles d'agrumes : si vous trouvez des feuilles sur vos **citrons**, vos **citrons verts** ou vos **oranges**, enroulez-les et mettez-les en bouteille pour qu'elles infusent dans du vinaigre.

MAYONNAISES MAISON

POUR 50 CL

Mayonnaise nature

Fouettez 2 gros **jaunes d'œufs** de poule élevée en plein air et 1 cuil. à café de **moutarde de Dijon**, puis incorporez 50 cl d'**huile d'olive** très lentement (versez en filet, pour bien homogénéiser le mélange). Lorsque la mayonnaise commence à épaissir, ralentissez et ajoutez successivement 2,5 cl de **vinaigre de vin blanc** et un trait de **jus de citron** (pour parfumer). Quand l'huile et le vinaigre sont bien incorporés, assaisonnez avec du **sel**, du **poivre noir** fraîchement moulu, du **citron** ou du **vinaigre**. Faites confiance à vos papilles. Et inspirez-vous des idées qui suivent pour rendre votre mayonnaise encore plus intéressante.

Sauce Marie-Rose

Dans 50 cl de **mayonnaise**, ajoutez 4 **filets d'anchois** et 2 **cornichons** hachés, 2 cuil. à soupe bombées de **câpres** égouttées, 2 grosses cuil. à soupe de **ketchup**, 1 cuil. à soupe de **brandy**, quelques traits de **jus de citron** et 1 pincée de **piment de Cayenne**. Rectifiez l'assaisonnement.

Mayonnaise au basilic

Mixez 1 poignée de **feuilles de basilic frais**, 4 **anchois** et ½ gousse d'**ail** épluchée. Ajoutez un trait de **jus de citron** et un filet d'**huile d'olive vierge extra**, jusqu'à obtention d'un liquide d'un vert éclatant. Incorporez cette huile d'olive parfumée à 10 cl de **mayonnaise**. Assaisonnez.

Sauce tartare

Hachez finement 3 **cornichons**, 3 cuil. à café remplies de **câpres** égouttées, 2 tiges de **ciboule**, 2 **filets d'anchois** et 1 petite poignée de **persil frais** (vous pouvez le remplacer par du cerfeuil ou des feuilles jaunes de céleri). Incorporez tous les ingrédients hachés à 50 cl de **mayonnaise** puis ajoutez le zeste de ½ **citron** et éventuellement son jus. Mélangez bien et rectifiez l'assaisonnement si nécessaire.

Mayonnaise au curry

Râpez finement 1 morceau de **gingembre frais** de la taille d'un pouce et incorporez-le dans 50 cl de **mayonnaise**, avec 2 grosses cuil. à café de **pâte de curry de Madras** ainsi que le jus de ½ **citron** (facultatif). Rectifiez l'assaisonnement si nécessaire et laissez reposer 15 min.

Mayonnaise triple moutarde

C'est simple : ajoutez 1 cuil. à café de **moutarde à l'ancienne**, 1 cuil. à café de **moutarde anglaise** et 1 cuil. à café de **moutarde de Dijon** à 50 cl de **mayonnaise**.

Mayonnaise à l'ail rôti

Enrobez 1 tête d'**ail** en chemise d'**huile d'olive** et faites-la rôtir 45 min au four préchauffé à 140 °C (th. 4-5). Lorsqu'il est assez froid pour être manipulé, pressez l'ail hors de la peau, écrasez-le avec une fourchette puis incorporez-le à 50 cl de **mayonnaise**. Ajoutez un trait de **jus de citron** et assaisonnez si nécessaire.

Mayonnaise au safran

Déposez 1 généreuse pincée de **safran** dans un petit saladier, avec un soupçon d'**eau** bouillante et le **jus de ½ citron**. Laissez reposer quelques minutes puis versez le tout goutte à goutte dans la **mayonnaise**. Ajoutez ½ cuil. à café de **piment rouge frais** râpé, mélangez bien, goûtez et rectifiez l'assaisonnement si nécessaire. Laissez reposer environ 30 min au réfrigérateur avant de servir.

Mayonnaise au basilic

Sauce Marie-Rose

Mayonnaise à l'ail rôti

Mayonnaise au safran

Mayonnaise triple moutarde

Sauce tartare

Mayonnaise nature

Mayonnaise au curry

GINS ET VODKAS AROMATISÉS

Ajoutez quelques jolis ingrédients dans une simple bouteille d'alcool, comme si vous illuminiez une toile vierge de touches de couleur : vous obtiendrez un instantané de saison qui s'écoule. Quoi que vous mettiez dans votre contenant, que ce soient des mûres, des myrtilles, des fraises des bois, des griottes, des prunes, des prunes de Damas ou des prunelles, faites preuve d'inventivité pour associer ces délicieux fruits juteux à des herbes ou à d'autres ingrédients. Le choix est vaste : thym citron parfumé, feuilles de laurier fraîches broyées, 1 ou 2 écorces d'orange ou de citron, 2 clous de girofle grillés, 1 gousse de vanille fendue en deux... Comme lorsque l'on réalise les recettes de vinaigre de la page 388, on ressent un réel sentiment de satisfaction. L'alcool emprisonne les saveurs : les fruits, même 1 an après leur récolte, sont toujours aussi beaux et parfumés. Tout ce que vous avez à faire est de choisir des fruits d'été ou d'automne mûrs, les cueillir, les laver, les glisser dans la bouteille et la placer au congélateur. Ainsi, les parfums, les couleurs et les saveurs seront plus intenses. (Vous ne voulez pas passer par l'étape de la congélation ? Vous pouvez toujours tricher en piquant chaque fruit avec une petite épingle ou la pointe d'un couteau.) Si vous avez la chance de passer devant un buisson chargé de fruits rouges dont vous êtes sûr qu'ils sont consommables, cueillez-en un et goûtez-le ; s'il est très acide, il vous faudra ajouter 1 ou 2 cuil. à café de sucre en même temps que l'alcool. Remplissez une bouteille de gin ou de vodka avec les fruits (il faudra peut-être la vider un peu au préalable pour faire de la place), fermez-la et laissez infuser. Remuez de temps en temps et goûtez tous les mois pour suivre l'évolution du mélange. Au bout de quelques mois, vous aurez une délicieuse boisson à proposer. **P.-S. :** versez un filet de gin ou de vodka aromatisé dans un jus de viande pendant qu'elle mijote, ou encore sur un steak pour les 30 dernières secondes de cuisson, avec une noix de beurre... Un régal.

Georgie

Jodene

Chris, Christina, Sarah et Becky

Mon adorable équipe de télévision

Simon

Louis

John

Katie B.

Mike M.

L'équipe d'Interstate : Brian, Jayne, Lucy, Jessica, James, Christina, Louise et Ben (dans le reflet)

« Lord » Loftus
(ancêtre de l'amiral Nelson)

Paul

Katie M.

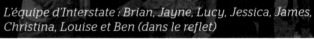

Richard Ier

Mike S.

Pamela, Ginny, Luke, Dave et Freddie

UN TRÈS GRAND MERCI

Ce livre est l'occasion de célébrer mon pays, et je ne serais pas là sans l'amour et le soutien que je reçois chez moi. À ma magnifique et compréhensive épouse Jools, mes ravissantes filles Poppy, Daisy et Petal, et mon fils Buddy ! À maman et papa, avec tout mon amour, merci d'avoir été les premiers à m'apprendre ce qu'est la nourriture britannique. Merci à « lord » David Loftus, ami formidable et grand compagnon de route, qui a pris toutes ces belles photos. Un millier de mercis à mes fabuleuses équipes gastronomique et éditoriale. C'est vous qui m'inspirez et me donnez de l'énergie quotidiennement. Merci pour votre dur travail durant les séances photo. À la divine Ginny Rolfe, aux étonnantes Sarah Tildesley, Georgie Socratous et Christina McCloskey. Je n'oublie pas Chris Gates, Phillippa Spence, Jodene Jordan et Becky Bax. Merci à la formidable équipe du bureau, Pete Begg, Claire Postans, Bobby Sebire, Joanne Lord, Helen Martin, Daniel Nowland et celles qui sont ma « conscience nutritionnelle » : Laura Parr et Mary Lynch. À Becca Hetherston et Abigail « Scottish » Fawcett, merci d'avoir participé au test des recettes. Merci à mon éditrice Katie Bosher, à Rebecca « Rubs » Walker et à Bethan O'Connor pour leur travail sans relâche. Merci à mes grands amis de Penguin ! À mon excellent éditeur Tom Weldon et au directeur artistique John Hamilton, pour votre amitié et votre enthousiasme. Merci aux adorables Louise Moore et Lindsey Evans. Un grand merci à Nick Lowndes, Alistair Richardson, Juliette Butler, Janis Barbi, Laura Herring, Airelle Depreux, Clare Pollock, Claire Purcell, Chantal Noel, Kate Brotherhood, Elizabeth Smith, Anna Rafferty, Nathan Hull, Ashley Wilks, Naomi Fidler, Anna Derkacz et Thomas Chicken. Merci à ma correctrice de longue date, la charmante Annie Lee. Caroline Pretty, Lizzie Dipple, Pat Rush et Caroline Wilding, votre aide me fut précieuse. À la talentueuse équipe d'Interstate Associates qui a travaillé d'arrache-pied pour concevoir ce superbe livre : merci, vous y êtes arrivés ! Toute mon amitié à Jayne Connell et à son équipe, en particulier les « Essex girls » Louise Draper et Lucy Self. Avant il y avait TOWIE, aujourd'hui, c'est nous ! Merci aux adorables Christina Beani, Jessica Howard, Brian Simpson, James Jeanes et Ben Watts. Un grand merci à mon président John Jackson, à la directrice générale Tara Donovan et à la directrice Louise Holland pour tout ce qu'ils font, à l'équipe qui travaille avec moi : Richard Herd, Holly Adams, Beth Richardson, Paul Rutherford et Saffron Greening. À mon attaché de presse, Peter Berry, à l'adorable Eloise Bedwell, du marketing, et à tous ceux qui œuvrent en coulisses : merci pour votre travail et votre énergie. Toute mon amitié à mon équipe de télévision Fresh One, à Zoe Collins, Jo Ralling et Roy Ackerman, et à tous ceux qui ont voyagé avec moi : la géniale Claire Wingate, Mike Matthews, Pamela Gordon, Claire Whalley, la très charmante Katie Millard, Sally Wingate, Amy Ruffell, Nicolanne Cox, Viki Kolar, Francesca Bassett, Alex Buxton, Rose Walton et Charlotte Sinden. À la formidable équipe : Luke Cardiff, Mike Sarah (et son adorable fils Joe), Dave Miller, Simon Weekes, Godfrey Kirby, Freddie Claire, Pete Bateson, James Vivian, Louis Caulfield, Mihalis Margaritis, Crispin Larratt, Steve Hudson, Jake Scott et Lee Meredith. Vous m'avez fait rire mais aussi travailler dur, merci à vous. Je salue Mark Manning, de Directors Cut Films, et tous les coureurs énergiques qui nous ont encouragés pendant ces voyages : Ashley Day, Siggy Stone, Basil Khalil, Leona Ekembe et Katie Eaton. Un merci à Kate Colquhoun, qui nous a livré une foule de détails historiques pour l'émission et l'ouvrage. De sincères remerciements à Paul, pour s'être occupé du pub, et à Zoot (alias Paul Flak) pour son aide. Tout mon respect et mon estime vont à Daryll Group et à Mark Hedgecock, de Fullbridge Restoration Company (*www.fullbridgerestoration.co.uk*), et à leur équipe. Ces gens connaissent leur métier, c'est incroyable ce qu'ils peuvent faire de n'importe quel véhicule. Enfin, un très grand merci à tous les merveilleux Britanniques que j'ai rencontrés pendant mes voyages. Vous nous avez accueillis, mon équipe et moi, afin de partager votre table et vos histoires. Vous m'avez confirmé que nous pouvons être fiers de cet étonnant pays qui est le nôtre. Merci pour tout ce que vous faites.

INDEX

- Les numéros de page en **gras** renvoient à des illustrations.
- Les recettes signalées par un V conviennent aux végétariens.

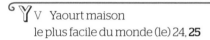

YEARBOOK 2012/13

Supported using public funding by

ARTS COUNCIL ENGLAND

LOTTERY FUNDED

First published in 2012 by the Royal Opera House
in association with Oberon Books Ltd
Oberon Books
521 Caledonian Road, London N7 9RH
Tel +44 (0) 20 7607 3637
info@oberonbooks.com
www.oberonbooks.com

Cover and book design: James Illman

Editor: Andrew Walby

For the Royal Opera House:

Commissioning Editor: John Snelson

Additional contributors: Gerard Davis, Ruth Garner

Project Manager: Will Richmond

A catalogue record for this book is available from the British Library.

ISBN 978-1-84943-207-8

Printed and bound by CPI Group (UK) Ltd, Croydon, CR0 4YY

Royal Opera House
Covent Garden
London WC2E 9DD
Box Office 020 7304 4000
www.roh.org.uk

Cover image: Sarah Lamb and Steven McRae
in Wayne McGregor's *Carbon Life*
Photo ©ROH/Bill Cooper 2012

Inside cover: The Royal Ballet in *The Sleeping Beauty*
Photo ©ROH/Bill Cooper 2012

Back Cover: Ryoichi Hirano as the Salamander Prince
in MacMillan's *The Prince of the Pagodas*
Photo ©ROH/Johan Persson 2012

Page 112 and Inside back cover: (clockwise from left)
Marianela Nuñez and Federico Bonelli in rehearsal for
'Diana and Actaeon' for *Metamorphosis: Titian 2012* (Johan Persson)
Melissa Hamilton and Paul Kay in rehearsal for *Carbon Life* (Bill Cooper)
Ryoichi Hirano in rehearsal for *The Prince of the Pagodas* (Johan Persson)
Marianela Nuñez and Nehemiah Kish
in rehearsal for *The Prince of the Pagodas* (Johan Persson)
Alina Cojocaru in rehearsal for *Sweet Violets* (Bill Cooper)
Sarah Lamb and Steven McRae in rehearsal for 'Trespass'
for *Metamorphosis: Titian 2012* (Johan Persson)
Leanne Cope and Thiago Soares in rehearsal for *Sweet Violets* (Bill Cooper)
Olivia Cowley and Edward Watson in rehearsal for *Carbon Life* (Bill Cooper)

Kevin O'Hare portrait on page 4 by Sim Cannety-Clarke

Contents

4

Welcome from Kevin O'Hare

Welcome to the Royal Ballet Yearbook, in which as well as looking forward to the new Season, we look back at the last. The 2011/12 Season was certainly one to remember, finishing as it did with *Metamorphosis: Titian 2012* – the last programme of Monica Mason's tenure as Director. This was a fitting finale to Monica's wonderful 54 years as a member of the Company and proved to be a tremendous tour de force of creativity and innovation.

In this coming Season, my first as Director, the theme of creativity will continue, with works new to the Company and works created specially for its dancers by the foremost choreographic talents of today. Planning the Season has been both exciting and challenging and I am very much looking forward to seeing my ideas come to fruition.

For me, collaboration and teamwork are important parts of the creative process and I am fortunate to have the continued support of Jeanetta Laurence, my Associate Director, Barry Wordsworth, our Music Director, and Wayne McGregor, our Resident Choreographer. I believe that the opportunities and possibilities this combined expertise brings to our artistic endeavours bode very well for the years to come. I very much hope that you will enjoy everything the new Season has to offer.

Kevin O'Hare
Director, The Royal Ballet

The Company
The Royal Ballet 2011/12 Season

A personal choice of repertory

For her final Season as Director before handing over to Kevin O'Hare for the 2012/13 Season, Monica Mason programmed ballets to make full use of the immense talent of the Company and its associated choreographers: large heritage works – the music for several of which involve singing – timeless favourites of the repertory, great 20th-century classics, the first revivals of three recently created works and brand new commissions from leading choreographers. The Season brought some exciting debuts and resulted in several promotions too, while the Company reached out to new audiences with live cinema screenings of *The Sleeping Beauty*, *Romeo and Juliet* and *La*

Fille mal gardée, a full day of class and rehearsals broadcast live on the internet and, to close the Season, a unique collaboration with the National Gallery, *Metamorphosis: Titian 2012*, which was also broadcast to Big Screens around the UK.

Heritage works

Monica paid ample homage to Kenneth MacMillan – a choreographer with whom she had a close personal connection, having been chosen at a young age to create the role of The Chosen Maiden in his ballet *The Rite of Spring*. Her selection for the Season included MacMillan's *Requiem*, *Gloria*, *Song of the Earth* and the long-awaited revival of *The Prince of the Pagodas*,

6

alongside enduring favourites *Manon* and *Romeo and Juliet*.

Requiem, MacMillan's exquisite memorial to his friend and fellow choreographer John Cranko, and *Gloria*, his affecting, evocative reflection on the futility of war (both beautifully accompanied by the ravishing voices of some of The Royal Opera's Jette Parker Young Artists) welcomed debuts early in the Season from Principals Lauren Cuthbertson and Marianela Nuñez, Soloist Melissa Hamilton (in *Requiem*) and Principal Nehemiah Kish (in both works). In February, the Company performed *Song of the Earth*, MacMillan's poetic interpretation of Mahler's song cycle *Das Lied von der Erde*, with notable debuts from Rupert Pennefather and Nehemiah Kish.

Performances of The Royal Ballet's signature work *Manon* included highly successful debuts from Sergei Polunin and Lauren Cuthbertson, whose performance was praised by *The Independent* as 'a nuanced portrait in dance and drama'. Lauren then returned to dance the lead in *Romeo and Juliet* alongside Federico Bonelli in a performance relayed live to cinema audiences all over the world (see feature on page 68). Another noteworthy debut in this production was given by Melissa Hamilton – a 'confident, involved and involving' Juliet (*Telegraph*).

The final MacMillan of the Season was *The Prince of the Pagodas* – an astonishing fairytale ballet that returned to Covent Garden after an absence of 16 years. Reflecting the choreographer's original intentions, the staging of the ballet was restructured and some cuts and alterations to the score were made in consultation with the Britten-Pears Foundation. This classic work provided a platform for some of The Royal Ballet's up-and-coming talent, including stunning debuts in the Principal roles from Soloist Ryoichi Hirano and First Artist Beatriz Stix-Brunell, both of whom were promoted at the end of the Season.

Also much in evidence among Monica's selections for the Season were works by the Company's Founder Choreographer Frederick Ashton. In October, Zenaida Yanowsky and Sergei Polunin made their debuts in the tragic romance *Marguerite and Armand* (alongside Federico Bonelli and Tamara Rojo respectively) with both couples beautifully capturing the tumultuous emotions of the protagonists. The handsomely descriptive character ballet *Enigma Variations* followed the next month.

In February, Ashton's *The Dream* heralded the return of Roberta Marquez and Alina Cojocaru. Both gave memorable performances as Titania in Ashton's brilliant distillation of Shakespeare's *A Midsummer Night's Dream*, while Steven McRae made his debut as Oberon with 'dazzling technique and vivid charisma' (*Independent*). A well-deserved promotion to Soloist followed Valentino Zucchetti's sparkling performance as Puck, the hubristic sprite.

The charming romantic comedy *La Fille mal gardée* returned to great acclaim in the spring. Yuhui Choe gave two delightful performances as Lise and the Royal Opera House Live Cinema Season saw

one performance with Roberta Marquez and Steven McRae broadcast live to cinemas around the world.

Two shorter Ashton gems were performed as part of a mixed programme at the end of the Season: *Birthday Offering* – a glittering ballet created to celebrate the 25th anniversary of Sadler's Wells Ballet – and the beautiful domestic drama *A Month in the Country*, based on the play by Ivan Turgenev. Ashton's challenging choreography was danced by two well-received casts – Rojo/Bonelli and Nuñez/Soares in *Birthday Offering* and Yanowsky/Pennefather and Cojocaru/Bonelli in *Month* – demonstrating the technical excellence and artistry of the Company.

International classics

Another important feature of Monica's final Season were 20th-century ballets from further afield.

Les Noces, Bronislava Nijinska's strikingly original portrayal of a Russian peasant wedding set to Stravinsky's score of the same name was a feast in itself, with four solo voices, four solo pianists and percussion accompanying Nijinska's powerful choreography. Christina Arestis danced the Bride while Kristen McNally made her debut in the role for two performances. Placed in the June mixed programme alongside *Birthday Offering* and *Month*, all the dancers received critical acclaim for their expressive and dynamic performances.

Royal Ballet Principal Johan Kobborg's 2005 staging of Danish choreographer August Bournonville's *La Sylphide* was performed in May. In this its second revival, Kobborg was praised for his 'acute theatrical vision and reverence for balletic heritage' that have made the ballet 'a production to treasure' (*Observer*). The role of James was danced by Steven McRae, Johan Kobborg and Dawid Trzensimiech, who made a very fine debut in two performances. Kobborg also made a cameo appearance for one performance as the embittered hag Madge.

Monica also programmed two contrasting works by George Balanchine. *Jewels* opened the Season welcoming the return of Alina Cojocaru and Rupert Pennefather in what *The Telegraph* called 'a masterclass in grand classicism'. First performed by the Company in 2007, this effervescent three-movement work pays homage to contrasting eras of dance and presents a wonderful opportunity for Royal Ballet soloists and corps alike to dazzle. The virtuosic *Ballo della regina*, 'a glory, full of surprising footwork, quicksilver jumps and filigree arms' (*Telegraph*), which Monica introduced into the repertory last Season, was revived alongside *La Sylphide*, bringing breathtaking performances bursting with Balanchine panache and debuts from Nehemiah Kish and Laura Morera.

New works and contemporary revivals

Monica commissioned new works from a host of choreographers including Wayne McGregor, Christopher Wheeldon and Liam Scarlett, whose most recent works also had their first revival.

In October, Resident Choreographer Wayne McGregor's *Limen* – created in the 2010/11 Season to music for solo cello by Kaija Saariaho, featuring LED sculptures and projections by Tatsuo Miyajima – returned in a mixed programme with *Requiem* and *Marguerite and Armand*. Later in the Season Monica commissioned a new ballet from Wayne, *Carbon Life*, as part of an inspired trio of contemporary works. Produced by Mark Ronson, and featuring singers including Boy George and Alison Mosshart, with striking costumes by fashion designer Gareth Pugh, the ballet was described by *The Telegraph* as having 'visceral energy that shoots out through the stalls'. Equally popular were the other two works: Liam Scarlett's latest creation *Sweet Violets* and Christopher Wheeldon's *Polyphonia*. Scarlett's gripping ballet about the murky world of painter Walter Sickert, which followed a highly successful first revival of his award-winning *Asphodel Meadows* earlier in the Season, saw thrilling physical and theatrical performances from two exceptional casts. *Polyphonia*, Christopher Wheeldon's beautiful 'illuminated manuscript' (*Evening Standard*) of abstract dance, created in 2001 for New York City Ballet, provided further opportunity for the Company's star dancers to shine and also saw stand-out performances from several members of the corps, giving vivid form to the intense virtuosity of Ligeti's music – a selection of his piano études.

March brought the first revival since its premiere last Season of Christopher's dazzling full-length ballet *Alice's Adventures in Wonderland*. Beatriz Stix-Brunell, recognized as 'one to watch', secured herself a promotion with her debut in the title role opposite Nehemiah Kish, who made his debut as Jack. Philip

Opposite page: Johan Kobborg as Madge and Dawid Trzensimiech as James in *La Sylphide*

Photograph: ©ROH/Bill Cooper 2012

Mosley as a wonderfully terrifying Duchess and Laura Morera as an irresistible Queen of Hearts also made memorable debuts in Wheeldon's endlessly inventive choreography. Soloist Alexander Campbell took the role of the Magician/Mad Hatter for seven performances, while Steven McRae (who created the role last Season) danced the knavish Jack for the first time opposite Sarah Lamb who returned as Alice.

The Season ended with perhaps the most ambitious of the Company's contemporary projects to date, *Metamorphosis: Titian 2012* – a unique collaboration with the National Gallery that brought together new choreography, music, poetry and visual arts, and which was met with rave reviews. Looking ahead to the new Season, we can expect Monica's championing of contemporary ballet to have a lasting legacy, with many exciting new works in the Seasons to come.

Timeless favourites

No Royal Ballet Season would be complete without timeless favourites of the repertory and for this Season Monica selected two of the world's best-loved ballets: *The Nutcracker* and *The Sleeping Beauty*.

The return of Peter Wright's magical 1984 staging of Lev Ivanov's *Nutcracker* at Christmas saw glorious performances, including debuts from Akane Takada and Melissa Hamilton as the Sugar Plum Fairy, and Dawid Trzensimiech as a captivating Prince.

Marius Petipa's *The Sleeping Beauty* was an especially noteworthy highlight. This work has been performed at many key moments in The Royal Ballet's history; famously re-staged by Ninette de Valois to celebrate the reopening of the House after its closure for refurbishment during World War II, and further re-staged in a gloriously romantic production in 1994 – a highlight of Anthony Dowell's Directorship. *The Sleeping Beauty* also holds particular personal significance for Monica, who not only danced in the production (memorably a deliciously satirical Carabosse) but also restaged during her directorship. Her 2005 production of *The Sleeping Beauty*, for which she and Christopher Newton returned to the 1946 De Valois/Sergeyev version of the work, is testament to her extraordinary contribution to the Company.

For this Season's performances the costumes and wigs were painstakingly re-designed and in some cases re-made (perhaps most notably with the creation of a new Bluebird costume), to bring them closer to the original 1946 designs by Oliver Messel, with stunning results. In addition to this focus on restoring tradition, Monica ensured that she brought this Season's *Beauty* into the 21st century, selecting it as the first ballet to be broadcast to cinemas worldwide as part of the 2011/12 Live Cinema Season.

And so, while Dame Monica took her curtain call, showered with flowers after the final performance of the Season, her legacy is, unquestionably, a Company firmly grounded in its exceptional heritage while reaching out to captivate modern audiences.

Tamara Rojo

Tamara joined The Royal Ballet as Principal in 2000 and has been one of the Company's best-loved ballerinas ever since. But she'd fallen in love with the Company long before then.

'It was the repertory that attracted me,' she says, 'especially Kenneth MacMillan. When I was young there was not much ballet to see live so we were always trying to find new videos and I remember one of the recordings we found was *Mayerling* with David Wall and Lynn Seymour. I thought it was the most amazing thing I'd ever seen and immediately knew I wanted to dance it.'

Little did she realize that Lynn Seymour would come to have a highly influential role in her career.

'For me, working with Lynn was the only way to understand Kenneth; even to have a hard day with her was worth it. She believes she has to get into your soul so she can get to the truth. That's a very painful process sometimes – you don't always want to show your vulnerabilities and I didn't always want to manipulate them for the stage – but she wouldn't allow me to keep anything in reserve.'

Mats Ek has also been an important figure for Tamara.

'Like Lynn, Mats doesn't allow you to fake anything, but he does it in a different way. He'll say something like, "I can see that this is not a day to do this so maybe we should go home" and it's heartbreaking because you don't want to disappoint him. He's not being cynical and he's such a kind man that it makes you

Royal Ballet Live

On 23 March 2012, audiences all over the world were offered a fascinating glimpse behind the scenes at a full working day for The Royal Ballet – the first ever Royal Ballet Live, broadcast live via the Royal Opera House YouTube channel and the *Guardian* website. The day began in the studio with unprecedented access to a ritual fundamental to every dancer in the Company – the 10.30am class – and ran right through to 7.45pm, providing a unique opportunity to observe the work and dedication that goes into the Company's performances. Among the footage of rehearsals, interviews and backstage films, highlights included the chance to watch dancers working on the first revival of Christopher Wheeldon's *Alice's Adventures in Wonderland* and rehearsing Kenneth MacMillan's *Romeo and Juliet*. Audiences were also given a privileged peek at Wayne McGregor and Liam Scarlett creating their newest ballets *Carbon Life* and *Sweet Violets*, and were treated to front-row access at a Royal Ballet 'Insights' evening discussion between McGregor and Mark Ronson, who created the music for *Carbon Life*. The day was presented by TV and radio personality George Lamb and Royal Ballet Soloist Kristen McNally, and viewers had exclusive access to interviews with some of the Company's most valued figures, including Principal dancer Marianela Nuñez, and Director Monica Mason. Hundreds of thousands worldwide watched the live presentation and, with the footage still available on the Royal Opera House YouTube channel, there have been over a million views so far.

11

Metamorphosis: Titian 2012

Metamorphosis: Titian 2012 a highlight of the London 2012 Festival – was a unique collaboration between the Royal Opera House and the National Gallery, London, bringing together some of the finest names in contemporary choreography, art, poetry and music. The creative stimulus for this extraordinary multi-arts project was three paintings by the Renaissance master Titian: *Diana and Actaeon*, *The Death of Actaeon* and *Diana and Callisto*. Hung together for the first time since the 18th century at the National Gallery during the 2012 Olympic summer, these masterpieces depict powerful stories of change, inspired by Ovid's poem *Metamorphoses*.

The project saw The Royal Ballet at its dynamic and creative best, working with some of the most exciting names in contemporary choreography – Alastair Marriott and Christopher Wheeldon, Kim Brandstrup and Wayne McGregor, and Liam Scarlett, Will Tuckett and Jonathan Watkins – in collaboration with some of today's leading visual artists – Mark Wallinger, Conrad Shawcross and Chris Ofili – and major composers – Mark-Anthony Turnage, Nico Muhly and Jonathan Dove. *Metamorphosis: Titian 2012* demonstrated the range and talents of the whole Company, and was a fitting and celebratory finale to Monica Mason's tenure as Director.

12

try even harder. Working with him on *Carmen* was a pleasure, one of the most memorable experiences I've had with The Royal Ballet.'

Some other roles didn't come quite so easily: 'There was nothing more satisfactory for me than nailing *Sleeping Beauty*,' she laughs. 'It was a role I wasn't made for. I fought with it, it was a war; but eventually I felt I'd won the war and it has become one of my favourite ballets.

'For many years I've had fantastic help from my coaches, Alexander Agadzhanov and Loipa Araújo; they've both been so generous to me. They come to every show and if I fail they support me and tell me not to worry, that it'll be better next time. They're both such wonderful people.'

Tamara feels honoured to have danced with some amazing partners at the Royal Opera House.

'Obviously there's Carlos; he's such a joy. When he partners you, you can just close your eyes and it's such a feeling of freedom. We're pretty similar. We're serious and committed in our work but we're Latinos so we can joke and not take ourselves too seriously. The tour to Cuba in 2009 was amazing. Because I've been Carlos's partner for so long I knew how important it was for him and the Cuban public. The whole thing was like a dream – it was unbelievable.

'Then there's Jonathan Cope. He's a very special artist and when you're working with him you get to walk inside his whole being. It's amazing that someone is so willing to open himself up; most people don't, we tend to protect ourselves. Dancing *Mayerling* with him was extremely intimate; it was just wonderful.

'Although I didn't dance much with Sergei Polunin it was a special relationship. He's very intense and it took a lot of energy on my part so every rehearsal was beastly. I'd finish *Marguerite and Armand*, which was created on a 43-year-old woman and should be relatively easy, but I'd be emotionally shattered. I think it's a good thing and, in my opinion, it made a difference on stage.'

Tamara is famously knowledgeable about art forms beyond ballet, and the cultural aspect of London is one of the joys of making her home in the capital. 'I love art, everything about it. I love going to museums and seeing exhibitions, especially things I don't know about. The theatre here is amazing; the Donmar, the National Theatre and the West End: it's all so good. I enjoy going to Sadler's Wells and seeing other kinds of dance; I really loved the Pina Bausch World Cities festival. She was a genius. The great thing about London is all the best artists and shows pass through.'

Tamara is leaving The Royal Ballet to take up the next phase of her career as Artistic Director of English National Ballet. In some ways this change has

Opposite page: Marianela Nuñez, Edward Watson and Eric Underwood photographed by Chris Nash for the *Metamorphosis: Titian 2012* advertising campaign

This page: Tamara Rojo in *Isadora* (2009)

Photo by Dee Conway

its roots in her move to the Royal Opera House 12 years ago.

'I was very naive when I arrived,' she says. 'And there were some things that were a surprise to me, that made me reflect on what dance should be, and in turn made me think about my responsibility to the art form. This led to me thinking about my future and ultimately becoming an Artistic Director.'

'I'm looking forward to the new job like crazy. It's an amazing opportunity, especially as it's a company I'm very proud to have already been a part of. I just hope I have the ability to see and unlock the potential in each dancer, rather than trying to make them look like someone that I once knew. Art has to be alive and if all you ask from your artists is to imitate the past they will either walk away, rebel or stop being artists altogether.'

Tamara will return to the Royal Opera House early in 2013 for her farewell performances in *Marguerite and Armand*. She has no doubts about why the Royal Opera House and The Royal Ballet are so special for her.

'The calibre of the artists that you share the stage with is incredible,' she says. 'I've been inspired by dancers such as Alina Cojocaru, Johan Kobborg, Marianela Nuñez, Carlos Acosta, Jonathan Cope, Sylvie Guillem and so many more. I've learned so much from them, from watching their rehearsals and their performances. And then, of course, there's the audience. They're so knowledgeable and go out of their way to come and see many casts. It's just a luxury to have your career in a place like this.'

Ursula Hageli

Ursula Hageli retired from her post as Ballet Mistress at the end of the 2011/12 Season. Swiss-born, she began her studies at Zurich Opera House and The Royal Ballet School. Her extensive performing career has spanned 30 years, beginning at Stuttgart Ballet, when she was 17, under the direction of John Cranko. Following the tragic death of Cranko in 1973, Ursula joined Northern Ballet Theatre as a Principal and worked with the company on varied repertory including works created specially for her. In 1980 she joined London City Ballet where she was coached by Svetlana Beriosova and had the opportunity to perform with her hero Donald MacLeary, with whom she worked during her tenure at The Royal Ballet.

While at London City Ballet she also met Richard Slaughter; together they formed a small company called Ballet Creations, producing educational dance programmes and workshops, and staging productions including *A Portrait of Pavlova*, re-creating Pavlova's famous dances, *The Little Mermaid*, *Cleopatra* and *Cinderella*, in which she created the title roles.

Ursula's career at the Royal Opera House began with working for the Education Department (1985-88). In 2005 – after a significant period focusing on Ballet Creations and performing in various staged and televised historical dance projects – she joined The Royal Ballet as Ballet Mistress. Responsible primarily for the female soloists and the corps de ballet, she described her role as 'almost like being a mother figure to the girls in the corps, giving pastoral and psychological care as much as technical advice. Some of the girls in the corps come in straight from school and need help in coping with life as a professional dancer in a big company.'

Talking about her work with The Royal Ballet, Ursula said: 'The most rewarding moments for me were coaching individual dancers back from injury and then seeing them perform again.'

Ursula will return to The Royal Ballet in the forthcoming Season to devise a series of three Insight evenings on the History of Ballet. She will also continue to do some one-to-one coaching and perform as a Guest Character Artist.

Entrances and Exits

During the 2011/12 Season

Principals Sergei Polunin and David Makhateli left the Company during the Season and Principal Tamara Rojo left the Company at the end of the Season to become Artistic Director of English National Ballet.

First Soloist José Martín, First Artist Francesca Filpi and Artists Celisa Diuana and Aaron Smyth also left the Company.

Ballet Mistress Ursula Hageli and Physiotherapist Daryl Martin left the Company.

For the 2012/13 Season

Soloists Alexander Campbell and Ryoichi Hirano are promoted to First Soloist.

First Artists Claire Calvert, James Hay, Dawid Trzensimiech and Valentino Zucchetti and Artist Beatriz Stix-Brunell are promoted to Soloist.

Artists Meaghan Grace Hinkis, Fumi Kaneko and Yasmine Naghdi are promoted to First Artist.

Graduates from The Royal Ballet School Tierney Heap, Mayara Magri and Donald Thom join the Company as Artists as does Nicol Edmonds from Finnish National Ballet.

Heather Baxter becomes General Manager and Andrew Hurst becomes Company and Tours Manager.

Samantha Raine becomes Ballet Mistress while continuing to dance as a Soloist.

The 2011/12 Season

Jewels
Ballet in
three parts

Choreography
George Balanchine

Music
Gabriel Fauré
('Emeralds'),
Igor Stravinsky
('Rubies'),
Pytor Il'yich
Tchaikovsky
('Diamonds')

Set designs
Jean-Marc
Puissant

Costume designs
Barbara Karinska

Lighting
Jennifer Tipton

Staging
Elyse Borne,
Patricia Neary

Ballet Master
Christopher
Saunders ('Rubies'
and 'Diamonds')

Ballet Mistress
Ursula Hageli
('Emeralds')

Dance Notator
Anna Trevien
('Diamonds')

Premieres:
13 April 1967 (New
York City Ballet);
23 November 2007
(The Royal Ballet,
this production)

16

Jewels (September-October)

Opposite page

Left: Alina Cojocaru and Rupert Pennefather in 'Diamonds'

Right: Zenaida Yanowsky in 'Rubies'

This page

Top: 'Emeralds'

Bottom: Roberta Marquez and Valeri Hristov in 'Emeralds'

Photographs: ©ROH/Tristram Kenton 2011

17

Limen

Choreography
Wayne McGregor
Music
Kaija Saariaho

*Set and
video designs*
Tatsuo Miyajima

Costume designs
Moritz Junge

Lighting design
Lucy Carter

Ballet Master
Gary Avis

Dance Notator
Anna Trevien

Premiere:
4 November 2009
(The Royal Ballet)

**Mixed Programme
(October)**

This page:
(left) Marianela
Nuñez and Ryoichi
Hirano (right) Olivia
Cowley and
Paul Kay in *Limen*

Opposite page:
Sarah Lamb and
Eric Underwood
in *Limen*

Photographs:
©ROH/Tristram
Kenton 2011

18

19

**Marguerite
and Armand**

Choreography
Frederick Ashton

Music
Franz Liszt,
orchestrated by
Dudley Simpson

Designs
Cecil Beaton

Lighting design
John B. Read

Staging
Grant Coyle

Principal coaching
Alexander
Agadzhanov

Premiere:
12 March 1963
(The Royal Ballet)

**Mixed Programme
(October)**

This page:
Zenaida Yanowsky
and Federico Bonelli
in *Marguerite and
Armand*

Opposite page:
Tamara Rojo and
Sergei Polunin in
*Marguerite and
Armand*

Photographs:
©ROH/Tristram
Kenton 2011

20

The 2011/12 Season

21

Requiem

Choreography
Kenneth MacMillan
Music
Gabriel Fauré

Designs
Yolanda
Sonnabend
in association
with Peter Farley

Lighting design
John B. Read

Staging
Monica Mason,
Christopher
Saunders

Ballet Master
Christopher
Saunders

Dance Notator
Grant Coyle

Premieres:
28 November 1976
(Stuttgart Ballet);
3 March 1983
(The Royal Ballet)

**Mixed Programme
(October)**

This page:
Lauren Cuthbertson
and dancers of
The Royal Ballet in
Requiem

Opposite page:
Lauren Cuthbertson
and Nehemiah Kish
in *Requiem*

Photographs:
©ROH/Tristram
Kenton 2011

22

The Sleeping Beauty

Choreography
Marius Petipa

Additional choreography
Frederick Ashton,
Anthony Dowell,
Christopher
Wheeldon

Music
Pytor Il'yich
Tchaikovsky

Production
Monica Mason,
Christopher
Newton *after*
Ninette de Valois
and Nicholas
Sergeyev

Original designs
Oliver Messel

Realization and additional designs
Peter Farmer

Lighting design
Mark Jonathan

Staging
Christopher Carr

Ballet Master
Gary Avis

Ballet Mistress
Ursula Hageli

Principal coaching
Alexander
Agadzhanov,
Loipa Araujo,
Lesley Collier,
Jonathan Cope,
Monica Mason

Dance Notator
Grant Coyle

Premieres:
3 January 1890
(Mariinsky Theatre,
St Petersburg);
2 February 1939
(The Vic-Wells
Ballet);
15 May 2006
(The Royal Ballet,
this production)

24

**The Sleeping Beauty
(October–December)**

Opposite page:
Claire Calvert as the
Lilac Fairy

This page:
Alexander Campbell
as the Bluebird

Photographs:
©ROH/Johan Persson
2011

25

Manon

Choreography
Kenneth MacMillan

Music
Jules Massenet,
*orchestrated
and arranged by*
Martin Yates

Designs
Nicholas
Georgiadis

Lighting design
John B. Read

Staging
Monica Mason,
Christopher
Saunders

Ballet Master
Christopher
Saunders

Ballet Mistress
Ursula Hageli

Principal coaching
Alexander
Agadzhanov,
Lesley Collier,
Jonathan Cope,
Anthony Dowell,
Monica Mason,
Antoinette Sibley

Premiere:
7 March 1974
(The Royal Ballet)

26

**Manon
(November)**

Opposite page:
José Martín as
Lescaut

This page:
Lauren Cuthbertson
as Manon and Sergei
Polunin as Des
Grieux

Photographs:
©ROH/Tristram
Kenton 2011

27

Asphodel Meadows

Choreography
Liam Scarlett

Music
Francis Poulenc

Designs
John Macfarlane

Lighting
Jennifer Tipton

Ballet Master
Gary Avis

Dance Notator
Amanda Eyles

Premiere:
5 May 2010
(The Royal Ballet)

**Mixed Programme
(November)**

This page:
Marianela Nuñez and
Rupert Pennefather
in *Asphodel Meadows*

Opposite page

Top: Leanne Cope
and José Martín

Bottom: Meaghan
Grace Hinkis and
Tristan Dyer in
Asphodel Meadows

Photographs:
©ROH/Bill Cooper
2011

28

Gloria

Choreography
Kenneth MacMillan
Music
Francis Poulenc

Designs
Andy Klunder

Lighting design
John B. Read

Staging
Monica Mason,
Christopher
Saunders

Ballet Master
Christopher
Saunders

Dance Notator
Diana Curry

Premiere:
13 March 1980
(The Royal Ballet)

**Mixed Programme
(November)**

Opposite page:
Sarah Lamb and
Thiago Soares in
Gloria

This page:
Edward Watson
in *Gloria*

Photographs:
©ROH/Bill Cooper
2011

31

Enigma Variations

Choreography
Frederick Ashton

Music
Edward Elgar

Designs
Julia Trevelyan
Oman

Lighting design
John B. Read

Staging
Christopher Carr

Ballet Master
Gary Avis

Dance Notators
Grant Coyle,
Anna Trevien

Premiere:
25 October 1968
(The Royal Ballet)

**Mixed Programme
(November)**

This page

Left: Thomas
Whitehead as
William Meath Baker
(W.M.B.)

Right: Christina
Arestis as The
Lady (C.A.E.) and
Christopher Saunders
as Edward Elgar
(E.D.U.) in *Enigma
Variations*

Photographs:
©ROH/Bill Cooper
2011

**The Nutcracker
(December-January)**

Opposite page:
Akane Takada and
Dawid Trzensimiech
as the Sugar Plum
Fairy and her Prince

Photograph:
©ROH/Johan Persson
2011

32

The Nutcracker

Choreography
Peter Wright *after*
Lev Ivanov

Music
Pytor Il'yich
Tchaikovsky

Original scenario
Marius Petipa *after*
E.T.A. Hoffmann's
*Nussknacker und
Mauselkönig*

*Production and
scenario*
Peter Wright

Designs
Julia Trevelyan
Oman

Lighting design
Mark Henderson

*Production
Consultant*
Roland John Wiley

Staging
Christopher Carr

Ballet Master
Gary Avis

Ballet Mistress
Ursula Hageli

Principal coaching
Alexander
Aghadzhanov,
Loipa Araujo,
Gary Avis, Lesley
Collier, Jonathan
Cope, Christopher
Saunders

Dance Notators
Grant Coyle,
Mayumi Hotta,
Anna Trevien

Premieres:
18 December 1892
(Mariinsky Theatre,
St Petersburg);
20 December 1984
(The Royal Ballet,
this production);
17 December 1999
(revisions to this
production)

Romeo and Juliet

Choreography
Kenneth MacMillan

Music
Sergey Prokofiev

Designs
Nicholas
Georgiadis

Lighting design
John B. Read

Staging
Monica Mason,
Christopher
Saunders

Ballet Master
Christopher
Saunders

Ballet Mistress
Ursula Hageli

Principal Coaching
Alexander
Agadshanov,
Lesley Collier,
Jonathan Cope,
Monica Mason

Premiere:
9 February 1965
(The Royal Ballet)

Romeo and Juliet
(January-March)

This page

Top: Christina Arestis
as Lady Capulet and
Christopher Saunders
as Lord Capulet

Bottom: Melissa
Hamilton as Juliet
and Edward Watson
as Romeo

Opposite Page:
Melissa Hamilton and
Edward Watson

Photographs:
©ROH/Bill Cooper
2011

34

The Dream

Choreography
Frederick Ashton

Music
Felix Mendelssohn,
arranged by John
Lanchbery

Designs
David Walker

Lighting design
John B. Read

Staging
Anthony Dowell,
Christopher Carr

Ballet Master
Gary Avis

Ballet Mistress
Ursula Hageli

Principal Coaching
Lesley Collier,
Anthony Dowell

Premiere:
2 April 1964
(The Royal Ballet)

**Mixed Programme
(February-March)**

This page

Top: Valentino
Zucchetti as Puck

Bottom:
Alina Cojocaru as
Titania and Steven
McRae as Oberon in
The Dream

Photographs:
©ROH/Johan Persson
2012

36

Song of the Earth

Choreography
Kenneth MacMillan

Music
Gustav Mahler

Designs
Nicholas
Georgiadis

Lighting design
John B. Read

Staging
Monica Mason,
Grant Coyle

Ballet Master
Christopher
Saunders

Principal Coaching
Jonathan Cope,
Donald Macleary,
Monica Mason

Dance Notator
Grant Coyle

Premiere:
19 May 1966
(The Royal Ballet)

**Mixed Programme
(February–March)**

This page

Top: Tamara Rojo and
Rupert Pennefather
with Carlos Acosta
as the Messenger of
Death

Bottom: Leanne
Benjamin and Valeri
Hristov with Edward
Watson as the
Messenger of Death
in *Song of the Earth*

Photographs:
©ROH/Johan Persson
2012

37

Royal Ballet
Yearbook 2012/13

38

Alice's Adventures in Wonderland

Choreography
Christopher Wheeldon

Music
Joby Talbot, *orchestrated by* Christopher Austin and Joby Talbot

Designs
Bob Crowley

Scenario
Nicholas Wright

Lighting design
Natasha Katz

Projection design
Jon Driscoll, Gemma Carrington

Original sound design
Andrew Bruce for Autograph

Assistant to the choreographer
Jacquelin Barrett

Ballet Master
Christopher Saunders

Dance Notator
Anna Trevien

Premiere:
28 February 2011
(The Royal Ballet)

Alice's Adventures in Wonderland (March-April)

Opposite page: Beatriz Stix-Brunell as Alice and Nehemiah Kish as Jack

This page: Laura Morera as the Queen of Hearts

Photographs:
©ROH/Bill Cooper 2012

39

40

Sweet Violets

Choreography
Liam Scarlett

Music
Sergey
Rachmaninoff

Designs
John Macfarlane

Lighting design
David Finn

*Assistant Ballet
Mistress*
Sian Murphy

Dance Notator
Gregory Mislin

Premiere:
5 April 2012
(The Royal Ballet)

**Mixed Programme
(April)**
Opposite page:

Left: Alina Cojocaru
as Mary-Jane Kelly
and Johan Kobborg
as Walter Sickert

Right: Leanne Cope
as Emily Dimmock
and Thiago Soares
as Robert Wood

This Page: Emma
Maguire as Little Dot
in *Sweet Violets*

Photographs:
©ROH/Bill Cooper
2012

41

Polyphonia

Choreography
Christopher
Wheeldon

Music
György Ligeti

Designs
Holly Hynes

Lighting design
Mark Stanley

Ballet Master
Christopher
Saunders

Premiere:
15 November 2003
(The Royal Ballet)

**Mixed Programme
(April)**

This page: Yasmine
Naghdi and James
Hay in *Polyphonia*

Opposite Page:
Samantha Raine and
Dawid Trzensimiech
in *Polyphonia*

Photographs:
©ROH/Bill Cooper
2012

42

The 2011/12 Season

43

Carbon Life

Choreography
Wayne McGregor

Music
Mark Ronson,
Andrew Wyatt

Designs
Gareth Pugh

Lighting design
Lucy Carter

Ballet Master
Gary Avis

Dance Notator
Amanda Eyles

Premiere:
5 April 2012
(The Royal Ballet)

**Mixed Programme
(April)**

This page: Lauren
Cuthbertson and
Eric Underwood in
Carbon Life

Opposite Page:
Sarah Lamb and
Steven McRae in
Carbon Life

Photographs:
©ROH/Bill Cooper
2012

44

45

La Fille mal gardée

Choreography
Frederick Ashton

Music
Ferdinand Hérold,
*arranged and
orchestrated by*
John Lanchbery

Designs
Osbert Lancaster

Lighting design
John B. Read

Staging
Christopher Carr,
Grant Coyle

Ballet Master
Gary Avis

Ballet Mistress
Ursula Hageli

Principal coaching
Alexander
Agadzhanov,
Lesley Collier,
Roland Price,
Christopher
Saunders

Dance Notator
Grant Coyle

Premiere:
28 January 1960
(The Royal Ballet)

**La Fille mal gardée
(April-May)**

This page: Yuhui
Choe as Lise in
La Fille mal gardée

Photograph:
©ROH/Tristram
Kenton 2012

46

Ballo della regina

Choreography
George Balanchine

Music
Giuseppe Verdi

Designs
Ben Benson

Lighting design
Ronald Bates,
re-created by
Simon Bennison

Staging
Merrill Ashley

Ballet Mistress
Ursula Hageli

Principal coaching
Merrill Ashley,
Lesley Collier

Premieres:
12 January 1978
(New York City
Ballet); 13 May 2011
(The Royal Ballet,
this production)

**Mixed Programme
(May–June)**

This page

Top: The Royal Ballet

Bottom left:
Nehemiah Kish

Bottom right:
Marianela Nuñez in
Ballo della regina

Photographs:
©ROH/Bill Cooper
2012

47

La Sylphide

Choreography
August Bournonville

Additional choreography
Johan Kobborg

Music
Herman Løvenskiold

Set designs
Sören Frandsen

Costume designs
Henrik Bloch

Lighting design
Mark Jonathan

Assistant to Johan Kobborg
Anna Trevien

Ballet Master
Gary Avis

Ballet Mistress
Ursula Hageli

Principal coaching
Alexander Agadzhanov, Johan Kobborg, Sorella Englund

Dance Notator
Anna Trevien

Premieres:
28 November 1836 (Copenhagen);
6 October 2005 (The Royal Ballet, this production)

**Mixed Programme
(May–June)**

Steven McRae as
James in *La Sylphide*

Photograph:
©ROH/Bill Cooper
2012

49

Royal Ballet
Yearbook 2012/13

The Prince of the Pagodas

Choreography
Kenneth MacMillan

Music
Benjamin Britten

Designs
Nicholas Georgiadis

Scenario
Colin Thubron
after John Cranko

Lighting design
John B. Read

Staging
Monica Mason,
Grant Coyle

Ballet Masters
Christopher Saunders,
Gary Avis

Principal coaching
Alexander Agadzhanov,
Jonathan Cope

Dance Notators
Grant Coyle,
Karl Burnett

Premiere:
7 December 1989
(The Royal Ballet)

The Prince of the Pagodas (June)

This page: Tamara Rojo as Princess Épine and Marianela Nuñez as Princess Rose

Next page

Top: Beatriz Stix-Brunell as Princess Rose and Ryoichi Hirano as the Prince

Bottom: Sarah Lamb as Princess Rose and Brian Maloney as the King of the South

Photographs: ©ROH/Johan Persson 2012

50

Birthday Offering

Choreography
Frederick Ashton

Music
Alexander
Glazunov, *arranged
and orchestrated
by* Robert Irving

Costume designs
André Levasseur

Lighting design
John B. Read

Staging
Christopher Carr

Ballet Master
Gary Avis

Principal coaching
Christopher Carr

Premiere:
5 May 1956
(Sadler's Wells
Ballet)

**Mixed Programme
(June–July)**

This page:
Tamara Rojo and
Federico Bonelli in
Birthday Offering
Photograph:
©ROH/Tristram
Kenton 2012

53

**A Month in
the Country**

Choreography
Frederick Ashton

Music
Fryderyk Chopin,
arranged by John
Lanchberry

Designs
Julia Trevelyan
Oman

Lighting design
William Bundy,
re-created by
John Charlton

Staging
Anthony Dowell,
Grant Coyle

Principal coaching
Jonathan Cope,
Grant Coyle,
Anthony Dowell

Premiere:
12 February 1976
(The Royal Ballet)

**Mixed Programme
(June-July)**

Zenaida Yanowsky
and Rupert
Pennefather in *A
Month in the Country*

Photograph:
©ROH/Tristram
Kenton 2012

54

The 2011/12 Season

Les Noces

Choreography
Bronislava Nijinska

Words and music
Igor Stravinsky

Designs
Natalia
Goncharova

Lighting design
John B. Read

Staging
Christopher
Newton

Ballet Master
Christopher
Saunders

Premieres:
13 June 1923
(Ballets Russes de
Serge Diaghilev);
23 March 1966
(The Royal Ballet)

**Mixed Programme
(June–July)**

This page:
Kristen McNally with
dancers of The Royal
Ballet in *Les Noces*

Photograph:
©ROH/Tristram
Kenton 2012

55

56

Metamorphosis: Titian 2012

Machina

Choreography
Kim Brandstrup,
Wayne McGregor

Music
Nico Muhly

Designs
Conrad Shawcross

Trespass

Choreographjy
Alastair Marriott,
Christopher
Wheeldon

Music
Mark-Anthony
Turnage

Designs
Mark Wallinger

Diana and Actaeon

Choreography
Liam Scarlett,
Will Tuckett,
Jonathan Watkins

Music
Jonathan Dove

Designs
Chris Ofili

Lighting design
Lucy Carter

Premiere:
14 July 2012
(The Royal Ballet)

Metamorphosis: Titian 2012 (July)

Opposite page: Leanne Benjamin and Carlos Acosta in 'Machina'

This page: Leanne Benjamin and Carlos Acosta in 'Machina'

Photographs: ©ROH/Johan Persson 2012

**Metamorphosis:
Titian 2012
(July)**

This page:
Melissa Hamilton and
dancers of The Royal
Ballet in 'Trespass'

Opposite page:
Beatriz Stix-Brunell
and Nehemiah Kish
in 'Trespass'

Photographs:
©ROH/Johan Persson
2012

58

**Metamorphosis:
Titian 2012
(July)**

This page

Top: Marianela Nuñez
as Diana and dancers
of The Royal Ballet

Bottom: Federico
Bonelli as Actaeon
and dancers of The
Royal Ballet

Opposite Page:
Marianela Nuñez as
Diana and Federico
Bonelli as Actaeon in
'Diana and Actaeon'

Photographs:
©ROH/Johan Persson
2012

60

The 2011/12 Season

Partnering

by Jenny Gilbert

It almost goes without saying that, as raw material, two bodies offer more scope to the choreographer than one. Eight limbs, two torsos and four feet can be sculpted into a greater variety of shapes than can ever be achieved with a single dancer. Add to this the possibilities of duplication, syncopation, lifts and supported balances, not to mention drama, and there's little wonder that new choreography still gives pride of place to the *pas de deux*, just as classics such as *Swan Lake* and *The Sleeping Beauty* did 120 years ago.

But what does it take, these days, to forge a great ballet partnership? The age of star pairings, which gave 20th-century ballet such glitter and perfumed allure, seems to be over. Since modern celebrity is now almost completely the domain of gossip magazines, and their readers are as intrigued to watch pop stars and TV actors trying to dance as they are to watch trained professionals doing it for real, no longer do paparazzi mob the stage door for the chance of snapping that night's Romeo and Juliet climbing into a taxi. For the most part, ballet principals are not household names, and those that do have a profile off-stage tend not to find their name bracketed with someone else's. (Imagine what today's popular press would make of Fonteyn and Nureyev. They'd have lost no time in packaging them up as 'Margorudi'.)

You could say that in today's dance world the choreography is as much the star of the show. The *pas de deux*, once purely an essay on courtship, has become a blank page for the writing of all kinds of other ideas besides. Yet traditional notions of partnership are not lost – far from it. Now that a ballerina can expect to be squired by a variety of men in the course of her career, the challenge of partnering, and of being partnered, is in many ways greater than ever.

In her eight years with the Company, Sarah Lamb has been paired with a wide variety of male principals. Recent Seasons have seen her dance Odette/Odile to the Prince Siegfried of Federico Bonelli; Sugar Plum Fairy with Viacheslav Samodurov, Ivan Putrov, Thiago Soares and Sergei Polunin; *Manon* and *Tryst* with Rupert Pennefather; *Infra*, *Limen* and *Live Fire Exercise* with Eric Underwood; Wayne McGregor's latest ballet *Carbon Life* with Steven McRae and Wheeldon and Marriott's 'Trespass' with Steven as part of *Metamorphosis: Titian 2012*. It's quite a tally. And in every case it's repertory that determined the casting.

The demands of working on a classical piece and a contemporary piece – particularly if it's being choreographed from scratch – are very different, as Lamb is at pains to explain. With a classical work, the process is well defined. 'The technique is there, and the way to execute it is there. If you're both classically trained and experienced dancers, a *pas de deux* can be put together in a day or two. Whereas with a contemporary *pas de deux* you really need to get to know your partner, because a lot of the movements may never have been done before. They may be derived from familiar poses or manoeuvres, but there will be many ways you might go into them or out of them. And you're off-balance more often than not, which demands a much higher level of trust in your partner.'

In the case of the classics, she says, aside from some positions she would never be able to take alone, if the girl is an accomplished professional she'd be quite capable of doing many of the steps by herself. Of course she'll do them better with her prince, and be able to do more pirouettes.

In a contemporary work, by contrast, not only are the couple physically more co-dependent, but they're often expected to have a creative input too. That, for Lamb, is when her job becomes 'really interesting and fun, because you're not just being dictated to by the choreographer – you're both sort of fooling around, and something really cool comes out of it, something he didn't expect, or that gives him an idea.'

Paired with Steven McRae, she's able to relish this freedom in the studio, she says, because she feels they come at it with the same enthusiasm and daring. 'We just start jumping on each other and twirling and twisting and coming up with different things. And Steven gives me great confidence because he's so incredibly strong for his size. Strength has a lot to do with co-ordination, and your intelligence in using what strength you have. It's not about the brute strength that comes from doing Olympic bench presses. Even though I know that, I relearn it every day when Steven holds me above his head and I

63

Working with tall, broad-shouldered Eric Underwood was a very different experience, she says. 'He's ridiculously strong, a beautiful dancer with a beautiful physique', qualities she appreciated when they worked together on Wayne McGregor's *Limen*, one of the first things she did after a full year out nursing a serious injury. Having broken four bones in her foot, it was imperative that she put the least possible weight on it. The result was an extraordinary *pas de deux* in which she barely touches the floor, Underwood manoeuvring her seamlessly through a long sequence of variously contrived lifts. Adversity was turned to advantage, thanks not only to the choreographer's ingenuity, but also to partnering skills.

Jonathan Cope, now coaching Principals in the Company, must have danced with every single Principal girl in his own time as a Principal, although towards the end these were narrowed down to Sylvie Guillem and Darcey Bussell, 'which made sense as they were the tallest. You do get more pairings these days that have an exaggerated height difference', he says, 'and it's lovely when you get a small girl! With a tall girl it's not just a question of weight, it's that there's more body to worry about – more torso, more legs, more arms. Yet musicality and phrasing can be just as important, and the way you sculpt your body to a partner's. And if the way they hear the music doesn't quite chime with the way you hear it, you feel you're constantly fighting them, and that's not good.'

think "how do you DO that?" It's all proportional. It's physics, and it's also timing.' Steven comments: 'I find it extremely important to get to know your partner's instincts and co-ordination. When one can almost guess what the other is about to do, it's a sign that you're getting to know each other. When you have built up a relationship, performing as a pair feels incredible.'

64

On the subject of partnering Cope speaks from the heart, for not only did he survive a long-term stage partnership with the most headstrong ballerina in The Royal Ballet's history, Sylvie Guillem, but early in his career he had the unsettling experience of dancing with, and often falling out with, the woman to whom he was and still is married, Maria Almeida. 'We were very young and hot-headed when we first started dancing together,' he says, 'and although it should have been wonderful, it wasn't. It's like trying to cook together. It's not just that you both get a bit competitive, it's that you too often find yourself in a blind alley of "my way's right, your way's not". I see it happening with couples in the Company now. It's one thing to know someone inside out and to have an emotional rapport. But you also have to be able to give way graciously, and real-life couples can find that hard to do. It's a shame, because the management does get excited about finding a romantic pairing. The public seem to love that kind of thing.'

His successful run with Sylvie he put down partly to a good physical match but also to complementary personalities. 'She was tough – brilliant at packing her bag, flying to another country with 10 hours' jetlag and then providing the goods. I had insecurities. And in a strange way we balanced each other out.' On stage, he remembers, 'Sylvie liked to keep it spontaneous. She'd change details on the night without warning, small things such as doing something with her left hand rather than her right, to make sure we never fell back on routine. She also

believed in keeping her emotions very fresh and real. Some nights she'd have tears streaming down her face while we were dancing, other nights not. I'd never know which way it was going to go.'

While some men would have found the Guillem rollercoaster exhausting, Cope seems to have thrived on it. He was also perfectly happy to tolerate Guillem's very high extensions. 'Some people found the height of her leg a little bit vulgar, but she knew that that's what audiences had come to expect of

Opposite Page:
Jonathan Cope performing *Manon* with Sylvie Guillem
Photograph: ©Bill Cooper

This Page:
Margot Fonteyn and Rudolf Nureyev in *Romeo and Juliet* (1965)
Photograph: ©1965 Roger Wood/ Royal Opera House

her, so she gave it to them. She was quite shrewd like that. I know I ought to be a Royal Ballet purist, but I feel Sylvie was being true to who she was. She had a physique like no one else, so why not use it? I got used to seeing legs and feet next to my head.'

Naturally it's the successful partnerships that people remember. Occasionally, though, dancers find their pairing doesn't work as effectively as they would like. Fiercely loyal to their peers, Company dancers never name names, but Sarah Lamb will confess to 'being as good as dropped on stage – not only did I feel personally let down but I felt like I'd let down the audience, especially when you've rehearsed something so much. But nobody's perfect, and I've tripped up or stumbled myself. You accept that accidents are a part of live performance. It's when it happens a lot with the same partner that it becomes problematic, especially if it gets to the point when you'd just rather not go on stage with that person. But, of course, the Director notices these things and steps in. In the end, they want the same result as you.'

While in the Company's recent history a significant following has been cultivated by several great ballet partnerships (modern audiences may think of Tamara Rojo and Carlos Acosta or real-life partners Alina Cojocaru and Johan Kobborg) the golden era of Royal Ballet partnerships is said to have been in the mid-1960s, around the time Jonathan Cope was learning to walk. It wasn't just that there was a glut of talent in the Company, it was that those talents made such distinctive pairings. Antoinette

Sibley and Anthony Dowell were cut from the same cloth: both delicately built and fair, their body lines seemed to merge, particularly in the lyrical ballets of Frederick Ashton such as when they created the roles of Titania and Oberon in *The Dream*. Sibley said, 'We just echoed each other. We didn't have to think about our arms and our legs being at the same angle'. For this they were dubbed 'the heavenly twins'.

In the class of '63 were also Lynn Seymour, dark and dramatic, and Christopher Gable, blond and boyish, a nonchalant yang to her turbulent yin. Kenneth MacMillan created *Romeo and Juliet* on them, though the first two performances were given to Fonteyn and Nureyev, on the grounds that they would garner the headlines felt necessary to tour the show in America. For there had never been a partnership like that of Margot Fonteyn and Rudolf Nureyev, which defied every expectation of how such things worked. He was a fiery Soviet defector of ambiguous sexuality in his early 20s. She was an English ballerina almost twice his age. Huge stars in their own right before they met, their partnership fuelled a box-office bonanza throughout the 1960s and 70s until Fonteyn's retirement from the stage.

The particular potency of that pairing derived not from perfect technique so much as the tension that existed between mature restraint and the abandonment of youth. Fonteyn and Nureyev looked good together of course, his feral muscularity enlivening her more delicate line. But what thrilled audiences most was the way his wild, Russian temperament seemed to unlock her ladylike reserve, unleashing what the dance critic David Vaughan called a 'rhapsodic freedom of movement, and uninhibited ecstasy in her acting'. It was these qualities that Frederick Ashton set out to harness in *Marguerite and Armand*, which he created as an exclusive vehicle for them.

The great partnerships of the past inevitably cast a long shadow, but Jonathan Cope is adamant that the dancers of today shouldn't try to copy them. 'I tell them not to watch too many videos. They all, men and women, need to find their own identities, which is harder than it might sound since dancers are brought up to respect previous generations. But I tell them it's wrong if the interpretation is not coming from them.'

Can partnering be taught? This might seem an odd question to put to someone who spends his time coaching leading couples, but Cope's answer is decisive. 'Beyond the technicalities, no. It's a gift that boys either have, or haven't. I'll come into a room and I don't have to say "hold her like this" – the good ones just do it. Good partnering also has a lot to do with generosity on stage. As soon as a dancer is selfish, as soon as it's about "how do I look, how's my hair doing, how are my shoes?" or even if it's an injury they're worrying about – it's no longer a generous performance, and the audience is left unfulfilled. The ones with the generosity and the big hearts, the dancers that seem to embrace everyone on stage, including their partner, they're the ones you fall in love with.'

Opposite Page:
Alina Cojocaru and Johan Kobborg as Giselle and Prince Albrecht in *Giselle* (2011)

Photograph:
©ROH/Tristram Kenton 2011

67

Filming Ballet

by Amanda Holloway

'If you want ballet to grow, you've got to get it out there. We all need to switch our mindset and embrace the new media.' That's fighting talk from 27-year-old Royal Ballet Principal Lauren Cuthbertson.

Her generation may have grown up with digital technology but until recently the breathtaking virtuosity of her performances could be glimpsed only by those who could get to the Royal Opera House in person, or catch a rare television broadcast. Now The Royal Ballet is experimenting with new media such as live streaming and the Royal Opera House Cinema Season is attracting full houses all over the world. Earlier this year a live *Romeo and Juliet*, with Cuthbertson as Juliet and Federico Bonelli as Romeo, proved so popular in some of the 700 cinemas it was shown in that extra screens had to be opened to meet demand.

Royal Ballet Director Kevin O'Hare welcomes the added reach that digital technology is giving the Company. 'I'm particularly thrilled that this year cinema has really taken off, and people are loving the live element', he says. 'Of course it's a little nerve-racking for us, but it adds to the experience for the audience.'

What's it like for the dancers? Cuthbertson says she isn't aware of the cameras because she is so immersed in her own performance, never more so than when dancing the fiendishly difficult role of Aurora. 'Act I of *Sleeping Beauty* is the biggest pressure I've ever felt, and it was an obstacle to get over,' she says. 'Being filmed for the live relay is an extra hill to climb, but if you can reach it it's a huge bonus – especially the excitement of knowing that all your friends and family are sharing it with you and it's going all round the world', she says.

Those who haven't watched a Royal Ballet performance in their local Picture House or City Screen might assume that the experience can't compare with the real thing. Lisa Quilter, Head of Film and Broadcast Production at the Royal Opera House, says they'd be surprised. 'With today's high definition cameras and 5.1 SurroundSound, it's as true to the experience as if you were sitting in the stalls.'

She says there are some aspects that people will never agree on – the use of close-ups, for instance. 'Some people love to see the expressions and footwork in detail; others prefer the wide view of the proscenium. But a good director is always aware that he or she is telling a story. There's an element of interpretation but it's true to the choreographer's vision of the ballet.'

'The Royal Ballet in cinemas is a unique offering,' she says. 'With The Royal Ballet on stage and the extra features we offer, we've really raised the bar. We're in the forefront of sharing a great artistic experience and audiences like going to the cinema when they know it's live from the Royal Opera House.'

Leading arts director Ross MacGibbon has directed all of the live-to-cinema Royal Ballet performances in this Season, as well as countless ballets on television and DVD – his discography of ballet DVDs stretches back at least 20 years. He

69

This Page:
Ross MacGibbon at work
directing (2012)

was a Soloist with The Royal Ballet until he retired from dancing at 30 to pursue his other passions – photography and film. Those years of dancing The Royal Ballet's core repertory have given him extra insight into the works and the demands on the dancers. 'All my energies go into showing the choreography and the dancers in the best possible light. I've done about 60 performances and I can see what works and what doesn't.'

People often assume he gets nervous before a live transmission but he says, 'I've done solos and nothing is scarier than that! There's a bit of adrenalin during the filming, but it's fun. When you're prepared, you can enjoy it.' He has just filmed *La Fille mal gardée*, an Ashton work that he has danced many times. 'But even if I know a ballet backwards, everything's completely planned. I script it from beginning to end, each individual camera, the angle, the shot, the framing, and musically. And then I sit with a vision mixer and a PA putting my vision into the score.'

He uses six or seven cameras: 'eight for *Fille* because there was one in the pit to cover the overture.' That's the optimum number to cover all the shots but not to overdo it. 'People who sit in cinemas just want to see a good performance; they don't want cameras whizzing around. You need to tell the story: to introduce a character when they first come on and to show reactions from the corps de ballet, for instance.' Of course what separates film from the in-house experience is the chance to use close-ups, which not even people in the front row of the stalls

can see. How does MacGibbon decide when to home in on a character's face? 'When the dancer comes on stage in the beginning you want the audience to go, "What do they look like?" So when Lise comes on you want to get a shot quite soon, then pull back.'

If I hadn't watched *La Fille mal gardée* in the cinema I would never have been able to admire Roberta Marquez's acting skills. Close-ups of her face showed a pouting, sulkily girlish Lise that added real piquancy to the winning choreography. Jeanetta Laurence, Associate Director of The Royal Ballet, says the camera has revealed what good actors most of the dancers are. 'Even close-ups of the corps de ballet show that every single person on stage is portraying their own character.'

'People say to me, "Oh filming, it's not the same as being there",' says MacGibbon. 'Well, no it's not, it's a different animal, but sometimes bits make more sense and you can tell the narrative much more easily from just one view. *Romeo and Juliet* is a big ballet, but there again, intercutting Mercutio and Romeo's glances at each other really helps tell the story. It's not the same as being in the theatre, but it can be equally as interesting an event if it's done well. The camera operators I use are all experts, they've done it a long time and they make it look easy, but it's not. They're able to follow the dancers because they're used to it and they love doing it.'

A live transmission is genuinely live – as Lisa Quilter says, there's no delay button. 'If something goes wrong, there's nothing we can do. To date we've never deferred a transmission, although for some parts of the US and Australia we deliver a version they can show at the right time of day. But it's not post-produced, it's live as it happened.'

When a performance is being recorded for DVD, MacGibbon can afford to take more risks in the filming, and he also has a chance in the editing suite to make it look as good as possible. 'If it's not live, I can fix things in the edit to cover up wobbles or little mistakes.' Having danced these works himself, he'll know if there's a particularly tricky bit coming up for a dancer. 'I make sure I've got it covered in the first performance so I can put the best version in at the edit.'

MacGibbon says the size of cameras hasn't altered substantially in the 20 years he's been filming, but the quality is much better. 'The image is much sharper, but that also has its drawbacks – it means things have to be better. You can't get away with ropey old sets; they would show up immediately. Hair and make-up have to be subtle enough – anything aimed at people sitting at the back of the Amphitheatre can be scary on camera. For filming, less is always more, but it's a well-oiled machine here and they know what they're doing.' To give production teams a chance to see how things will look on film, MacGibbon screens rehearsal rushes in a cinema and invites the ballet Company management, the stage crew, the make-up and hair

This Page:
Roberta Marquez as Lise, Bennet Gartside as Farmer Thomas, Ludovic Ondiviela as Alain in *La Fille mal gardée:* 'every single person on stage is portraying their own character'

Photograph: ©ROH/Tristram Kenton 2012

71

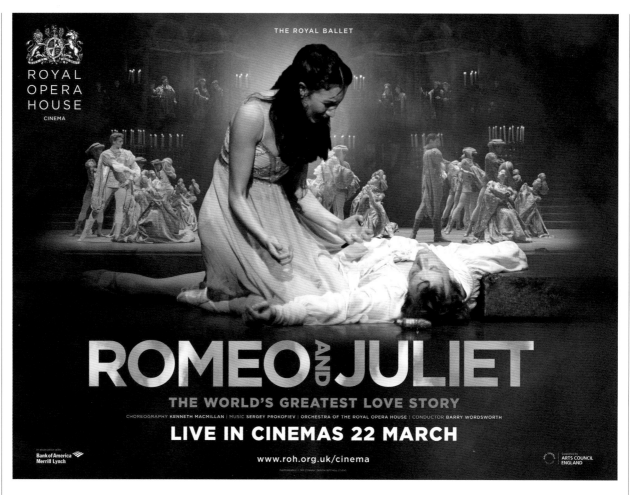

teams to view it and make the necessary changes before the live performance.

MacGibbon can see the enormous potential for the future of filmed ballet including 3D cinema presentations. 'Dance works particularly well in 3D. Dance is visceral, immediate, big-impact, and with 3D you can play with the impact; you can have huge, in-your-face passages or you can play with the scale in post-production, mixing between in-your-face and subtle.'

He'll be filming *Swan Lake* in October and *The Nutcracker* in December, both live, for the Royal Opera House Live Cinema Season 2012/13. Around 800 cinemas will be showing these titles, and by the

Filming Ballet

end of the Season the number will have swelled to over a thousand cinemas in around 30 countries. 'The response round the world is fantastic,' he says. 'It's a building, growing audience. A less familiar ballet like *La Fille mal gardée* had almost the same numbers as *Romeo and Juliet*, which is amazing. Putting up the live tweets on the screen all helps give a sense of a global event happening. People are watching all around the world and enjoying it. What a great commercial for a great product.'

The third live production in the Cinema Season 2012/13 is Christopher Wheeldon's *Alice's Adventures in Wonderland*. Lauren Cuthbertson worked with Wheeldon to create the role of Alice and she relishes the chance to behave like a ten-year-old self: 'I have such fun with it and I'm chuffed to pieces that it's being shown in the cinema.'

One venue, a cinema on the seafront in Paignton, Devon, has a special significance for Cuthbertson. Before it became the Apollo multiplex it was Paignton's Festival Theatre. 'That's where I used to do all my ballet-school shows,' she says. 'It's nice to think that some of the same crowd will be in there watching me dance Alice for The Royal Ballet.'

In cinemas, audiences can share the thrill of a live Royal Ballet performance with the people sitting in the Royal Opera House auditorium. It's the most wonderful way for the Company to reach out to new audiences all over the world.

ROYAL OPERA HOUSE LIVE

CINEMA SEASON

2012/13

www.roh.org.uk/cinema

COMING TO A CINEMA NEAR YOU

TUESDAY 23 OCTOBER 2012
SWAN LAKE

THURSDAY 13 DECEMBER 2012
THE NUTCRACKER

THURSDAY 28 MARCH 2013
ALICE'S ADVENTURES IN WONDERLAND

Season Preview 2012/13

Swan Lake

Swan Lake
Ballet in four acts

Choreography
Marius Petipa
and Lev Ivanov

*Additional
Choreography*
Frederick Ashton
(Act III Neapolitan
Dance) and David
Bintley (Act I
Waltz)

Music
Pyotr Il'yich
Tchaikovsky

This page:
Swan Lake Act III

Photograph:
©ROH/Bill Cooper
2011

75

Viscera / Infra / Fool's Paradise

Viscera
Ballet in one act

Choreography
Liam Scarlett

Music
Lowell Liebermann

Infra
Ballet in one act

Choreography
Wayne McGregor

Music
Max Richter

Fool's Paradise
Ballet in one act

Choreography
Christopher
Wheeldon

Music
Joby Talbot

This page:
Christopher
Wheeldon's *Fool's
Paradise*

Photo by
Mark Ellidge

76

Concerto / Las Hermanas / Requiem

Concerto
Ballet in one act

Choreography
Kenneth MacMillan

Music
Dmitry
Shostakovich

Las Hermanas
Ballet in one act

Choreography
Kenneth MacMillan

Music
Frank Martin

Requiem
Ballet in one act

Choreography
Kenneth MacMillan

Music
Gabriel Fauré

This page:
Mara Galeazzi
in *Las Hermanas*

Photo by
Bill Cooper

77

The Nutcracker

The Nutcracker
Ballet in two acts

Choreography
Peter Wright *after*
Lev Ivanov

Music
Pyotr Il'yich
Tchaikovsky

This page:
The Nutcracker

Photograph:
©ROH/Johan Persson
2011

78

The Firebird / In the Night / Raymonda Act III

The Firebird
Ballet in one act

Choreography
Mikhail Fokine

Music
Igor Stravinsky

In the Night
Ballet in one act

Choreography
Jerome Robbins

Music
Frederyk Chopin

Raymonda Act III
Ballet in one act

Choreography
Rudolf Nureyev
after Marius Petipa

Music
Alexander
Glazunov

This page:
The Firebird

Photo by
Johan Persson

79

Onegin

Onegin
Ballet in three acts

Choreography
John Cranko

Music
Kurt-Heinz Stolze
after Pyotr Il'yich
Tchaikovsky

This page:
Laura Morera as
Tatiana and Federico
Bonelli as Onegin in
Onegin

Photograph:
©ROH/Bill Cooper
2010

80

La Valse / Méditation from Thaïs / Voices of Spring / Monotones I and II / Marguerite and Armand

La Valse
Ballet in one act

Choreography
Frederick Ashton
Music
Maurice Ravel

**Méditation
from Thaïs**
Pas de deux

Choreography
Frederick Ashton

Music
Jules Massenet

Voices of Spring
Pas de deux

Choreography
Frederick Ashton

Music
Johann Strauss II

Monotones I and II
Two pas de trois

Choreography
Frederick Ashton

Music
Erik Satie

**Marguerite and
Armand**
Ballet in one act

Choreography
Frederick Ashton

Music
Franz Liszt

This page:
Mara Galeazzi and
Thiago Soares in
Méditation from Thaïs
Photo by
Dee Conway

81

Apollo / New Wheeldon / New Ratmansky

Apollo
Ballet in one act

Choreography
George Balanchine

Music
Igor Stravinsky

New Wheeldon
Ballet in one act
World Premiere

Choreography
Christopher Wheeldon

Music
tbc

New Ratmansky
Ballet in one act
World Premiere

Choreography
Alexei Ratmansky

Music
tbc

This page:
Federico Bonelli as
Apollo in *Apollo*

Photo by
Dee Conway

82

Alice's Adventures in Wonderland

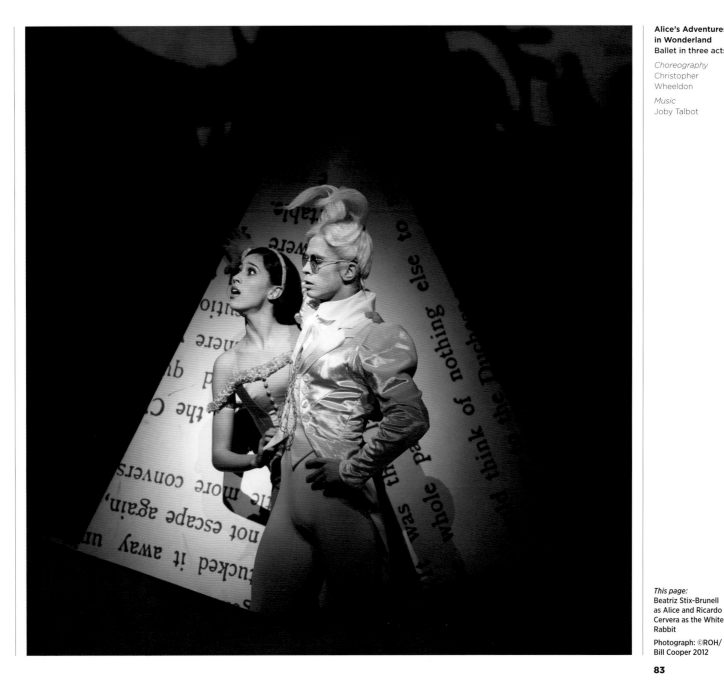

**Alice's Adventures
in Wonderland
Ballet in three acts**

Choreography
Christopher
Wheeldon

Music
Joby Talbot

This page:
Beatriz Stix-Brunell
as Alice and Ricardo
Cervera as the White
Rabbit

Photograph: ©ROH/
Bill Cooper 2012

83

La Bayadère

La Bayadère
Ballet in three acts

Choreography
Natalia Makarova
after Marius Petipa

Music
Ludwig Minkus
orchestrated by
John Lanchbery

This page:
Carlos Acosta as
Solor in *La Bayadère*

Photo by Bill Cooper

84

Mayerling

Mayerling
Ballet in three acts

Choreography
Kenneth MacMillan

Music
Franz Liszt
*arranged and
orchestrated by*
John Lanchbery

This page:
The Royal Ballet

Photo by Bill Cooper

85

Raven Girl / Symphony in C

Raven Girl
World Premiere
Ballet in one act

Choreography
Wayne McGregor

Music
tbc

Symphony in C
Ballet in one act

Choreography
George Balanchine

Music
Georges Bizet

This page:
Marianela Nuñez and
Rupert Pennefather
in *Symphony in C*

Photograph:
©ROH/Bill Cooper
2010

86

New Scarlett

Linbury Studio Theatre

This page:
Choreographer Liam
Scarlett in rehearsal
for *Sweet Violets*
(2012) with Laura
Morera

Photograph:
©ROH/Bill Cooper
2012

Exhibitions

Royal Opera House Collections have a series of exhibitions during the 2012/13 Season remembering the work of artists who have played a significant part in the history of The Royal Ballet.

Photographic exhibitions in the Piazza Link will commemorate three artists: Frederick Ashton and Kenneth MacMillan, The Royal Ballet's great 20th-century choreographers who did so much to define the Company's style and identity, and Rudolf Nureyev, the Russian dancer who had a long association with the Company particularly during the 1960s and 1970s, and who had a huge impact on the emerging young dancers of the time as well as on the later career of Margot Fonteyn, The Royal Ballet's Prima Ballerina Assoluta.

Kenneth MacMillan

24 September – 19 December 2012, Piazza Link

The exhibition opens on 24 September to mark the 20th year since MacMillan's death on 29 October 1992. Until 4 November, a selection of images from ROH Collections recalls MacMillan as a dancer as well as the ballets he made from his first commission for Sadler's Wells Theatre Ballet in 1955, *Danses concertantes*, through to the first performance of *Manon* in 1974. From 5 November until 19 December, a further set of images illustrate ballets MacMillan created from 1978 until his untimely death, beginning with *Mayerling* in 1978 through to *The Judas Tree* in 1992.

Rudolf Nureyev

22 December 2012 – 8 February 2013, Piazza Link

Rudolf Nureyev's arrival in 1962 and his association with The Royal Ballet made a huge impact on the Company. A selection of images from the 1960s and 1970s, accompanied by quotes from the dancers, will be on display to mark the 20th anniversary of his death on 6 January 1993.

This page:
Margot Fonteyn and Rudolf Nureyev in *Marguerite and Armand* (1963)
Photograph: ©Frederica Davis

Opposite page:
Kenneth MacMillan, Beryl Grey and John Field in *Ballet Imperial* (1950)
Photograph: ©1950 Roger Wood/ Royal Opera House

Frederick Ashton

12 February – 31 July 2013, Piazza Link

Frederick Ashton devoted almost the whole of his career to working with The Royal Ballet. In the year that sees the 25th anniversary of his death on 19 August 1988, ROH Collections have curated a photographic overview of his ballets. The first half of the exhibition can be seen until 30 April beginning in 1935 when Ashton joined the fledgling Vic-Wells Ballet as its Founder Choreographer and taking us up until 1959. From 1 May until 31 July, the exhibition features ballets created by Ashton between 1960 and 1981.

Nadia Nerina

March – 31 July 2013, Carriage Entranceway, Foyer Link, Cloakroom Corridor and Amphitheatre Bar

Nadia Nerina became a Principal with The Royal Ballet 50 years ago, creating many roles including the one for which she is most remembered, Lise in Frederick Ashton's *La Fille mal gardée*. Her career is remembered in an exhibition made possible by the Philip Loubser Foundation's generous donation of Nerina's own collection to Royal Opera House Collections. A display of costumes from Nerina's collection reflects the wide range of roles she danced with The Royal Ballet, both at home and on tour, and this is complemented by images of Nerina from both the Royal Opera House Collections and her own.

Isabel Rawsthorne
Moving Bodies

March – 31 July 2013, Amphitheatre Gallery

The Royal Opera House is delighted to welcome the touring exhibition *Isabel Rawsthorne Moving Bodies* created by The New Art Gallery Walsall to mark the centenary of Rawsthorne's birth on 10 July 1912. Rawsthorne's connection with The Royal Ballet came about through her relationship with Founder Music Director Constant Lambert who she subsequently married. As Isabel Lambert she designed several ballets for The Royal Ballet including Frederick Ashton's *Tiresias* (1951) and *Madame Chrysanthème* (1955) and Alfred Rodrigues' *Blood Wedding* (1953) and *Jabez and the Devil* (1961). She also designed Richard Strauss' *Elektra* for The Royal Opera in 1953. A muse, model and friend of Alberto Giacometti, Francis Bacon, Jacob Epstein and André Derain, Rawsthorne was a celebrated artist in her own right. The exhibition is drawn from the works in her possession when she died, most of which have not been displayed before. These works cover a period of 20 years when Rawsthorne sat in on rehearsals of The Royal Ballet and sketched dancers, including Margot Fonteyn, Michael Somes, Svetlana Beriosova, Rudolf Nureyev and Antoinette Sibley. Rawsthorne was fascinated by the challenge of rendering a subject in motion. The curators of the original exhibition describe how Rawsthorne evolved an anamorphic language of the body, part anamorphic sculpture, part Benesh notation and part Japanese calligraphy.

91

A Company Chronology

1930s

1931 20 January Bizet's opera *Carmen* is staged at the newly reopened Sadler's Wells Theatre. The dancers in it come from a fledgling ballet company, the Vic-Wells Opera Ballet, under the creative direction of their founder Ninette de Valois. The result of many developments of this Company – always under De Valois' leadership – would eventually be The Royal Ballet. **5 May** The Company gives its own performance of short works by De Valois at Lilian Baylis's Old Vic theatre. It is Baylis's use of dancers in her operas and plays that gives De Valois the chance to bring her Company together. **July** The Camargo Society presents the Company in a programme that includes De Valois' *Job* and two works by Frederick Ashton, a young dancer also beginning to make his mark as a choreographer.

1932 January Alicia Markova becomes a regular Guest Artist alongside Anton Dolin. **March** *Les Sylphides* is revived with Markova and Dolin. **September** The Company tours for the first time together, to Denmark. **October** Act II of *Le Lac des cygnes* marks the Company's first foray into the classical repertory.

1933 March Nicholas Sergeyev presents the full-length *Coppélia* with Lydia Lopokova as Swanilda. He had been the *régisseur general* of the Mariinsky Theatre, but fled Russia after the October Revolution, bringing the written notation necessary to stage many classic Russian ballets.

1934 January Sergeyev puts on *Giselle* with Markova and Dolin. **April** *Casse-Noisette* is presented, again by Sergeyev. **20 November** The full *Le Lac des cygnes* is presented with Markova and Robert Helpmann, who had recently been promoted to Principal with the Company.

1935 Ashton is signed up as a performer and resident choreographer. **20 May** De Valois' *The Rake's Progress* has its first performance, with Markova as the Betrayed Girl. **26 November** Ashton's *Le Baiser de la fée* receives its premiere, with the young Margot Fonteyn in the cast.

1937 The Company represents British culture at the International Exhibition in Paris. **16 February** The premiere of Ashton's *Les Patineurs*. **27 April** A further Ashton premiere with *A Wedding Bouquet*. **5 October** De Valois' *Checkmate* receives its first performance in London. **25 November** Lilian Baylis dies.

1939 2 February Sergeyev puts on *The Sleeping Princess* with Fonteyn and Helpmann in the lead roles. **1 September** Germany invades Poland; in response, Britain, France, Australia and New Zealand declare war on Germany.

1940s

1940 23 January The first performance of Ashton's *Dante Sonata*. **May** The Company travels to the Netherlands for a small tour, but the advancing German army forces a hurried escape. **November** The Company begins to tour throughout Britain during wartime.

1941 The New Theatre, St Martin's Lane, becomes the Company's home for much of the war, and *The Sleeping Princess* is again staged.

1942 19 May The first performance of Helpmann's ballet *Hamlet*, with Helpmann in the title role.

1944 26 October Helpmann's *Miracle in the Gorbals* receives its premiere.

1945 The Company undertakes a tour of the Continent with the Entertainments National Service Association (ENSA), a forces organization. **May 8th** The war ends in Europe.

1946 20 February The Company becomes resident at Covent Garden, and reopens the Royal Opera House with *The Sleeping Beauty*. **24 April** Ashton's *Symphonic Variations* is performed for the first time.

1947 February De Valois invites Léonide Massine, one of the biggest stars of Diaghilev's Ballets Russes, to revive *The Three-Cornered Hat* and *La Boutique fantasque*.

1948 23 December Ashton's *Cinderella* receives its premiere: it is the Company's first home-grown full-length ballet.

1949 9 October The Company presents *The Sleeping Beauty* in New York, the start of a hugely successful tour that takes in many cities in the USA and Canada.

1950s

1950 20 February The first performance of De Valois' *Don Quixote*. **5 April** George Balanchine and his New York City Ballet make their first European visit, Balanchine reviving his *Ballet Imperial* for Sadler's Wells Ballet. **5 May** Roland Petit's creation for the Company, *Ballabile*, receives its premiere. **September** The Company embarks on a five-month, 32-city tour of the USA.

1951 21 August Music Director Constant Lambert, one of the chief architects of the Company with De Valois and Ashton, dies aged 45.

1952 3 September The first performance of Ashton's *Sylvia*.

1953 2 June Coronation gala for HM The Queen, which includes a specially devised ballet by Ashton for the occasion, *Homage to the Queen*.

1954 23 August For the 25th anniversary of Diaghilev's death, the Company joins the Edinburgh Festival tributes with a performance of *The Firebird*; Fonteyn dances the title role.

1956 1 March Kenneth MacMillan creates his first ballet for the Sadler's Wells Ballet, *Noctambules*. **31 October** The Sadler's Wells Ballet, the Sadler's Wells Theatre Ballet and the School are granted a Royal Charter – the main Company becoming The Royal Ballet.

1957 1 January John Cranko's *The Prince of the Pagodas*, to a score by Benjamin Britten, is given its first performance at Covent Garden. It is the first full-length work to a modern commissioned score to be presented in the West.

1958 27 October Ashton's new ballet *Ondine*, created for Fonteyn, opens with her in the title role; the new score is by Hans Werner Henze.

1959 13 March MacMillan's *Danses concertantes*, created for Sadler's Wells Theatre Ballet in 1955, opens at Covent Garden.

93

1960s

1960 28 January The premiere of Ashton's 'tribute to nature', *La Fille mal gardée* with Nadia Nerina dancing the role of Lise to David Blair's Colas.

1961 15 June The Company makes its first tour of Russia presenting *Ondine* on the first night; an exchange agreement sees the Kirov Ballet perform at Covent Garden.

1962 21 February Rudolf Nureyev, having controversially defected from the Kirov in 1961, makes his debut as Albrecht to Fonteyn's Giselle. **3 May** MacMillan's new version of *The Rite of Spring*, with Monica Mason as The Chosen Maiden, is given its first performance.

1963 12 March Ashton's *Marguerite and Armand*, created for Fonteyn and Nureyev, opens. **7 May** De Valois retires as Director of the Company and Ashton succeeds her, while De Valois becomes supervisor of The Royal Ballet School. **28 November** Nureyev's first staging for The Royal Ballet is the 'Kingdom of the Shades' scene from *La Bayadère*.

1964 29 February Antoinette Sibley dances Aurora in the Company's 400th performance of *The Sleeping Beauty*. **2 April** The Company's contributions to the celebrations of the 400th anniversary of Shakespeare's birth include Ashton's *The Dream*, which launches the dance partnership of Sibley and Anthony Dowell. **2 December** Bronislava Nijinska, younger sister of Nijinsky, revives her *Les Biches*, with Svetlana Beriosova as the Hostess.

1965 9 February MacMillan's first full-length work, *Romeo and Juliet*, is presented; created for Lynn Seymour and Christopher Gable, the opening night is danced by Fonteyn and Nureyev.

1966 23 March Nijinska revives her *Les Noces* in a double bill with *Les Biches*. **May** MacMillan takes up the ballet directorship of the Deutsche Oper Berlin. **19 May** MacMillan's *Song of the Earth*, created for Cranko's Stuttgart Ballet, is given its Covent Garden premiere.

1967 25 January Antony Tudor creates his first work for The Royal Ballet, *Shadowplay*.

1968 29 February The premiere of Nureyev's version of *The Nutcracker*. **26 April** The Company makes the official announcement of Ashton's retirement as Director in 1970 and his succession by MacMillan. **25 October** The premiere of Ashton's *Enigma Variations*. **12 November** Tudor revives his 1938 production of *Lilac Garden*.

1970s

1971 22 July MacMillan's long-awaited *Anastasia* opens, with Seymour in the lead role. **4 August** The premiere of American choreographer Glen Tetley's contemporary ballet *Field Figures*.

1972 20 June Natalia Makarova dances Giselle, partnered by Dowell, making her debut at Covent Garden as a Guest Artist.

1973 8 June At Covent Garden, Nureyev and Makarova dance *The Sleeping Beauty* together for the first time.

1974 7 March Sibley, Dowell and David Wall dance the opening night of MacMillan's *Manon*. **7 October** The premiere of MacMillan's *Elite Syncopations* with Wayne Sleep in the Principal Character role.

1975 April The Royal Ballet makes its first tour of the Far East.

1976 12 February The first performance of Ashton's *A Month in the Country*, with Dowell and Seymour.

1977 13 June Norman Morrice succeeds MacMillan as Director of The Royal Ballet.

1978 14 February The premiere of MacMillan's full-length ballet *Mayerling*, the Principal male role created for David Wall.

1980s

1980 13 March MacMillan's *Gloria* receives its premiere.
4 August Ashton creates *Rhapsody* for Lesley Collier and Mikhail Baryshnikov, given at a performance for the 80th birthday of HM Queen Elizabeth The Queen Mother.

1981 30 April World premiere of MacMillan's *Isadora* with Merle Park in the title role, to celebrate the Company's golden jubilee.

1982 2 December The premiere of Nureyev's *The Tempest*.

1984 24 February MacMillan's *Different Drummer* is created for the Company. **20 December** Collier and Dowell perform in the first night of Peter Wright's Biedermeier-inspired production of *The Nutcracker*.

1986 Anthony Dowell is appointed Director of The Royal Ballet.

1987 12 March *Swan Lake*, with Cynthia Harvey and Jonathan Cope, is Dowell's first production as Director. **16 December** Ashton stages a revival of *Cinderella*, his final production for The Royal Ballet.

1988 9 March Bintley's *'Still Life' at the Penguin Café* receives its world premiere with the Company. **19 August** Ashton dies in the year in which his *Ondine* is revived by Dowell after an absence of 22 years from the repertory.

1989 18 May The full-length *La Bayadère* is given its premiere by The Royal Ballet in a new production by Makarova. **8 December** MacMillan's final, full-evening production, *The Prince of the Pagodas*, is created for the Company, with Darcey Bussell and Jonathan Cope.

1990s

1990 19 July MacMillan's 'Farewell' *pas de deux* with Bussell and Irek Mukhamedov is performed at a London Palladium gala.

1991 7 February The first night of MacMillan's *Winter Dreams* (which grew out of the 'Farewell' *pas de deux*). **2 May** In celebration of the 60th anniversary of the Company, Bintley's *Cyrano* is first performed at a Royal Gala.

1992 13 February William Forsythe's *In the middle, somewhat elevated* is first performed by the Company. **19 March** MacMillan's last work, *The Judas Tree*, created for Mukhamedov and Viviana Durante, receives its premiere. **29 October** MacMillan dies of a heart attack during the first performance of a major revival of his *Mayerling*. **6 December** Ashton's *Tales of Beatrix Potter* is first staged by The Royal Ballet.

**GREAT PARTNERSHIPS OF THE ROYAL BALLET
ANTOINETTE SIBLEY AND ANTHONY DOWELL**

Lauded as one of ballet's greatest ever partnerships, Antoinette Sibley and Anthony Dowell danced together for over two decades. During this time they were famed for their performances of the classical repertory, as well as several contemporary works, in which they were the muses for distinguished choreographers of the day.

The pair first met professionally in 1963 during a rehearsal of part of MacMillan's *Symphony* – an occasion fondly recalled by Sibley: 'Although I had never danced this section before, I learnt it very naturally with Anthony's support'. The following year, they created the roles of Titania and Oberon in *The Dream* – a ballet in which Ashton first exploited the similarities in the dancers' graceful, fair looks and musicality, with striking moments of parallel choreography in their *pas de deux*. Despite Dowell's relative obscurity at the time, the partnership was a resounding success, and launched them onto the world stage.

Further starring roles created by Sibley and Dowell included Ashton's 'Méditation' from *Thäis* and MacMillan's *Manon*. In 1979, Sibley retired from ballet after a time blighted by injury. However, the following year she was convinced by Dowell to take part in a gala performance, and found herself with renewed strength which enabled the pair to dance together for a few more years. By this time, they were regarded by many as the English successors to Fonteyn and Nureyev, and had earned themselves a permanent place not only in the story of The Royal Ballet but also in the history of British ballet.

95

1993 7 April Baryshnikov's *Don Quixote* is first performed by the Company in new designs.

1994 6 April A new production of *The Sleeping Beauty* by Anthony Dowell is performed in Washington in the presence of the President of the USA and HRH The Princess Margaret.
18 June Ashley Page's *Fearful Symmetries* is first performed (receiving the 1995 Olivier Award for Best New Dance Production). **3 November** Dowell's production of *The Sleeping Beauty* with designs by Maria Björnson is first performed at the Royal Opera House for a Royal Gala.

1996 2 May MacMillan's *Anastasia* is performed with new sets and costumes by Bob Crowley.

1997 14 July Farewell Gala and final performance at the 'old' Royal Opera House. During the closure The Royal Ballet is 'on tour', performing at Labatt's Apollo, Hammersmith, the Royal Festival Hall and the Barbican.

1999 December The redeveloped Royal Opera House opens. The Royal Ballet's first programme is 'A Celebration of International Choreography'. **17 December** The opening night of *The Nutcracker* is the first performance of a full-length ballet in the new House.

2000s

2000 8 February Revival of De Valois' production of *Coppélia* in the original designs by Osbert Lancaster opens. **29 February** Ashton's *Marguerite and Armand* is revived with Sylvie Guillem and Nicolas Le Riche in the title roles. **6 May** Millicent Hodson and Kenneth Archer produce a major restaging of Nijinsky's *Jeux* in a programme with *L'Après-midi d'un faune*.

2001 8 March De Valois dies. **July** Dowell retires as Director of The Royal Ballet. **23 October** The first performance of Nureyev's version of *Don Quixote* by The Royal Ballet, which marks the first performance under Ross Stretton's tenure as Director. **22 November** The first performance by The Royal Ballet of Cranko's *Onegin*.

2002 9 February HRH The Princess Margaret, Countess of Snowdon, President of The Royal Ballet, dies. **September** Ross Stretton resigns as Director. **December** Monica Mason becomes Director of the Company.

2003 13 January The Company dances Jiří Kylián's *Sinfonietta* for the first time. **8 March** The premiere of Makarova's new production of *The Sleeping Beauty*. **22 December** Wendy Ellis Somes's new production of *Cinderella* receives its premiere.

2004 April The Royal Ballet pays homage to Serge Diaghilev in a 75th-anniversary tribute programme that includes the Company premiere of *Le Spectre de la rose*. **4 November** The premiere of Ashton's full-length *Sylvia*, reconstructed and staged by Christopher Newton for the 'Ashton 100' celebrations.

2005 7 May The premiere of a new work by Christopher Bruce, inspired by the life of Jimi Hendrix: *Three Songs – Two Voices*.

2006 15 May The Company begins its 75th-anniversary celebrations with a new production of the 1946 *Sleeping Beauty*, realized by Monica Mason and Christopher Newton with Messel's original designs, re-created by Peter Farmer, followed by revivals of Ashton's *Homage to The Queen*, with additional new choreography by Christopher Wheeldon, Michael Corder and David Bintley, and De Valois' *The Rake's Progress*. **8 June** A gala performance of *Homage* preceded by *La Valse* and *divertissements* is attended by HM The Queen. **November** The premieres of Wayne McGregor's *Chroma* and Wheeldon's *DGV: Danse à grande vitesse*. **December** McGregor becomes Resident Choreographer of The Royal Ballet.

2007 March Alastair Marriott's *Children of Adam* receives its premiere. **April** Will Tuckett's *The Seven Deadly Sins* receives its premiere. **June** Barry Wordsworth is appointed Music Director. **8 June** Darcey Bussell retires as a Principal. **23 November** The Royal Ballet performs Balanchine's *Jewels* in its entirety for the first time.

2008 28 February The first performance of Wheeldon's *Electric Counterpoint*. **23 April** The mainstage choreographic debut of Kim Brandstrup with *Rushes: Fragments of a Lost Story*. **15 June-21 July** The Royal Ballet goes on tour in China and the Far East, performing in Beijing, Shanghai, Tokyo, Osaka and Hong Kong. **October** marks the 50th anniversary of Ashton's *Ondine*. **13 November** The premiere of McGregor's *Infra*.

2009 March Anthony Russell Roberts retires as Artistic Administrator and is succeeded by Kevin O'Hare. **April** Jeanetta Laurence is appointed Associate Director of The Royal Ballet. **June–July** The Royal Ballet tours to Washington D.C., Granada and Havana. **4 November** Wayne McGregor's *Limen* receives its premiere in a mixed programme with Glen Tetley's *Sphinx*, which enters the repertory for the first time. **17 November** A service to dedicate a memorial to the founders of The Royal Ballet is held at Westminster Abbey.

2010s

2010 January 50th anniversary of Ashton's *La Fille mal gardée*. **19 February** Mainstage choreographic debut of Royal Ballet First Artist Jonathan Watkins with *As One*. **23 April** Miyako Yoshida dances her last performance with the Company at the Royal Opera House as Cinderella. **5 May** Mainstage choreographic debut of Royal Ballet First Artist Liam Scarlett with *Asphodel Meadows*. **June–July** The Royal Ballet tours to Japan for the tenth time (Tokyo and Osaka) and Spain (Barcelona). **29 June** Miyako Yoshida retires from the Company, dancing her last Juliet in Tokyo. **15 October** World Premiere of Brandstrup's *Invitus Invitam*.

2011 19 January The Royal Ballet's *Giselle* with Marianela Nuñez and Rupert Pennefather is broadcast live into cinemas worldwide. **28 February** World Premiere of Wheeldon's *Alice's Adventures in Wonderland*. **13 May** World Premiere of McGregor's *Live Fire Exercise*. **June–July** The Royal Ballet tours to Taiwan. **17-19 June** The Company appears at The O$_2$ Arena for the first time performing MacMillan's *Romeo and Juliet*. **15 December** *The Sleeping Beauty* is broadcast live to cinemas in the UK and abroad.

2012 23 March The first ever 'Royal Ballet Live' is broadcast on the internet. **5 April** World Premiere of McGregor's *Carbon Life* and Scarlett's *Sweet Violets*. **2 June** MacMillan's *The Prince of the Pagodas* returns to the repertory after an absence of 16 years. **15-20 June** *Metamorphosis: Titian 2012*. **16 June** BP Big Screen. **20 June** After 54 years with the Company Monica Mason retires as Director.

GREAT PARTNERSHIPS OF THE ROYAL BALLET SVETLANA BERIOSOVA AND DONALD MACLEARY

Born into a family of Lithuanian dancers in 1932, Svetlana Beriosova studied dance from a young age, making her debut with Ottawa Ballet at the age of 15. In 1952, after a successful start to her career, she joined Sadler's Wells Ballet (which was to become The Royal Ballet), where she was soon promoted to Principal and danced many of the classic roles in the repertory.

By contrast Donald MacLeary came to dance at a relatively late stage, having lived in the north of Scotland for most of his childhood, with no possibility of experiencing live ballet. He joined The Royal Ballet School aged 13, with no previous training, and began his career as a dancer at Sadler's Wells Theatre Ballet, where his talent for partnering was recognized. He became a Principal with The Royal Ballet in 1959 at Beriosova's request – a move which marked the start of one of the most celebrated partnerships in the history of ballet.

Widely admired for her elegant and aristocratic dancing, Beriosova flourished with the support of MacLeary, who was regarded as a true *danseur noble* and, according to Lynn Seymour, 'probably the best partner in the world'. Beriosova and MacLeary were particularly noted for their *Swan Lake*, and also for creating leading roles in new ballets including John Cranko's *Antigone* and MacMillan's *Baiser de la fée* and *Checkpoint*. Later in their careers, both dancers turned to teaching – MacLeary appointed Ballet Master of The Royal Ballet in 1976 – thus preserving the legacy of their partnership in the roles and experience they have passed down through the Company.

97

Artistic and Administrative Staff

Artistic Staff

Back Row
Left to right, Grant Coyle,
David Pickering,
Jonathan Cope,
Philip Mosley,
Jonathan Howells,
Christopher Saunders,
Gary Avis

Front Row
Clare Thurman,
Sian Murphy,
Jeanetta Laurence,
Lesley Collier,
Anna Trevien
(staff also includes
Alexander Agadzhanov,
Elizabeth Anderton,
Christopher Carr and
Samantha Raine)

Photograph: Rob Moore

Administration
Seated *Left to right,*
Elizabeth Ferguson,
Susan Beavon,
Heather Baxter,
Julia Lister,
Alison Tedbury
Standing
Sophie Lawrenson and
Ashley Woodford
(staff also includes
Yvonne Hunte,
Andrew Hurst,
Orsolo Ricciardelli)

Photograph: Rob Moore

Music Staff, Physiotherapy and Body Control Instructors, and Stage Management

Music Staff
Standing *Left to right*, Jonathan Beavis, Paul Stobart, Barry Wordsworth
Seated *Left to right*, Philip Cornfield, Richard Coates, Kate Shipway, Robert Clark (staff also includes: Tim Qualtrough)

Photograph: Rob Moore

Physiotherapy and Body Control Instructors
Seated *Left to right*, Daryl Martin (who left the Company), Moira McCormack and Fiona Kleckham
Standing *Left to right*, Jane Paris, Jacqueline Birtwisle, Britt Tajet-Foxell, Konrad Simpson and Aedin Kennedy (staff also includes: Tatina Semprini and Helen Wellington)

Photograph: Rob Moore

Stage Management
Left to right, Lucy Summers, Lynne Otto, Johanna Adams Farley

Photograph: Rob Moore

99

Principal Guest Artists and Principals

Carlos Acosta
Joined as Principal 1998,
Principal Guest Artist 2003
Born: Havana, Cuba
Trained: National Ballet School
of Cuba
Previous Companies: English National
Ballet (1991), National Ballet of Cuba
(1992), Houston Ballet (1993)

PRINCIPALS

Leanne Benjamin
Joined 1992
Promoted to Principal 1993
Born: Rockhampton, Australia
Trained: The Royal Ballet School

Federico Bonelli
Joined as Principal 2003
Born: Genoa, Italy
Trained: Turin Dance Academy
Previous Companies: Zurich Ballet
(1996), Dutch National Ballet (1999)

Alina Cojocaru
Joined 1999
Promoted to Principal 2001
Born: Bucharest, Romania
Trained: Kiev Ballet School,
The Royal Ballet School
Previous Company: Kiev Ballet
(1998)

Lauren Cuthbertson
Joined 2002
Promoted to Principal 2008
Born: Devon, England
Trained: The Royal Ballet School

Mara Galeazzi
Joined 1992
Promoted to Principal 2003
Born: Brescia, Italy
Trained: La Scala Ballet School,
Milan

Nehemiah Kish
Joined as Principal 2010
Born: Michigan, USA
Trained: National Ballet School of
Canada
Previous Company: Royal Danish
Ballet

Johan Kobborg
Joined as Principal 1999
Born: Odense, Denmark
Trained: Royal Danish Ballet School
Previous Company: Royal Danish
Ballet (1991)

Sarah Lamb
Joined 2004
Promoted to Principal 2006
Born: Boston, USA
Trained: Boston Ballet School
Previous Company: Boston Ballet
(1998)

Roberta Marquez
Joined and promoted to Principal
2004
Born: Rio de Janeiro, Brazil
Trained: Maria Olenewa State Dance
School
Previous Company: Municipal
Theatre Ballet, Rio de Janeiro (1994)

Steven McRae
Joined 2004
Promoted to Principal 2009
Born: Sydney, Australia
Trained: The Royal Ballet School

Laura Morera
Joined 1995
Promoted to Principal 2007
Born: Madrid, Spain
Trained: The Royal Ballet School

Marianela Nuñez
Joined 1998
Promoted to Principal 2002
Born: Buenos Aires
Trained: Teatro Colón Ballet School,
The Royal Ballet School

Rupert Pennefather
Joined 1999
Promoted to Principal 2008
Born: Maidenhead, England
Trained: The Royal Ballet School

Thiago Soares
Joined 2002
Promoted to Principal 2006
Born: São Gonçalo, Brazil
Trained: Centre for Dance, Rio de
Janeiro
Previous Company: Rio de Janeiro
Municipal Theatre Ballet (1998)

Edward Watson
Joined 1994
Promoted to Principal 2005
Born: Bromley, England
Trained: The Royal Ballet School

Zenaida Yanowsky
Joined 1994
Promoted to Principal 2001
Born: Lyon, France
Trained: Las Palmas, Majorca
Previous Company: Paris Opéra
Ballet (1994)

Principal Character Artists, Character Artists, First Soloists and Soloists

**PRINCIPAL
CHARACTER ARTISTS**
Left to right
**Gary Avis
Alastair Marriott
Elizabeth McGorian
Genesia Rosato**

Christopher Saunders

CHARACTER ARTIST
Philip Mosley

FIRST SOLOISTS
**Alexander Campbell
Ricardo Cervera
Deirdre Chapman
Yuhui Choe**

**Helen Crawford
Bennet Gartside
Ryoichi Hirano
Valeri Hristov**

102

FIRST SOLOISTS
Left to right
Hikaru Kobayashi
Itziar Mendizabal
Johannes Stepanek

SOLOISTS
Christina Arestis
Claire Calvert
Melissa Hamilton
James Hay

Jonathan Howells
Paul Kay
Kenta Kura
Iohna Loots

Emma Maguire
Brian Maloney
Laura McCulloch
Kristen McNally

David Pickering
Samantha Raine
Beatriz Stix-Brunell
Akane Takada

103

Royal Ballet
Yearbook 2012/13

Soloists, First Artists and Artists

SOLOISTS
Left to right
Dawid Trzensimiech
Eric Underwood
Thomas Whitehead
Valentino Zucchetti

FIRST ARTISTS
Tara-Brigitte Bhavnani
Leanne Cope
Olivia Cowley
Meaghan Grace Hinkis

Nathalie Harrison
Elizabeth Harrod
Fumi Kaneko
Pietra Mello-Pittman

Fernando Montaño
Erico Montes
Sian Murphy
Yasmine Naghdi

104

FIRST ARTISTS
Left to right
Ludovic Ondiviela
Romany Pajdak
Liam Scarlett
Michael Stojko

Lara Turk
Andrej Uspenski
Jonathan Watkins
Sabina Westcombe

James Wilkie

ARTISTS
Ruth Bailey
Sander Blommaert
Camille Bracher
Jacqueline Clark

105

Artists

The Royal Ballet 2012/13

The Royal Ballet on DVD and Blu-ray

WWW.ROH.ORG.UK/RBSHOP

Frederick Ashton: Les Patineurs • Divertissements • Scenes de Ballet

The Royal Ballet
Music: Meyerbeer (*Les Patineurs*), Various (*Divertissement*), Stravinsky (*Scènes de ballet*)
Choreography: Ashton
Cast: McRae, Bussell, Cope, Rojo, Benjamin, Acosta, Yoshida, Putrov, Artists of The Royal Ballet.
Royal Ballet Sinfonia/Murphy
Orchestra of the Royal Opera House/Wordsworth.
Recorded 2004/10
Opus Arte DVD

An Evening With The Royal Ballet

Music: Adam, Délibes, Hérold, Prokofiev, Stravinsky, Tchaikovsky
Choreography: Ashton, De Valois, Dowell, Fokine, Ivanov, MacMillan, Nijinska, Petipa, Wheeldon, Wright
Cast: Artists of The Royal Ballet.
Orchestra of the Royal Opera House/Bond, Carewe, Gruzin, Kessels, Moldoveanu, Ovsyanikov, Twiner, Royal Ballet Sinfonia/Gruzin
Recorded 2000-11
Opus Arte DVD/Blu-ray

Alice's Adventures in Wonderland

The Royal Ballet
Music: Talbot
Choreography: Wheeldon
Cast: Cuthbertson, Polunin, Watson, Yanowsky, Saunders, McRae, Beale, Artists of The Royal Ballet.
Orchestra of the Royal Opera House/Wordsworth
Recorded 2011
Opus Arte DVD/Blu-ray

Three Ballets by Wayne McGregor

The Royal Ballet
Music: Talbot, Jack White III (*Chroma*), Richter (*Infra*), Saariaho (*Limen*)
Choreography: McGregor
Casts: Benjamin, Bonelli, Cuthbertson, Galeazzi, Hamilton, Lamb, McRae, Nuñez, Rojo, Underwood, Watson.
Orchestra of the Royal Opera House/Capps, Wordsworth
The Max Richter Quintet
Recorded 2006/8/9
Opus Arte DVD/Blu-ray

La Bayadère

The Royal Ballet
Music: Minkus
Choreography: Makarova/Petipa
Cast: Rojo, Acosta, Nuñez, Artists of The Royal Ballet.
Orchestra of the Royal Opera House/Ovsyanikov.
Recorded 2009
Opus Arte DVD/Blu-ray

Three Ballets by Kenneth MacMillan

The Royal Ballet
Music: Joplin (*Elite Syncopations*), Elias (*The Judas Tree*), Shostakovich (*Concerto*)
Choreography: MacMillan
Casts: Lamb, Galeazzi, Hristov, McRae/Acosta, Benjamin, Watson, Gartside/Choe, McRae, Nuñez, Pennefather, Crawford.
Orchestra of the Royal Opera House/Clark, Wordsworth, Grier.
Recorded 2010
Opus Arte DVD/Blu-ray

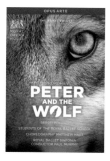

Peter and the Wolf

The Royal Ballet with students of The Royal Ballet School
Music: Prokofiev
Choreography: Hart
Cast: Polunin, Students of The Royal Ballet School.
Royal Ballet Sinfonia/Murphy
Recorded 2011
Opus Arte DVD/Blu-ray

The Nutcracker

The Royal Ballet
Music: Tchaikovsky
Choreography: Wright/Ivanov
Cast: Yoshida, McRae, Avis, Loots, Cervera.
Orchestra of the Royal Opera House/Kessels
Recorded 2010
Opus Arte DVD/Blu-ray

Ondine
The Royal Ballet
Music: Henze
Choreography: Ashton
Cast: Yoshida, Watson,
Rosato, Cervera, Avis, Artists
of The Royal Ballet.
Orchestra of the Royal Opera
House/Wordsworth.
Recorded 2010
Opus Arte DVD/Blu-ray

Mayerling
The Royal Ballet
Music: Liszt (arr. Lanchbery)
Choreography: MacMillan
Cast: Watson, Galeazzi, Lamb,
Artists of The Royal Ballet.
Orchestra of the Royal Opera
House/Wordsworth.
Recorded 2009
Opus Arte DVD/Blu-ray

Swan Lake
The Royal Ballet
Music: Tchaikovsky
Choreography: Petipa and Ivanov
Cast: Nuñez, Soares, McGorian,
Saunders, Marriott, Pickering,
Artists of The Royal Ballet.
Orchestra of the Royal Opera House/
Ovsyanikov.
Recorded 2009
Opus Arte DVD/Blu-ray

Acis and Galatea
The Royal Opera/The Royal Ballet
Music: Handel
Choreography: McGregor
Cast: De Niese, Cuthbertson,
Workman, Watson, Agnew, McRae,
Rose, Underwood, Park, Paul Kay,
Artists of The Royal Ballet.
Orchestra of the Age of
Enlightenment/Hogwood
Royal Opera Extra Chorus.
Recorded 2009
Opus Arte DVD/Blu-ray

**Cherevichki
(The Tsarina's Slippers)**
The Royal Opera with Artists of
The Royal Ballet
Music: Tchaikovsky
Choreography: Alastair Marriott
Cast: Galeazzi, Avis.
Orchestra of the Royal Opera
House/Polianichko
Recorded 2010
Opus Arte DVD/Blu-ray

Dido and Aeneas
The Royal Opera/The Royal Ballet
Music: Purcell
Choreography: McGregor
Cast: Connolly, Meacham, Crowe,
Fulgoni, Artists of The Royal Ballet.
Orchestra of the Age of
Enlightenment/Hogwood
Recorded 2009
Opus Arte DVD/Blu-ray

Manon
The Royal Ballet
Music: Massenet
Choreography: MacMillan
Cast: Rojo, Acosta, Martín,
Saunders, Morera, Artists of
The Royal Ballet.
Orchestra of the Royal Opera
House/Yates.
Recorded 2008
DECCA DVD

Romeo and Juliet
The Royal Ballet
Music: Prokofiev
Choreography: MacMillan
Cast: Rojo, Acosta, Martin, Soares,
Conley, Saunders, McGorian,
Pickering, Sasaki
and Artists of The Royal Ballet.
Royal Ballet Sinfonia/Gruzin.
Recorded 2007
DECCA DVD/Blu-ray

Books

Pas de deux: The Royal Ballet in Pictures

More than 200 photographs of 53 ballets, in rehearsal and performance. Oberon Books, 2007

ISBN 978-1-84002-777-8

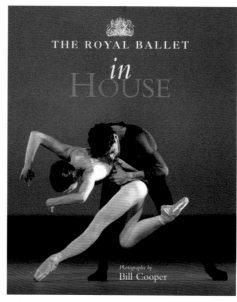

In House

In House, photographs of The Royal Ballet by Bill Cooper, records the first three years of performances in the newly refurbished Royal Opera House. More than 200 photographs of 43 ballets are featured. Oberon Books, 2002

ISBN 978-1-84002-350-3

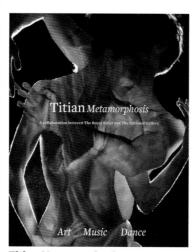

Titian Metamorphosis

A visually stunning celebration of the unique collaboration between the National Gallery and The Royal Ballet: *Metamorphosis: Titian 2012*

ISBN 978-1-90897-004-6

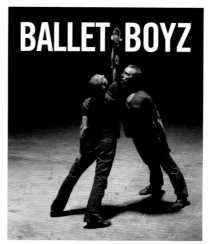

Ballet Boyz

Michael Nunn and William Trevitt were leading dancers with The Royal Ballet. This book celebrates ten years of their company, Ballet Boyz. Oberon Books, 2011

ISBN 978-1-84943-050-0

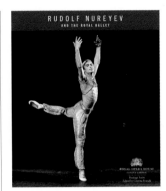

Rudolph Nureyev and The Royal Ballet

Black and white photographs documenting Rudolph Nureyev's long association with The Royal Ballet, edited by Cristina Franchi.

Oberon Books, 2005

ISBN 978-1-84002-462-3

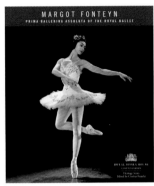

Margot Fonteyn: Prima Ballerina Assoluta of The Royal Ballet

Black and white photographs documenting Margot Fonteyn's long association with The Royal Ballet, edited by Cristina Franchi.

Oberon Books, 2004

ISBN 978-1-84002-460-9

Frederick Ashton: Founder Choreographer of The Royal Ballet

Black and white photographs documenting Frederick Ashton's career and ballets made for The Royal Ballet, edited by Cristina Franchi.

Oberon Books, 2004

ISBN 978-1-84002-461-6

Robert Helpmann; a Servant of Art

By Anna Bemrose

A comprehensive biography of Robert Helpmann, detailing his life in dance, film and theatre.

UQP, 2009

ISBN 978-0-7022-3678-5

Different Drummer: the Life of Kenneth MacMillan

By Jann Parry

The first complete biography of Kenneth MacMillan.

Faber & Faber, 2009

ISBN 978-0-57124-302-0

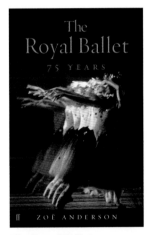

The Royal Ballet: 75 years

By Zoë Anderson

A history of The Royal Ballet since its inception to the present day.

Faber & Faber, 2006

ISBN 978-0-57122-795-2

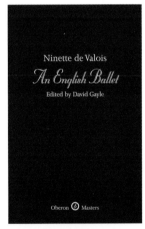

An English Ballet

By Ninette de Valois
Edited by David Gayle

Historic talk and essay from the Founder of The Royal Ballet.

Oberon Books, 2011

ISBN 978-1-84943-107-1

www.roh.org.uk/shop